Librerías

Jorge Carrión

Librerías

Edición ampliada

EDITORIAL ANAGRAMA
BARCELONA

Ilustración: foto © AP Photo / Gtresonline
Agradecemos a MacLehose Press el tratamiento de las imágenes

Primera edición en «Argumentos»: septiembre 2013
Primera edición ampliada en «Compactos»: noviembre 2016

Diseño de la colección: Julio Vivas y Estudio A

© Jorge Carrión, 2013, 2016

© EDITORIAL ANAGRAMA, S. A., 2013
    Pedró de la Creu, 58
    08034 Barcelona

ISBN: 978-84-339-7807-3
Depósito Legal: B. 19954-2016

Printed in Spain

Liberdúplex, S. L. U., ctra. BV 2249, km 7,4 - Polígono Torrentfondo
08791 Sant Llorenç d'Hortons

El día 3 de abril de 2013, el jurado compuesto por Salvador Clotas, Román Gubern, Xavier Rubert de Ventós, Fernando Savater, Vicente Verdú y el editor Jorge Herralde, concedió el 41.º Premio Anagrama de Ensayo a *Naturaleza de la novela*, de Luis Goytisolo.

Resultó finalista *Librerías*, de Jorge Carrión

Una librería no es más que una idea en el tiempo.

Carlos Pascual, «Los poderes del lector»

No tengo duda de que hablo con frecuencia de cosas que los maestros del oficio tratan mejor y con más verdad. Esto es meramente el ensayo de mis facultades naturales, y en absoluto de las adquiridas; y quien sorprenda mi ignorancia, nada hará contra mí, pues difícilmente voy a responder ante los demás de mis opiniones si no respondo de ellas ante mí, ni las miro con satisfacción. Si alguien va a la búsqueda de ciencia, que la coja allí donde esté. Por mi parte, de nada hago menos profesión. Esto son mis fantasías, y con ellas no intento dar a conocer las cosas, sino a mí mismo.

Michel de Montaigne, «De los libros»

El maestro impresor del siglo XVI debía ser diestro en múltiples labores. Además de impresor, era también librero, empresario capitalista, indexador y traductor familiarizado con varias lenguas, así como corrector y editor. Debía tener buena relación con eminentes eruditos, por un lado, y con ricos mecenas y gobernantes, por otro. Su especial contribución a la vida intelectual no debería subestimarse.

MARTYN LYONS, *Libros*

Continúan allí.
Pero no continuarán allí por mucho tiempo.
Lo sé. Por eso fui. Para despedirme. Cada vez que viajo, es invariablemente para despedirme.

SUSAN SONTAG, «Viaje sin guía»

Caminar: leer un trozo de terreno, descifrar un pedazo de mundo.

OCTAVIO PAZ, *El Mono Gramático*

Un hombre no reconoce su genio hasta que lo ensaya: el aguilucho tiembla como la joven paloma la primera vez que despliega sus alas y se confía a volar. Un autor termina su primera obra sin conocer, al igual que el librero, su valor. Si el librero nos paga como él cree, entonces nosotros le vendemos lo que nos place. Es el éxito el que instruye al comerciante y al literato.

DENIS DIDEROT,
Carta sobre el comercio de libros

ÍNDICE

– Ateneo Grand Splendid como precursora –
Pero es más bella Eterna Cadencia – Clásica y
Moderna en el contexto de los años ochenta y no-
venta – La Central de Barcelona y de Madrid
como modelo de transición entre dos siglos – Lo-
cales del Fondo de Cultura Económica y cafebre-
rías – El Péndulo de México D. F. – La librería
como galería de arte: The Last Bookstore, Ler
Devagar y otras – El minimalismo como esencia
– 10 Corso Como de Milán – Precursores aus-
tralianos y estaciones de ferrocarril – La resigni-
ficación

La infancia lectora de Marcos Ordóñez – Para
acabar, el autor se pone todavía más autobiográ-
fico – César Aira en La Internacional Argentina
– Y Diómedes Cordero y Ednodio Quintero en
La Ballena Blanca – La Librería de los Escrito-
res – La premeditada confusión entre librería y
hogar – Ross, Tipos Infames, Antonio Machado,
Literanta y santuarios napolitanos – Libreros y
amigos – La Ítaca de Austerlitz – Robafaves, en
el centro de Mataró, y todo el Círculo de Lectores
como periferia – Laie y La Central, La Central y
Laie – El paseo como realización urbana (y una
cita de Walser) – Las otras librerías de Barcelona:
Gigamesh, Documenta, Alibri, Negra y Crimi-
nal, Taifa, +Bernat, Calders, Nollegiu, Malpaso
– Sant Jordi: la entera ciudad como librería – Es-
critores y editores que colocan bien sus libros –
Ciudad Vilas

La centenaria Catalònia se convierte en un

McDonald's – Pandora de Estambul como metáfora fértil – Librerías como ficciones cuánticas – García Márquez y la librería del Sabio Catalán – Buscar la Librería Mundo en la Barranquilla real y encontrarla en un mundo virtual – De Montaigne a Alfonso Reyes: las páginas iluminadas – Chartier y el debate del ochocientos sobre la peligrosa ficción y la lectura extensiva – Negociando con textos, dineros, magias, prestigios – Encuentros decisivos – Ficciones de clase y glamour cultural – Los bárbaros según Baricco – Amazon & Company – Obsolescencia necesaria – Las librerías del futuro – La Moleskine de mi iPad – Las librerías son los padres – El extraño caso de David Markson y Strand – No hay ideas salvo en las cosas – Fin

0. INTRODUCCIÓN A PARTIR DE UN VIEJO CUENTO DE STEFAN ZWEIG

> Coja ese poblado y divida las páginas, tantas por persona. Y algún día, cuando la guerra haya terminado, los libros podrán ser escritos de nuevo. La gente será convocada una por una para que recite lo que sabe, y lo imprimiremos hasta que llegue otra Era de Oscuridad, en la que, quizá, debamos repetir toda la operación. Pero esto es lo maravilloso del hombre: nunca se desalienta o disgusta lo suficiente para abandonar algo que debe hacer, porque sabe que es importante.
>
> RAY BRADBURY, *Fahrenheit 451*

Entre un cuento concreto y toda la literatura universal se establece una relación parecida a la que mantiene una única librería con todas las librerías que existen y existieron y tal vez existirán. La sinécdoque y la analogía son las figuras por excelencia del pensamiento humano: voy a empezar hablando de todas las librerías del presente y del pasado y quién sabe si del futuro a través de un solo relato, «Mendel el de los libros», escrito en 1929 por Stefan Zweig y ambientado en la Viena del adiós al imperio, para avanzar hacia otros cuentos que también hablaron de lectores y de libros a lo largo y a lo ancho del palpitante siglo XX.

Para su ambientación Zweig no escoge uno de los gloriosos cafés vieneses, como el Frauenhuber o el Imperial, uno de aquellos cafés que –como evoca en *El mundo de*

21

ayer– eran «la mejor academia para informarnos de todas las novedades», sino un café menor, pues el cuento comienza mediante un desplazamiento del narrador hacia «los barrios de la periferia». Es sorprendido por la lluvia y se refugia en el primer local que encuentra a su paso. Tras sentarse a una mesa, le asalta una sensación de paulatina familiaridad. Pasea su mirada por los muebles, por las mesas, por los billares, por el tablero de ajedrez, por la cabina telefónica, intuyendo que ya ha estado en ese mismo lugar. Y escarba con tesón en su memoria hasta que al final recuerda, brutalmente recuerda.

Se encuentra en el Café Gluck y justo ahí delante se sentaba el librero Jakob Mendel, cada día, todos los días, de siete y media de la mañana hasta la hora del cierre, con sus catálogos y sus volúmenes apilados. Mientras a través de las gafas memorizaba aquellas listas, aquellos datos, mecía la barba y los tirabuzones al compás de una lectura que mucho tenía de rezo: había llegado a Viena con la intención de estudiar para rabino, pero los libros antiguos lo habían desviado de esa ruta, «para entregarse al politeísmo brillante y multiforme de los libros». Para convertirse en el Gran Mendel. Porque Mendel era «un prodigio único de la memoria», «un fenómeno bibliográfico», «el *miraculum mundi*, el mágico archivo de todos los libros», «un titán»:

Tras aquella frente calcárea, sucia, cubierta por un musgo gris, cada nombre y cada título que se hubiera impreso alguna vez sobre la cubierta de un libro se encontraban, formando parte de una imperceptible comunidad de fantasmas, como acuñados en acero. De cualquier obra que hubiera aparecido lo mismo hacía dos días que doscientos años antes conocía de un golpe el lugar de publicación, el editor, el precio, nuevo o de anticuario. Y de cada libro recordaba, con una precisión infalible, al mismo tiempo la encuadernación, las ilustraciones y las separatas en facsímil. [...] Conocía cada planta, cada infusorio, cada estrella del cosmos perpetuamente sacudido y siempre agitado del universo de los libros. Sabía de cada materia más que los expertos. Dominaba las bibliotecas mejor que los bibliotecarios. Conocía de memoria los fondos de la mayoría de las casas comerciales, mejor que sus propietarios, a pesar de sus notas y ficheros, mientras que él no disponía más que de la magia del recuerdo, de aquella memoria incomparable que, en realidad, sólo se puede explicar a través de cientos de ejemplos diferentes.

Las metáforas son preciosas: la barba es un musgo gris, los libros memorizados son especies o estrellas y conforman una comunidad de fantasmas, un universo de textos. Su conocimiento como vendedor ambulante, sin licencia para abrir una librería, es superior al de cualquier experto y al de cualquier bibliotecario. Su librería portátil, que ha encontrado su emplazamiento ideal en una mesa –siempre la misma– del Café Gluck, es un templo al que peregrinan todos aquellos que aman los libros y los coleccionan; y todos aquellos –también– que no han podido encontrar siguiendo las pautas oficiales las referencias bibliográficas que buscaban. Así, en su juventud universitaria, tras una experiencia insatisfactoria en la biblioteca, el narrador es conducido a la legendaria mesa de café por un compañero de estudios, un cicerone que le revela el lugar secreto que no aparece en las guías ni en los mapas, que sólo es conocido por los iniciados.

Rabbi Jacob Mendel Morgenstern, rabbi of the Great Synagogue in Wegrow. He was the son of the rabbi of Sokolow. When the Nazis first entered Wegrow, they took him to the town square, made him clean the streets, and then bayoneted him to death.

«Mendel el de los libros» podría insertarse en una serie de relatos contemporáneos que giran alrededor de la relación entre memoria y lectura, una serie que podría comenzar en 1909 con «Mundo de papel», de Luigi Pirandello, y terminar en 1981 con «La Enciclopedia de los muertos (toda una vida)», de Danilo Kiš, pasando por el relato de Zweig y por tres de los que Jorge Luis Borges escribió en el ecuador del siglo pasado. Porque en la obra borgeana la vieja tradición metalibresca adquiere tal madurez, tal trascendencia que nos obliga a leer lo anterior y lo posterior en términos de precursores y de herederos. «La Biblioteca de Babel», de 1941, describe un universo hipertextual en forma de biblioteca colmena, desprovisto de sentido y donde la lectura es casi exclusivamente desciframiento (parece una paradoja: en el cuento de Borges está proscrita la lectura por placer). «El Aleph», publicado en *Sur* cuatro años más tarde, versa sobre cómo leer la reducción de la Biblioteca de Babel a una esfera minúscula, en que se condensan todo el espacio y todo el tiempo; y, sobre todo, acerca de la posibilidad de traducir esa lectura en un poema, en un lenguaje que haga *útil* la existencia del portentoso *aleph*. Pero sin duda es «Funes el memorioso», fechado en 1942, el cuento de Borges que más recuerda al de Zweig, con su protagonista en los márgenes de los márgenes de la civilización occidental, encarnación como Mendel del genio de la memoria:

> Babilonia, Londres y Nueva York han abrumado con feroz esplendor la imaginación de los hombres; nadie, en sus torres populosas o en sus avenidas urgentes, ha sentido el calor y la presión de una realidad tan infatigable como la que día y noche convergía sobre el infeliz Irineo, en su pobre arrabal sudamericano.

Como Mendel, Funes no disfruta de su asombrosa capacidad de recordar. Para ellos leer no significa desentrañar argumentos, reseguir itinerarios vitales, entender psicologías, abstraer, relacionar, pensar, experimentar en los nervios el temor y el deleite. Al igual que sucederá cuarenta y cuatro años después con Número 5, el robot de la película *Cortocircuito*, para ellos la lectura es absorción de datos, nube de etiquetas, indexar, procesar información: está exenta de deseo. El de Zweig y el de Borges son cuentos absolutamente complementarios: el viejo y el joven, el recuerdo total de los libros y el recuerdo exhaustivo del mundo, la Biblioteca de Babel en un único cerebro y el aleph en una única memoria, unidos ambos personajes por su condición marginal y pobre.

Pirandello imagina en «Mundo de papel» una escena de lectura que también está recorrida por la pobreza y la obsesión. Pero Balicci, lector tan adicto que su piel se ha mimetizado con el color y la textura del papel, endeudado a causa de su vicio, se está quedando ciego: «¡Todo su mundo estaba allí! ¡Y ahora no podía vivir en él, excepto por aquella pequeña porción que le devolvería la memoria!» Reducidos a una realidad táctil, a volúmenes desordenados como piezas de Tetris, decide contratar a alguien para que clasifique aquellos libros, para que ordene su biblioteca, hasta que su mundo sea «sacado del caos». Pero después de ello se sigue sintiendo incompleto, huérfano, a causa de la imposibilidad de leer; de modo que contrata a una lectora, Tilde Pagliocchini; pero le molesta su voz, su entonación, y la única solución que encuentran es que ella le lea en voz baja, es decir, en silencio, para que él pueda evocar, a la velocidad de las líneas y de las páginas que pasan, aquella misma lectura, cada vez más remota. Todo su mundo, reordenado en el recuerdo.

Un mundo abarcable, jibarizado gracias a la metáfora de la biblioteca, la librería portátil o la memoria fotográfica, descriptible, cartografiable.

No es casual que el protagonista del relato «La Enciclopedia de los muertos (toda una vida)», de Kiš, sea precisamente un topógrafo. Su vida entera, hasta en el más mínimo detalle, ha sido consignada por una suerte de secta o de grupo de eruditos anónimos que desde finales del siglo XVIII lleva a cabo un proyecto enciclopédico –paralelo al de la Ilustración– donde figuran todos aquellos personajes de la Historia que no se encuentran en el resto de las enciclopedias, las oficiales, las públicas, las que se pueden consultar en cualquier biblioteca. Por eso el cuento especula sobre la existencia de una biblioteca nórdica donde se encontrarían las salas –cada una dedicada a una letra del abecedario– de la *Enciclopedia de los muertos*, cada volumen encadenado a su anaquel, imposible de copiar o reproducir: tan sólo objetos de lecturas parciales, víctimas inmediatas del olvido.

«Mi memoria, señor, es como vaciadero de basuras», dice Funes. Borges habla siempre del fracaso: las tres maravillas que imagina están abocadas a la muerte o al absurdo. Ya sabemos lo estúpidos que son los versos que Carlos Argentino ha sido capaz de escribir a partir del increíble aleph, cuya posesión ha desaprovechado sin remedio. Y el bibliotecario borgeano, viajero insistente por los recodos de la biblioteca, en la vejez enumera todas las certezas y esperanzas que la humanidad ha ido perdiendo a lo largo de los siglos; y afirma, al final de su informe: «Yo conozco distritos en que los jóvenes se prosternan ante los libros y besan con barbarie las páginas, pero no saben descifrar una sola letra.» El mismo tono de elegía encontramos en todos los cuentos mencionados: el protagonista pirandelliano se queda ciego, Mendel ha muerto, la Biblioteca de Babel pierde población a causa de las enfermedades pulmonares y los suicidios, Beatriz Viterbo ha fallecido, el padre de *Borges* está enfermo y Funes ha muerto de una congestión pulmonar, el padre de la narradora de Kiš también ha desaparecido. Lo que une a esos seis cuentos es el duelo, de una persona y de un mundo: «Memoria de indecible melancolía: a veces he viajado muchas noches por corredores y escaleras pulidas sin hallar un solo bibliotecario.»

Por eso, cuando vi la mesa de mármol de Jakob Mendel, aquella fuente de oráculos, vacía como una losa sepulcral, dormitando en aquella habitación, me sobrevino una especie de terror. Sólo entonces, al cabo de los años, comprendí cuánto es lo que desaparece con semejantes seres humanos. En primer lugar, porque lo que es único resulta cada día más valioso en un mundo como el nuestro, que de manera irremediable se va volviendo cada vez más uniforme.

Su extraordinaria naturaleza, dice Zweig, sólo podía narrarse a través de ejemplos. Para contar el aleph, Borges recurre a la enumeración caótica de fragmentos particulares de un ente capaz de procesar lo universal. Kiš –posborgeano– insiste en que cada uno de los ejemplos que menciona es sólo una pequeña parte del material indexado por los sabios anónimos. Una mesa de un café de barrio puede ser la clave diminuta que abra las puertas de una de las dimensiones que se superponen en toda vasta ciudad. Y un hombre puede tener la llave de acceso a un mundo que ignora las fronteras geopolíticas, que entiende Europa como un espacio cultural único más allá de las guerras o de la caída de los imperios. Un espacio cultural que es siempre hospitalario, porque sólo existe en el cerebro de quienes viajan por él. A diferencia de Borges, para quien la Historia carece de importancia, el propósito de Zweig es hablar de cómo la Primera Guerra Mundial inventó las fronteras contemporáneas. Mendel había pasado toda su vida en paz, sin documento alguno acerca de su nacionalidad de origen ni de su patria de acogida. De pronto, las postales que envía a libreros de París o de Londres, las capitales de los países enemigos, llaman la atención del censor (ese lector fundamental en la historia de la persecución de los libros, ese lector que se dedica a delatar lectores), porque en su mundo libresco no ha penetrado la noticia de que se encuentran en guerra, y la policía secreta descubre que Mendel es ruso y por tanto un potencial enemigo. En una escaramuza pierde sus gafas. Es internado en un campo de concentración durante dos años, a lo largo de los cuales se congela su actividad más urgente, constante e íntima: la lectura. Lo liberan gracias a clientes importantes e influyentes, coleccionistas de libros conscientes de su genio. Pero cuando vuelve al café ha perdido la capacidad de concentrarse y camina irreversiblemente hacia el desahucio y hacia la muerte.

Importa que sea un judío errante, parte del Pueblo del Libro, que provenga del Este y que encuentre su desgracia y su fin en el Oeste, aunque ocurra después de decenas de años de asimilación inconsciente, de ser objeto de respeto e incluso de veneración por parte de los pocos escogidos que son capaces de calibrar su excepcionalidad. Su relación con la información impresa, nos dice Zweig, colmaba todas sus necesidades eróticas. Como los ancianos sabios del África negra, era un hombre biblioteca y su obra, inmaterial, energía acumulada y compartida.

Esa historia se la cuenta la única persona que sobrevive de los viejos tiempos, cuando el café tenía otro dueño y otro personal y representaba un mundo que se perdió entre 1914 y 1918: una anciana a quien Mendel le cobró un sincero afecto. Ella es la memoria de una existencia condenada a olvidarse (si no fuera por el hecho de que es un escritor quien la escucha, a quien le pasa el testigo que después se convierte en el cuento). Gracias a todo ese proceso de evocación y de investigación, a la distancia crítica del tiempo ese narrador que tanto se parece a Zweig alcanza el eco de la epifanía:

> Todo lo que de extraordinario y más poderoso se produce en nuestra existencia se logra sólo a través de la concentración interior, a través de una monotonía sublime, sagradamente emparentada con la locura. [...] Y sin embargo había sido capaz de olvidarle. Por supuesto, en los años de la guerra y entregado a la propia obra de manera similar a la suya.

Le sobreviene la vergüenza. Porque se olvidó de un modelo, de un maestro. Y de una víctima. Todo el cuento se prepara para ese *reconocimiento*. Y habla subterráneamente de un gran desplazamiento: de la periferia en la juventud a un posible centro en la madurez que ha olvidado el origen que no debería haber sido olvidado. Es el relato de un viaje a ese origen, un viaje físico que conlleva otro mnemotécnico y que culmina en un homenaje. Generoso e irónico, el narrador permite que la anciana analfabeta se quede con el volumen picante que perteneció a Mendel y que constituye uno de los pocos rastros sólidos de su paso por el mundo. «Los libros sólo se escriben», termina el texto, «para, por encima del propio aliento, unir a los seres humanos, y así defendernos frente al inexorable reverso de toda existencia: la fugacidad y el olvido.»

Homenajeando a un librero portátil de un mundo desaparecido, coleccionando y reconstruyendo su historia, Zweig se comporta como un historiador tal y como lo entendía Walter Benjamin: coleccionista, trapero. Al respecto, en su ensayo *Ante el tiempo*, ha escrito Georges Didi-

Huberman: «el despojo ofrece no solamente el soporte sintomático de la ignorancia –verdad de un tiempo reprimido de la historia–, sino también el lugar mismo y la textura del "contenido de las cosas", del "trabajo sobre las cosas"». La memoria de Funes es como un vertedero. Los cuentos que he comentado, posibles ejemplos de una serie contemporánea sobre la lectura y la memoria, son en realidad exploraciones de la relación entre la lectura y el olvido. Una relación que se da a través de objetos, de esos volúmenes que son *contenedores*, los resultados del proceso de una cierta artesanía que llamamos libros, y que leemos como desechos, como ruinas de la textura del pasado y de sus ideas que sobreviven. Porque el destino de las totalidades es ser reducidas a partes, fragmentos, enumeraciones caóticas, ejemplos que se dejen leer.

Sobre los libros como objetos, como cosas, sobre las librerías como restos arqueológicos o traperías o archivos que se resisten a revelarnos el conocimiento que poseen, que se niegan por su propia naturaleza a ocupar el lugar en la historia de la cultura que les corresponde, sobre su condición a menudo contra-espacial, opuesta a una gestión política del espacio en términos nacionales o estatales, sobre la importancia de la herencia, sobre la erosión del pasado, sobre la memoria y los libros, sobre el patrimonio inmaterial y su concreción en materiales que tienden a descomponerse, sobre la Librería y la Biblioteca como Jano Bifronte o almas gemelas, sobre la censura siempre policial, sobre los espacios apátridas, sobre la librería como café y como hogar más allá de los puntos cardinales, el Este y el Oeste, Oriente y Occidente, sobre las vidas y las obras de los libreros, sedentarios o errantes, aislados o miembros de una misma tradición, sobre la tensión entre lo único y lo serial, sobre el poder del encuentro en un contexto libresco y su erotismo, sexo latente, sobre la lectura como obsesión y como locura pero también como pulsión inconsciente o como negocio, con sus correspondientes problemas de gestión y sus abusos laborales, sobre los tantos centros y las infinitas periferias, sobre el mundo como librería y la librería como mundo, sobre la ironía y la solemnidad, sobre la historia de todos los libros y sobre libros concretos, con nombres y apellidos en sus solapas, de papel y de píxeles, sobre las librerías universales y mis librerías particulares: sobre todo eso versará este libro, que hasta hace poco estaba en una librería o una biblioteca o la estantería de un amigo y que ahora pertenece, aunque sea provisionalmente, lector, a tu propia biblioteca.

Es decir, que acaba de salir de una heterotopía para penetrar en otra, con los consiguientes cambios de sentido, con las consecuentes alteraciones de significados. Así *funcionará* este libro: proponiendo tanto el consuelo de las lecturas ordenadoras como las digresiones o las contradicciones que inquietan o amenazan, reconstruyendo tradiciones posibles y recordando al mismo tiempo que no se habla más que de ejemplos, de excepciones de un mapa y una cronolo-

COLONNESE
libri & altro

libri antichi
e moderni
esauriti
e rari
cartoline
gattofilia
stampe · fotografie
giornali · riviste
curiosità

32 - 33, via san pietro a majella - 80138 napoli
tel. 081.459858 · fax 455420

gía de las librerías que es imposible reconstruir, que está hecho de ausencias y olvidos, proponiendo analogías y sinécdoques, colección de fragmentos áureos y de despojos de una historia o de una enciclopedia futura imposible de escribir.

[La heterotopía] sería el desorden que hace centellear los fragmentos de un gran número de órdenes posibles, en la dimensión, sin ley ni geometría, de lo *heteróclito;* y entiéndase esa palabra lo más cerca posible de su etimología: las cosas están «tendidas», «puestas», «dispuestas» en sitios hasta tal punto diferentes que resulta imposible encontrar para ellos un espacio de acogida, definir por debajo de unos y otros un *lugar común.*

MICHEL FOUCAULT,
Las palabras y las cosas

1. SIEMPRE EL VIAJE

> Una librería pone manuales sobre el amor
> junto a estampitas de colores; hace cabalgar a
> Napoleón en Marengo junto a las memorias
> de una doncella de cámara y, entre un libro
> de sueños y otro de cocina, hace marchar a
> antiguos ingleses por los caminos anchos y es-
> trechos del Evangelio.
>
> WALTER BENJAMIN, *Libro de los Pasajes*

Cada librería condensa el mundo. No es una ruta aérea, sino un pasillo entre anaqueles lo que une tu país y
sus idiomas con regiones extensas en que se hablan otras
lenguas. No es una frontera internacional sino un paso
–un simple paso– lo que debe atravesarse para cambiar de
topografía y por tanto de toponimia y por tanto de tiempo: un volumen editado en 1976 se encuentra al lado de
otro publicado ayer, que acaba de llegar y aún huele a lig-
nina (pariente de la vainilla); una monografía sobre las
migraciones prehistóricas convive con un estudio sobre
megalópolis del siglo XXI; después de las obras completas
de Camus te encuentras con las de Cervantes (en ningún
otro espacio reducido es tan cierto aquel verso de J. V.
Foix: *«M'exalta el nou i m'enamora el vell»)*. No es una carretera, sino un tramo de escaleras o tal vez un umbral o
quizá ni siquiera eso: darte la vuelta, lo que vincula un género con otro, una disciplina o una obsesión con su reverso a menudo complementario: el drama griego con la gran
novela norteamericana, la microbiología con la fotografía,

la historia del Lejano Oriente con las novelas populares del *Far West*, la poesía hindú con las crónicas de Indias, la entomología con la teoría del caos.

Para acceder al orden cartográfico de toda librería, a esa representación del mundo –de los muchos mundos que llamamos *mundo*– que tanto tiene de mapa, a esa esfera de libertad en que el tiempo se ralentiza y el turismo se convierte en otra clase de lectura, no hace falta pasaporte alguno. Y, sin embargo, en librerías como Green Apple Books de San Francisco, en La Ballena Blanca de la Mérida venezolana, en Robinson Crusoe 389 de Estambul, en La Lupa de Montevideo, en L'Écume des Pages de París, en The Book Lounge de Ciudad del Cabo, en Eterna Cadencia de Buenos Aires, en la Rafael Alberti de Madrid, en Cálamo y Antígona de Zaragoza, en Casa Tomada de Bogotá, en Metales Pesados de Santiago de Chile y su sucursal de Valparaíso, en Dante & Descartes de Nápoles, en John Sandoe Books de Londres o en Literanta de Palma de Mallorca sentí que estaba sellando algún tipo de documento, que iba acumulando estampas que certificaban mi paso por una ruta internacional de las librerías más importantes o más significativas o mejores o más antiguas o más interesantes o simplemente más accesibles en aquel momento, cuando de pronto comenzó a llover en Bratislava, cuando necesitaba un ordenador conectado a Internet en Amán, cuando tenía que sentarme de una vez y descansar unos minutos en Río de Janeiro o cuando estaba cansado de tanto templo en Perú o en Japón.

Fue en la Librería del Pensativo de Ciudad de Guatemala donde recogí el primer sello. Había aterrizado a finales de julio de 1998 y el país todavía se sacudía con los estertores del obispo Gerardi, que había sido atrozmente asesinado dos días después de que, como rostro visible de la Oficina

de Derechos Humanos del Arzobispado, hubiera presentado los cuatro volúmenes del informe *Guatemala: Nunca Más*, donde se documentaban cerca de 54.000 violaciones de los derechos fundamentales durante los treinta y seis años aproximados de dictadura militar. Le destrozaron el cráneo hasta hacer imposible la identificación de sus rasgos faciales. De aquellos meses inestables, en que cambié cuatro o cinco veces de domicilio, el centro cultural La Cúpula –que conformaban el bar galería Los Girasoles, la librería y otros comercios– fue lo más parecido que conocí a un hogar. La Librería del Pensativo nació en la vecina La Antigua Guatemala en 1987, cuando el país todavía estaba en guerra, gracias al tesón de la antropóloga feminista Ana María Cofiño, que en aquel momento regresaba de una larga estancia en México. El local familiar de la calle del Arco había sido una gasolinera y un taller mecánico. En los volcanes que rodean la ciudad todavía sonaban a lo lejos disparos de la guerrilla, el ejército o los paramilitares. Como ocurrió y ocurre en tantas otras librerías, como en mayor o menor medida sucedió y sucede en todas las librerías del mundo, la importación de títulos que no se conseguían en el país centroamericano, la apuesta por la literatura nacional, las presentaciones, las exposiciones de arte, la energía que pronto unió al local con el resto de espacios recién inaugurados, convirtieron al Pensativo en un centro de resistencia. Y de apertura. Tras fundar una editorial de literatura guatemalteca, inauguraron también una sucursal en la capital, que ofreció sus servicios durante doce años, hasta 2006. Y donde yo –aunque nadie allí lo sepa– fui feliz.

Escribió tras su cierre Maurice Echeverría:

> Ahora, con la presencia de Sophos, o la expansión paulatina de Artemis Edinter, hemos olvidado que el Pensativo fue quien mantuvo en una época la lucidez y el filo intelectual luego del arrasamiento de los cerebros.

Busco Sophos en la red: es sin duda el lugar en que pasaría mis tardes si viviera ahora en Ciudad de Guatemala. Es una de esas librerías espaciosas, llenas de luz y con restaurante, que han proliferado por todas partes, con un aire de familia a Ler Devagar de Lisboa, a El Péndulo de Ciudad de México a McNally Jackson de Nueva York, a The London Review of Books de Londres o a 10 Corso Como de Milán, espacios todos ellos acostumbrados a acoger comunidades de lectores, a convertirse rápidamente en ágora, lugar de encuentro. Artemis Edinter ya existía en 1998, hace más de treinta años que existe, ahora tiene ocho sucursales, lo más probable es que haya en mi biblioteca algún libro comprado en alguna de ellas; pero no la recuerdo. En el Pensativo de La Cúpula vi la melena y el rostro y las manos del poeta Humberto Ak'abal y me aprendí de memoria un poema suyo acerca de esa cinta con que los mayas siguen sujetando bultos que a veces hasta los triplican en peso y volumen («Para / nosotros / los indios / el cielo termina / donde comienza / el mecapal»); vi a un hombre ponerse en cuclillas para hablar con su hijo de tres años y vi asomar de la cintura de sus tejanos la culata de una pistola; compré *Que me maten si...*, de Rodrigo Rey Rosa, en la edición de la casa, un papel pobre que yo nunca había tocado y que aún me recuerda a aquel con que mi madre me envolvía los bocadillos cuando era pequeño, el tacto de los mil ejemplares que se imprimieron en los talleres litográficos de Ediciones Don Quijote el 28 de diciembre de 1996, casi un mes después de las elecciones democráticas; allí compré también *Guatemala: Nunca Más*, el resumen en un solo tomo de los cuatro libros de odio y muerte del informe original, *la militarización de la infancia, las violaciones sexuales masivas, la técnica al servicio de la violencia, el control psicosexual de la tropa*, todo aquello que es lo contrario de lo que significa una librería.

Más que con un pasaporte, me encontré con un mapamundi el día en que al fin desplegué sobre mi escritorio todos aquellos sellos (tarjetas, postales, apuntes, fotografías, cromos que había ido metiendo en carpetas después de cada viaje, a la espera de que llegara el momento de escribir este libro). Mejor dicho: un mapa de mi mundo. Y por tanto sometido a mi propia biografía: cuántas de aquellas librerías habrían cerrado sus puertas o habrían cambiado de dirección, cuántas se habrían multiplicado, cuántas serían ahora incluso multinacionales o habrían hecho reajustes en su plantilla o habrían abierto su dominio punto com. Un

TABULÆ
ANATOMICÆ,
IO. AD. KULMI. Med. Doct.
et P.P.O. atq. A.N.C.S.

mapa atravesado por los tiempos de mis viajes y necesariamente incompleto, en que enormes superficies todavía no habían sido recorridas ni por tanto documentadas, en que decenas, cientos de librerías significativas e importantes todavía no habían sido registradas (coleccionadas); pero que no obstante representaba un posible estado de la cuestión de un escenario crepuscular y en mutación, el de un fenómeno que reclamaba ser historiado, pensado, aunque sólo fuera para que lean sobre él quienes también se han sentido en librerías de aquí y de allá como en embajadas sin bandera, máquinas del tiempo, *caravasares* o páginas de un documento que ningún Estado puede expedir. Porque en todos los países del mundo las librerías como el Pensativo han desaparecido o están desapareciendo o se han convertido en una atracción turística y han abierto su página web o en parte de una cadena de librerías que comparten el nombre y se transforman inevitablemente, adaptándose al volátil –y fascinante– signo de los tiempos. Y ahí estaba, ante mí, un collage que invitaba a lo que Didi-Huberman ha llamado en *Atlas. ¿Cómo llevar el mundo a cuestas?* un *conocimiento nómada*, en que cuenta por igual –como en los pasillos de una librería– «el elemento *afectivo* tanto como *cognitivo*», el tablero de mi escritorio entre «*clasificación* y *desorden* o, si se prefiere, entre razón e imaginación», porque «las mesas sirven a la vez de campos operatorios para *disociar*, despedazar, destruir» y para «*aglutinar*, acumular, disponer» y, por tanto, «recoge heterogeneidades, da forma a relaciones múltiples»: «espacios y tiempos heterogéneos no cesan de encontrarse, confrontarse, cruzarse o amalgamarse».

La historia de las librerías es muy diferente de la historia de las bibliotecas. Aquéllas carecen de continuidad y de apoyo institucional. Son libres gracias a ser las respuestas mediante iniciativas privadas a problemas públicos, pero por la misma razón no son estudiadas, a menudo ni siquiera aparecen en las guías de turismo ni se les dedican tesis doctorales hasta que el tiempo ha acabado con ellas y se han convertido en mitos. Mitos como el de St. Paul's Churchyard, donde –según leo en *18 Bookshops* de Anne Scott– estaba en el siglo XVII entre otras treinta librerías The Parrot, cuyo dueño William Aspley no sólo fue uno de los libreros, sino también uno de los editores de Shakespeare. Mitos como el de la rue de l'Odéon de París, que nutrieron La Maison des Amis des Livres de Adrienne Monnier y la Shakespeare and Company de Sylvia Beach. Mitos como Charing Cross Road, la avenida intergaláctica, la calle bibliófila de Londres por excelencia, inmortalizada en el título del mejor libro de no ficción que he leído sobre librerías, *84, Charing Cross Road*, de Helene Hanff (donde, como en cualquier tienda de libros, la pasión bibliófaga se imbrica con los sentimientos humanos y el drama convive con la comedia), un ejemplar de cuya primera edición vi –emocionado– en venta (250 libras) en el escaparate de Goldsboro Books, establecimiento especializado en la comercialización de primeras ediciones autografiadas, muy cerca de la misma Charing Cross Road donde nadie supo decirme dónde estaba la librería de Hanff. Mitos como la librería Dei Marini, llamada después Casella, que fue fundada en Nápoles en 1825 por Gennaro Casella y después heredada por su hijo Francesco, quien en el cambio del siglo XIX al XX reunió en el local a personajes como Filippo T. Marinetti, Eduardo De Filippo, Paul Valéry, Luigi Einaudi, G. Bernard Shaw o Anatole France, quien se alojaba en el hotel Hassler del Chiatamone, pero usaba la librería como si fuera el salón de su casa. Mitos como el de la Librería de los Escritores de Moscú, que a finales de los años diez y principios de los veinte aprovechó el breve paréntesis de libertad revolucionaria para ofrecer a los lectores un centro cultural gestionado por intelectuales. La historia de las bibliotecas puede narrarse cabalmente, mediante una ordenación por ciudades, por regiones y por naciones, respetando las fronteras de los tratados internacionales, acudiendo a la bibliografía especializada y al propio archivo de cada una de ellas, donde se ha documentado la evolución de sus fondos y de sus técnicas de clasificación y se conservan actas, contratos, recortes de prensa, listas de adquisiciones y otros papeles que permiten la estadística, el informe y la cronología. La historia de las librerías, en cambio, sólo puede relatarse a partir del álbum de postales y de fotos, del mapa situacionista, del puente provisional entre los establecimientos desaparecidos y los que todavía existen, de ciertos fragmentos literarios; del ensayo.

Al clasificar todas aquellas tarjetas de visita, folletos, trípticos, postales, catálogos, instantáneas, apuntes y fotocopias me encontré con varias librerías que escapaban de cualquier criterio cronológico o geográfico, que no se dejaban comprender en las escalas y las rutas que iba trazando para las otras, por muy conceptuales y transversales que fueran. Se trataba de las librerías especializadas en viajes, que constituyen en sí mismas una paradoja, porque todas las librerías son invitaciones al viaje, viajes ellas mismas. Pero éstas son distintas. Su rareza viene marcada por el participio *especializada*. Como las librerías infantiles, como las tiendas de cómic, como las librerías anticuarias, como los comercios de *rare books*. Su especialización se observa desde la propia división del espacio: en vez de segmentarlo según géneros, lenguas o disciplinas académicas, se organiza según áreas geográficas. El extremo de ese principio lo encontramos en Altaïr, cuya sede principal

42

barcelonesa es uno de los espacios librescos más envolventes que conozco, donde también los libros de poemas, las novelas o los ensayos están clasificados según países y continentes, de modo que los encuentras al lado de las guías y de los mapas. Las librerías de viajes son las únicas en que la cartografía es tan protagonista como el verso y la prosa. Si sigues el itinerario que te propone Altaïr, atraviesas el escaparate y te encuentras, en primer lugar, con un tablón de anuncios de viajeros. Tras él, expuestos, los números de la revista homónima. Enseguida: novelas, libros de historia y guías temáticas sobre Barcelona, en una constante internacional que respeta la mayor parte de las librerías del mundo, como si su lógica fuera necesariamente ir de lo inmediato, de lo local, a lo más lejano: el universo. Por tanto, después, el mundo, ordenado también según ese criterio de alejamiento, desde Cataluña, España y Europa hasta el resto de continentes, derramados por las dos plantas del local. Abajo se encuentran los mapamundis y, más allá, al fondo, la agencia de viajes. Porque la consecuencia necesaria de los anuncios del tablón, de las revistas, de las lecturas no puede ser otra que partir.

Ulyssus, en Girona, tiene como *subtítulo* «Librería de viajes», y al igual que los fundadores de Altaïr, Albert Padrol y Josep Bernadas, su dueño, Josep Maria Iglesias, se siente antes viajero que librero o editor. Al frente de la librería parisina Ulysse, de hecho, está Catherine Domain, exploradora y escritora, que obliga a su tienda a viajar con ella, cada verano, hasta el casino de Hendaya. Por extensión simbólica, este tipo de establecimientos acostumbran a estar llenos de mapas y bolas del mundo: en Pied à Terre de Ámsterdam, por ejemplo, son decenas los globos terráqueos que te miran de soslayo mientras buscas guías y otras lecturas. Su eslogan no puede ser más enfático: «El Paraíso del viajero». La tienda madrileña Deviaje prioriza su naturaleza de agencia: «Viajes a medida, librería, complementos de viaje». El orden de los factores no altera el producto, porque lo cierto es que las librerías viajeras de todo el mundo son también grandes almacenes de artículos prácticos para viajar. También en Madrid, Desnivel, especializada en montaña y aventura, vende aparatos GPS y brújulas. Lo mismo ocurre en la berlinesa Chatwins, que dedica una buena parte de su capacidad expositiva a los cuadernos Moleskine, la resurrección en serie de las libretas artesanales que Bruce Chatwin compraba en un almacén de París hasta que la familia que las manufacturaba en Tours dejó de hacerlo en 1986, según nos cuenta en un libro que se publicó al año siguiente, *The Songlines*.

Aunque sus cenizas se esparcieran en 1989 junto a una capilla bizantina en Kardamyli, una de las siete ciudades que Agamenón ofrece a Aquiles para que reanude su hostigamiento de Troya, en el sur del Peloponeso, cerca del hogar de uno de sus mentores, Patrick Leigh Fermor, escritor viajero y miembro como él de la Tradición Inquieta, su entierro se ofició en una iglesia del West London.

Treinta años antes, un joven provinciano sin oficio ni beneficio llamado Bruce Chatwin llegó a la capital de Gran Bretaña para trabajar como aprendiz en Sotheby's, ignorante de su futuro como escritor de viajes, como mitómano y, sobre todo, como mito. Ignorante de que una librería de Berlín llevaría su nombre. Entre las muchas librerías que a finales de los años cincuenta pudo descubrir Chatwin al llegar a la capital destacan dos: Foyles y Stanfords. Una generalista y la otra especializada en viajes. Una llena de libros y la otra plagada de mapas.

En plena Charing Cross Road, sus cincuenta kilómetros de estanterías convertían a Foyles en el mayor laberinto libresco del mundo. En aquella época era una atracción turística no sólo gracias a su tamaño, sino también a las absurdas ideas que su dueña, Christina Foyle, puso en práctica y que consiguieron que el establecimiento fuera un monstruoso anacronismo durante toda la segunda mitad del siglo pasado. Ideas como negarse a la utilización de calculadoras, cajas registradoras, teléfonos o cualquier otro avance tecnológico en la gestión de pedidos y ventas; o como ordenar los libros por editoriales y no por autores o por géneros; o como obligar a los clientes a hacer tres colas distintas para pagar sus compras; o como despedir a los empleados sin ton ni son. Su caótica dirección de Foyles –que había sido fundada en 1903– duró desde 1945 hasta 1999. Su excentricidad se explica por vía genética: William Foyle, su padre, cometió sus propias locuras antes de delegar la dirección en su hija. Pero hay que atribuirle a Christina la mejor iniciativa que ha llevado a cabo la librería en toda su historia: sus famosísimos almuerzos literarios. Desde el 21 de octubre de 1930 hasta ahora han comido medio millón de lectores con más de mil autores, entre ellos: T. S. Eliot, H. G. Wells, G. Bernard Shaw, Winston Churchill y John Lennon.

Las leyendas negras forman ya sólo parte del pasado (y de libros como éste): en 2014 Foyles se transformó en una gran librería moderna y se mudó al edificio vecino, en el número 107 de la misma Charing Cross Road. La remodelación del antiguo Central Saint Martins College of Art and Design corrió a cargo del despacho de arquitectos Lifschutz Davidson Sandilands, que para hacer frente al desafío de diseñar la mayor librería construida en Inglaterra en el siglo XXI optó por un gran patio central vacío por el que se derrama la luz blanca, reforzada por grandes lámparas que son la puntuación de un gran texto diáfano, rodeado por las escaleras que suben y bajan, como oraciones subordinadas. La cafetería –siempre bulliciosa– está en lo alto, junto a una sala de exposiciones receptiva a los proyectos transmedia y el salón de actos; y a ras de suelo te recibe, en cuanto entras, el siguiente lema: «Bienvenido, amante de los libros, estás entre amigos.» Qué diría Christina si levantara la cabeza... Bueno, en realidad se encontraría con una pared entera que evoca y celebra la importancia de sus almuerzos multitudinarios.

Explora, descubre, inspira: ése es el lema de Stanfords, según me recuerda el punto de libro que conservo de alguna de mis visitas. Aunque el negocio fue fundado en la misma Charing Cross donde sobrevive Foyles, su célebre sede de Covent Garden, en Long Acre, abrió sus puertas al público en 1901. Para entonces ya se había creado una sólida relación entre la Royal Geographical Society y la librería, pues ésta producía los mejores mapas en una época en que la expansión del colonialismo británico y el auge del turismo provocaron una producción cartográfica masiva. Aunque en sus tres pisos, el suelo de cada uno de ellos recubierto con un mapa gigantesco (Londres, el Himalaya, el Mundo), encontremos también guías, literatura de viaje y accesorios, la gran protagonista del comercio es la cartografía. Incluso la bélica: desde los años cincuenta hasta los ochenta el sótano estuvo ocupado por el departamento de topografía aeronáutica y militar. Recuerdo que llegué a Stanfords porque alguien me dijo, o leí en algún lugar, que allí compraba sus mapas Chatwin. Lo cierto es que no hay registro alguno de que así fuera. La lista de clientes ilustres abarca desde el doctor Livingstone y el capitán Robert Scott hasta Bill Bryson o Sir Ranulph Fiennes, uno de los últimos exploradores vivos, pasando por Florence Nightingale, Cecil Rhodes, Wilfred Thesiger o Sherlock Holmes, que encarga en Stanfords el mapa del páramo misterioso que le permitirá resolver el caso de *El sabueso de los Baskerville.*

Ambas existen todavía. Foyles tiene cinco sucursales en Londres y una en Bristol. Stanfords cuenta con delegaciones en Bristol y en Manchester, además de una pequeña sede en la Royal Geographical Society que sólo abre en caso de eventos. Por un par de años Chatwin no pudo conocer también Daunt Books, librería para lectores viajeros, cuya primera tienda –un edificio eduardiano de Marylebone High Street en que la luz natural penetra a través de enormes vidrieras– abrió en 1991. Es el proyecto personal que James Daunt, hijo de diplomáticos y acostumbrado por tanto a las mudanzas, emprendió después de una estancia en Nueva York, tras la cual decidió que quería dedicarse a sus dos pasiones: los viajes y la lectura. Y que ahora es una cadena londinense con ocho establecimientos. Y que ahora es una cadena londinense con seis establecimientos. Treinta y cuatro suma ya por toda la geografía francesa Au Vieux Campeur, que desde 1941 ofrece guías, mapas, libros de viaje y artículos de excursionismo, camping y alpinismo. Es la lógica de la Moleskine.

A finales del siglo XIX y principios del XX muchos artistas profesionales y amateurs adoptaron la costumbre de viajar con unos cuadernos de páginas consistentes que admitían la acuarela o la tinta china, y de solapas también sólidas para proteger los dibujos y los apuntes de las inclemencias, manufacturados en diversos puntos de Francia y vendidos en París. Ahora sabemos que Wilde, Van Gogh, Matisse, Hemingway o Picasso los utilizaron: ¿pero cuántos miles de viajeros anónimos también lo hicieron? ¿Dónde estarán sus *moleskines?* Así las llama Chatwin en su mencionado relato australiano y ése fue el punto de partida que tomó una pequeña empresa de Milán, Nodo & Nodo, para lanzar al mercado cinco mil ejemplares de libretas Moleskine en 1999. Recuerdo que vi algunos de ellos, o de las ediciones también limitadas que siguieron a aquella primera tirada, en una librería de la cadena Feltrinelli de Florencia, y que recibí inmediatamente una inyección de placer fetichista, la que administra el *reconocimiento.* El mismo que siente cualquier lector sistemático al entrar en Lello de Oporto o en

City Lights de San Francisco. Durante algunos años para comprar una Moleskine había que viajar. No era necesario ir a un almacén parisino, pero no estaban en todas las librerías del mundo. En 2008 se distribuía en unas quince mil tiendas de más de cincuenta países. Para abastecerlas, aunque el diseño sigue siendo italiano, la producción se trasladó a China. Hasta 2009 tenía que ir a Lisboa si quería entrar en la Livraria Bertrand, la más antigua del mundo; entonces inauguraron una fugaz sede de la cadena en Barcelona, la ciudad donde vivo, y la serialidad le ganó otra batalla –la enésima– a esa vieja idea, ya casi sin cuerpos que la encarnen: el aura.

> Seguimos el corredor estrecho y oscuro hasta que entré en una librería de saldo, donde legajos atados y polvorientos hablaban de todas las formas de la ruina.
>
> W. B., *Libro de los Pasajes*

2. ATENAS: EL COMIENZO POSIBLE

Vino a leer. Están abiertos
dos o tres libros, de historiadores y poetas.
Mas apenas leyó diez minutos,
los dejó a un lado. Y se adormece
en un diván. Pertenece plenamente a los libros,
pero tiene veintitrés años

CAVAFIS, «Vino a leer»

Atenas puede caminarse y leerse como un extraño zoco de librerías. La extrañeza, por supuesto, es menos causada por la decadencia del ambiente y por la sensación palpable de Antigüedad, que por el idioma en que han sido escritos tanto los nombres de los locales como los indicadores de las estanterías, por no hablar de los títulos de los libros y los nombres de sus autores. Para el lector occidental Oriente comienza donde lo hacen los alfabetos desconocidos: en Sarajevo, en Belgrado, en Atenas. En los anaqueles de las librerías de Granada o de Venecia no hay rastro alfabético de todo aquello que, en un pasado ya remoto, llegó desde el Este: lo leemos traducido a nuestros idiomas y hemos olvidado que los suyos también lo fueron. La importancia de la antigua cultura griega, de su filosofía y de su literatura, no se entiende sin su ubicación a caballo del Mediterráneo y de Asia, entre los etruscos y los persas, frente a los libios, los egipcios y los fenicios. Su condición de archipiélago de embajadas. O de acueducto radial. O de red de túneles entre alfabetos diversos.

Tras mucho buscar en Internet, guiándome por la tarjeta de uno de los establecimientos que conservo desde el verano de 2006, al fin encuentro una alusión en inglés al lugar que estoy buscando: Books Arcade. Galería del Libro o Pasaje del Libro, una sucesión de veinte locales con puertas de hierro forjado donde se alojan cuarenta y cinco sellos editoriales, entre ellos Kedros y Ediciones del Banco Nacional. Sentado en una de las muchas butacas de los pasadizos, bajo uno de los ventiladores de techo que trituraban el calor a cámara lenta, tomé algunos apuntes sobre la relación entre las librerías y las bibliotecas. Porque el pasaje Pesmazoglou –pues también es así llamado, en alusión a una de sus calles de acceso– se encuentra enfrente de la Biblioteca Nacional de Grecia.

El Túnel frente al Edificio. La Galería sin fecha de inauguración frente al Monumento historiado al detalle: de estilo neoclásico, financiado desde la diáspora por los hermanos Vallianos, la primera piedra de la Biblioteca Nacional fue puesta en 1888 y la inauguración se produjo en 1903. En ella se conservan unos cuatro mil quinientos manuscritos en griego antiguo, códices cristianos e importantes documentos sobre la Revolución Griega (no en vano la idea de crearla fue, según parece, de Johann Jakob Meyer, amante de la cultura helénica y compañero de armas de Lord Byron). Pero cualquier biblioteca es más que un edificio: es una colección bibliográfica. Antes de su sede actual, la Nacional se alojó en el orfanato de Aegina, en los baños del Mercado Romano, en la iglesia de San Eleftherios y en la Universidad de Otto; en los próximos años se trasladará a un nuevo edificio monumental, en el frente marítimo, diseñado por el arquitecto Renzo Piano. Por eso la actual Biblioteca de Alejandría no es más que el eco sin fuerza del grito original: aunque su arquitectura sea alucinante, aunque dialogue con el mar vecino y con los ciento veinte alfabetos que se inscriben en su superficie reflectante, aunque acudan turistas de todo el mundo a contemplarla, sus paredes no alojan los suficientes volúmenes como para que sea todavía la reencarnación de la que le presta su mítico nombre.

La sombra de la Biblioteca de Alejandría es tan densa que ha eclipsado al resto de bibliotecas anteriores, contemporáneas y futuras, y ha borrado de la memoria colectiva a las librerías que la nutrieron. Porque no nació de la nada: fue el cliente principal de los comerciantes de libros del Mediterráneo oriental durante el siglo III a. C. La Biblioteca no puede existir sin la Librería, que está vinculada desde sus orígenes con la Editorial. El comercio de libros ya se había desarrollado antes del siglo V a. C., pues para esa fecha —en que lo escrito gana fuerza frente a lo oral en la cultura helena— eran conocidas en buena parte del este mediterráneo las obras de los principales filósofos, historiadores y poetas que hoy consideramos clásicos. Ateneo cita una obra perdida de Alexis, del siglo IV a. C., titulada *Linos*, donde el protagonista le dice al joven Heracles:

> Toma uno de esos preciosos libros. Ve los títulos por si te interesa alguno. Ahí tienes a Orfeo, a Hesíodo, a Querilo, a Homero, a Epicarmo. Acá hay piezas teatrales y cuanto puedas desear. Tu elección permitirá apreciar tus intereses y tu gusto.

En efecto: Heracles escoge un libro de cocina y se desvía de las expectativas de su acompañante. Porque el negocio de librería incluye todo tipo de textos y de gustos lectores: discursos, poemas, apuntes, libros técnicos o de derecho, colecciones de chistes. Y también contempla todo tipo de calidades: las primeras editoriales estuvieron constituidas por grupos de copistas de cuya capacidad de concentración, disciplina, rigor y nivel de explotación laboral dependía el número de cambios y de erratas que contendrían las copias que se pondrían en circulación. Para optimizar el tiempo, alguien dictaba y los demás transcribían. Por eso los editores romanos eran capaces de lanzar de una vez al mercado varios centenares de copias. En su exilio, Ovidio se consolaba recordándose que era «el autor más leído del mundo», pues las copias de sus obras alcanzaban hasta el último confín del imperio.

Alfonso Reyes, en su *Libros y libreros en la Antigüedad* (un resumen de trabajo de *The World of Books in Classical Antiquity* de H. L. Pinner, que sólo fue publicado tras su muerte), habla de «tratante en libros» para referirse a los primeros editores, distribuidores y libreros, como Ático, amigo de Cicerón, que acaparaba todas las facetas del negocio. Parece ser que las primeras librerías griegas y romanas fueron o bien puestos ambulantes y barracas donde se vendían libros o se alquilaban (una suerte de *bibliotecas ambulantes)* o bien locales anexos a los de las editoriales. «En Roma las librerías eran conocidas, cuando menos por los días de Cicerón y Catulo», escribe Reyes: «Se encontraban en los mejores distritos comerciales, y servían de sitio de reunión a los eruditos y los bibliófilos.» Los hermanos Sosii, editores de Horacio, Secundus, uno de los editores de Marcial, y Atrecto, entre muchos otros hombres de negocios, regentaban sus locales en las cercanías del Foro. A la puerta se encontraban las listas que publicitaban las novedades. Y por una pequeña cantidad se podían consultar los volúmenes más valiosos, en una especie de préstamo fugaz. Lo mismo ocurría en las grandes ciudades del imperio, como Reims o Lyon, cuyas excelentes librerías sorprendieron a Plinio el Joven cuando comprobó que también vendían sus obras.

Para que los ricachones romanos presumieran de biblioteca se extendió no sólo la compraventa de ejemplares preciosos, sino también la adquisición de volúmenes a peso, para cubrir una pared de aparente cultura. Las colecciones privadas, a menudo en manos de bibliófilos, se nutrían directamente de las librerías y fueron el modelo de las colecciones públicas, esto es, de las bibliotecas, que no provienen de la democracia sino de la tiranía: las dos primeras se atribuyen a Polícrates, tirano de Samos, y a Pisístrato, tirano de Atenas. La Biblioteca es poder: con el botín de la campaña en Dalmacia, el general Asinio Polión fundó en el año 39 a. C. la Biblioteca de Roma. Por vez primera se exhibieron en ella públicamente y en convivencia títulos griegos y romanos. Cuatro siglos más tarde había veintiocho bibliotecas en la capital del bajo imperio.

Como la Biblioteca de Pérgamo o como la Palatina, ahora son también ruinas.

La Biblioteca de Alejandría, según parece, se inspiró en la biblioteca privada de Aristóteles, probablemente la primera de la historia que fue sometida a un sistema de clasificación. El diálogo entre las colecciones privadas y las colecciones públicas, entre la Librería y la Biblioteca, es por tanto tan viejo como la civilización; pero la balanza de la Historia siempre se inclina por la segunda. La Librería es ligera; la Biblioteca es pesada. La levedad del presente continuo se contrapone al peso de la tradición. No hay nada más ajeno a la idea de librería que la de patrimonio. Mientras que el Bibliotecario acumula, atesora, a lo sumo presta temporalmente la mercancía –que deja de serlo o congela su valor–, el Librero adquiere para librarse de lo adquirido, compravende, pone en circulación. Lo suyo es el *tráfico*, el *pasaje*. La Biblioteca está siempre un paso por atrás: mirando hacia el pasado. La Librería, en cambio, está atada al nervio del presente, sufre con él, pero también se excita con su adicción a los cambios. Si la Historia asegura la continuidad de la Biblioteca, el Futuro amenaza constantemente la existencia de la Librería. La Biblioteca es sólida, monumental, está atada al poder, a los gobiernos municipales, a los estados y sus ejércitos: además del expolio patrimonial de Egipto, el «ejército de Napoleón se llevó unos mil quinientos manuscritos de los Países Bajos austriacos y otros mil quinientos de Italia, principalmente de Bolonia y el Vaticano», ha escrito Peter Burke en su *Historia social del conocimiento*, para alimentar la voracidad de las bibliotecas francesas. La Librería, en cambio, es líquida, temporal, dura lo que su capacidad para mantener con mínimos cambios una idea en el tiempo. La Biblioteca es estabilidad. La Librería distribuye, la Biblioteca conserva.

La Librería es crisis perpetua, supeditada al conflicto entre la *novedad* y el *fondo*, y justamente por ello se sitúa en el centro del debate sobre los cánones culturales. Los grandes autores romanos eran conscientes de que su influencia dependía del acceso del público a su producción intelectual. La figura de Homero se ubica justamente en los dos siglos previos a la consolidación del negocio librero, y su centralidad en el canon occidental guarda directa relación con el hecho de ser uno de los escritores griegos de cuya obra conservamos más fragmentos. Es decir: uno de los más copiados. Uno de los más difundidos, vendidos, regalados, robados, comprados por coleccionistas, lectores comunes, libreros, bibliófilos, gestores de bibliotecas. De los rollos de papiro y de pergamino y de los códices de las librerías griegas y romanas, de todo el capital textual que pusieron en circulación, provisionalmente confinado en espacios privados y públicos, la mayoría del cual fue destruido en innumerables guerras e incendios y mudanzas, depende nuestra idea de tradición cultural, nuestra nómina de autores y títulos de referencia. La ubicación de la librería es fundamental en la vertebración de esos cánones: hubo un tiempo en que Atenas o Roma fueron los posibles centros de mundos posibles. Sobre esas capitalidades perdidas e indemostrables hemos construido toda la cultura posterior.

SCRIPTORIUM MONK AT WORK. (From *Lacroix*.)

Con la caída del imperio romano disminuyó el tráfico de libros. Los monasterios medievales prosiguieron con la tarea de difundir la cultura escrita, mediante los copistas, al tiempo que el papel llevaba a cabo su largo viaje desde China, donde fue inventado, hasta el sur de Europa, gracias al islam. El pergamino era tan caro que a menudo se borraban algunos textos para poner otros en su lugar: hay pocas metáforas tan poderosas de cómo funciona la transmisión cultural que la del palimpsesto. En la Edad Media un libro podía tener unas cien copias manuscritas, ser leído por unos miles de personas y escuchado por muchas más, ya que la oralidad volvió a ser más importante que la lectura individual. Todo eso no significa que no prosiguiera el comercio de librería, pues no sólo la clase eclesiástica y la noble tenían necesidad de leer, también los cada vez más numerosos estudiantes universitarios debían abastecerse de textos impresos, ya que entre los siglos XI y XIII se fundan las más antiguas universidades de Europa (Bolonia, Oxford, París, Cambridge, Salamanca, Nápoles...). Como ha escrito Alberto Manguel en *Una historia de la lectura:*

> Desde finales del siglo XII, aproximadamente, los libros pasaron a ser objetos comerciales, y en Europa su valor pecuniario estaba lo suficientemente establecido para que los prestamistas los aceptaran como garantía subsidiaria; anotaciones donde se registraban tales compromisos se encuentran en numerosos libros medievales, especialmente en los pertenecientes a estudiantes.

El empeño de libros fue una constante desde entonces hasta la popularización de la fotocopia por parte de Xerox a mediados del siglo pasado. Las copisterías conviven, en los alrededores de la Biblioteca Nacional de Grecia y la vecina Academia de Atenas, con universidades, editoriales, centros culturales y la parte más compacta del zoco de librerías, porque todas esas instituciones se retroalimentan mutuamente. Recuerdo que en el amplio piano bar de la librería Ianos, parte de una *cadena de civilización*, con sus estanterías color caoba y su señalética en blanco sobre verde manzana, leí un rato una edición de la poesía de Cavafis que llevaba en la mochila, porque no podía entender ni uno de aquellos volúmenes que me rodeaban. Recuerdo que entre los anaqueles de madera oscura de la librería Politeia pasé horas espigando, entre los miles de libros en griego, los pocos cientos que habían sido publicados en inglés.

El local, dividido en dos plantas y un sótano, tiene cuatro puertas de acceso. Es uno de esos espacios sobreiluminados: un sinfín de rectángulos de luz, que contienen apenas seis focos circulares, hacen brillar las solapas y los títulos y el suelo. *Politeia* significa «teoría de la ciudad».

Acabé entrando en la Librairie Kauffmann. No sólo porque sea la librería francesa de Atenas y por tanto un lugar donde hay libros que puedo leer, sino porque es una de esas librerías en que hay que sellar el pasaporte que no existe. La imagen fundacional es impresionante: en blanco y negro, fechada en 1919, muestra un quiosco atendido por una mujer con la cabeza parcialmente cubierta, vestida al modo oriental, sobre quien se lee «Librairie Kauffmann». Así comenzó su negocio Hermann Kauffmann, con un puesto callejero en que vendía libros usados en francés. Diez años más tarde se instaló en el local de la calle Zoodochos Pigis, que iría creciendo con el tiempo hasta convertirse en una suerte de gran apartamento con vistas a la avenida, e incorporó volúmenes nuevos a su oferta gracias a un acuerdo con la editorial Hachette, de modo que no tardó en ser el lugar donde las personas más ilustradas de Atenas acudían para abastecerse de lecturas en francés, y donde sus hijos compraban los libros de texto y las lecturas obligatorias de sus colegios y academias francófonas. En la pared de las escaleras, junto con fotografías de Frida Kahlo o de André Malraux, cuelga un diploma otorgado a Kauffmann por *L'Exposition Internationale des Arts et des Techniques* de París, 1937. Con la ayuda de Hachette, creó la Agencia Helénica de Distribución. Tras su muerte en 1965, su viuda se hizo cargo de la empresa e impulsó importantes iniciativas, como la colección «Confluences» de literatura griega traducida al francés, o la publicación del *Dictionnaire français-grec moderne*. Eso debería ser siempre una librería especializada en una lengua extranjera: un diccionario al menos bilingüe.

La página web de Kauffmann no está en funcionamiento. Nada en la red indica que la librería siga abierta. Después de varias búsquedas en vano, rescato la tarjeta de aquel viaje, naranja, con un árbol estampado bajo los caracteres griegos y los latinos, como un archipiélago desdibujado en el fondo del mar. Y marco el número de teléfono. Dos, tres veces. Nadie responde. De página en página, en mi deambulación por los buscadores acabo por encontrar fotografías políticas que no quería ver. Una de ellas muestra el pasaje Pesmazoglou –o Galería del Libro– carbonizado durante los disturbios de principios de 2012 por albergar empresas privadas, entre ellas una sucursal de Ediciones del Banco Nacional. La biblioteca, en cambio, aunque en un principio la prensa internacional difundiera que también había ardido, no fue atacada, no se vio afectada por los incendios: pública y antigua, con fecha de inauguración y planes de traslado, pasado y futuro tan asegurados como puedan estarlo, permanece.

> Muchos de los que habían practicado la magia trajeron los libros y los quemaron delante de todos; y hecha la cuenta de su precio hallaron que era de cincuenta mil piezas de plata.
>
> Hechos 19, 19

3. LAS LIBRERÍAS MÁS ANTIGUAS DEL MUNDO

> Nunca pude leer un libro entregándome
> a él; siempre, a cada paso, el comentario de la
> inteligencia o de la imaginación me desviaba
> del hilo de la propia narración. Al cabo del
> rato quien escribía era yo.
>
> FERNANDO PESSOA, *Libro del desasosiego*

Una librería no sólo tiene que ser antigua, también debe parecerlo. Cuando entras en la Livraria Bertrand, en el número 73 de la rua Garrett de Lisboa, a pocos pasos del Café Brasileira y de su estatua de Fernando Pessoa y por tanto en pleno corazón del Chiado, la B sobre fondo rojo del logo muestra orgullosa una cifra: 1732. En la primera sala todo señala hacia ese pasado venerable que remarca la fecha: la vitrina de libros destacados; las escaleras corredizas o el escalón de madera que permite acceder a los estantes más elevados de unos anaqueles vetustos; la placa oxidada que bautiza como «Sala Aquilino Ribeiro» el lugar en que te encuentras, en homenaje a uno de sus más ilustres clientes, asiduo como Oliveira Martins, Eça de Queirós, Antero de Quental o José Cardoso Pires; y sobre todo el diploma de Guinness World Records que certifica que es la librería en activo más antigua del mundo.

Una actividad ininterrumpida. Y documentada. En el número 1 de Trinity Street, Cambridge, se han vendido libros durante largos intervalos desde 1581, con clientes tan célebres como William Makepeace Thackeray y Charles Kingsley, pero también durante largos periodos el estable-

cimiento fue exclusivamente la sede de Cambridge University Press, sin venta directa al público. En el mismo terreno pantanoso de la ausencia de documentos fiables, en Cracovia encontramos la Matras –aún llamada Gebether i Wolff por los más ancianos–, cuyos orígenes míticos se remontan al siglo XVII (cuando el mercader de libros Franz Jacob Mertzenich abrió en el mismo sitio una librería), con continuidad desde 1872 y sede de un célebre salón literario en ese cambio de siglo y de importantes eventos en nuestros días, en tanto que ciudad UNESCO de la literatura. Por eso tal vez sea la Librairie Delamain de París, que abrió sus puertas en la Comédie-Française en 1700, 1703 o 1710 –según las fuentes– y que no se trasladó a la rue de Saint Honoré hasta 1906, la auténtica librería más antigua del mundo; pero no puede demostrar esa dichosa actividad ininterrumpida, en parte debido a que, a lo largo de su dilatada historia, al menos ha sufrido un incendio y una inundación, lo que sin duda ha mermado su archivo. Lo que sí ha pervivido en la memoria colectiva es que durante el siglo XVIII la regentó la misma familia Duchesne que editó a Rétif de La Bretonne, Voltaire y Rousseau; y que su más famoso propietario durante el siglo XX, el editor Pierre-Victor Stock, la perdió en una partida de póker. La librería P&G Wells de Winchester sí parece ser la más antigua del Reino Unido, y quién sabe si la más antigua del mundo con local único, esto es, radicalmente independiente (a finales del XX abrió su única sucursal, en la universidad). Se conservan recibos de compra de libros fechados en 1729 y, según parece, la actividad regular en la sede de College Street se remonta a la década de 1750. Durante la década siguiente, en 1768, comenzó a negociar con libros Hodges Figgis, todavía en activo y que no sólo es la más antigua de Irlanda, sino también la más grande, con un stock de sesenta mil ejemplares; y hasta la más dublinesa, porque aparece en el más dublinés de todos los libros, que no es *Dublineses,* sino el *Ulises* del mismo James Joyce («*She, she, she. What she? The virgin at Hodges Figgis' window on Monday looking in for one of the alphabet books you were going to write.*») La más anciana de Londres es Hatchards, que abrió sus puertas en 1797 y no volvió a cerrarlas, con su aristocrático edificio en el 187 de Piccadilly y su retrato al óleo del fundador, John Hatchard, que proporciona a la institución la prescriptiva pátina de antigüedad y de respeto. Ahora pertenece a la cadena Waterstones, pero no ha perdido ni un ápice de su identidad enmoquetada: sigue ofreciendo, en contra de lo habitual en librerías más populares, en el primer piso las novelas y en la planta baja los libros de historia y de ensayo en tapa dura, que compran desde siempre sus clientes habituales de camino a la Royal Academy o a las sastrerías de Jermyn Street. En los últimos años han desarrollado un servicio de suscripción que, en nuestra era de algoritmos, emplea a tres grandes lectores para que estudien los gustos de los suscriptores y les hagan llegar su envío periódico de volúmenes escogidos. Mary Kennedy, que me guió tanto por los rincones como por la historia de la librería, me dijo con orgullo: «Todos tienen derecho a devolver los títulos que no les gusten, pero sólo una vez hemos tenido una devolución.»

En mi biografía, la única librería del siglo XIX realmente importante tal vez sea la porteña Librería de Ávila —frente a la iglesia de San Ignacio y a cuatro pasos del Colegio Nacional de Buenos Aires—, que al parecer se fundó en 1785, pues fue entonces cuando se instaló en la misma esquina un colmado que, además de ofrecer comestibles y licores, vendía libros. Si P&G imprimía libros para Winchester College, su contemporánea de Buenos Aires se vinculaba a la cercana institución educativa incluso en el nombre: Librería del Colegio. No existen documentos sobre ella, en la misma dirección, hasta 1830: «Antiguos Libros Modernos», se lee en su fachada. En el sótano compré, durante mi primera visita a Buenos Aires en julio de 2002, algunos ejemplares de la revista *Sur*. Tocar libros viejos es una de las pocas experiencias táctiles en que puedes conectar con el pasado remoto. Aunque el concepto de *librería anticuaria* sea propio del siglo XVIII, a causa del correspondiente auge de disciplinas como la historia y la arqueología, en los siglos XVI y XVII fue desarrollado por encuadernadores y por libreros, que trabajaban tanto con libros impresos como con copias manuscritas. Lo mismo puede decirse de los catálogos de los impresores y editores, que evolucionaron desde simples listados de publicaciones hasta sofisticados libritos de lujo. Nunca he tocado una de esas reliquias. Ni siquiera un libro que no haya sido impreso.

Ha escrito Svend Dahl en *Historia del libro* que en los primeros años de la imprenta los manuscritos prevalecieron sobre los libros impresos, por la pátina de prestigio, como antaño la tuvo el papiro sobre el pergamino, o en los sesenta del siglo pasado el libro compuesto a mano sobre el libro de composición mecánica. Al principio el impresor era el propio librero: «Pero pronto hicieron su aparición los vendedores ambulantes que iban de ciudad en ciudad ofreciendo los libros comprados a los impresores.» Pregonaban por las calles la lista de títulos en su haber y anunciaban la posada donde se alojaban y donde instalarían su mercado nómada. También los había con puestos fijos en las grandes ciudades. Desde el siglo XVI las copias de un mismo libro pueden ser miles, y los lectores, cientos de miles: en esos cien años llegan a pulular por Europa más de cien mil libros impresos diferentes. Se desarrolla entonces un doble sistema de exhibición clasificada de los libros: mediante cajones o ficheros y mediante estanterías, porque lo habitual era tener los libros sin encuadernar, de modo que el cliente pudiera escoger el tipo de encuadernación que deseaba para su ejemplar. De ahí esas caprichosas colecciones de títulos que no tienen más en común que los lomos que escogieron para ellas sus propietarios. Algunas de ellas se encuentran, íntegras, en el sótano de la Librería de Ávila y en las librerías de viejo próximas de la porteña Avenida de Mayo.

¿Cómo eran las librerías en el siglo XVIII, cuando Bertrand Livreiros, Hatchards y la Librería del Colegio abrieron sus puertas en Lisboa, Londres y Buenos Aires respectivamente? Según muestran los grabados de los siglos XVII y XVIII que ha estudiado Henry Petroski en *Mundolibro*, un pormenorizado recorrido por la historia de cómo colocamos nuestros libros, el librero se apostaba tras un gran escritorio, desde donde regentaba el negocio, que muchas

veces comunicaba físicamente con la imprenta o la casa
editorial de la que dependía, y a su alrededor se desplegaba ese gran archivo de cartapacios cosidos, pero no encuadernados, que eran las librerías. Las cajoneras a menudo
formaban parte del mostrador, como se observa en un famoso grabado de *The Temple of the Muses*, tal vez la librería más legendaria y bella del siglo XVIII, ubicada en la
londinense Finsbury Square y regentada por James Lackington, quien se negaba a destruir los libros que no se
vendían y los saldaba, en sintonía con aquello que entendía como su *misión* profesional. Escribió: «Los libros son
la llave del conocimiento, de la razón y de la felicidad, y
cualquiera debe tener el derecho de acceder a ellos a precios asequibles, sin importar su nivel económico, su clase
social o su sexo.»

Entre los testimonios escritos de las librerías dieciochescas destaca también el de Goethe, quien el 26 de septiembre de 1786, anotaba en su *Viaje a Italia*:

Al fin tengo la obra de Palladio: no en verdad la edición original, que he visto en Vicenza, cuyos grabados están abiertos en madera, sino una copia fiel, un facsímile en acero, edición preparada por un hombre excelente, Smith, antiguo cónsul inglés en Venecia. Preciso es confesar que los ingleses, desde hace tiempo, saben apreciar lo bueno y tienen una manera grandiosa de difundirlo. Con motivo de esta compra entré en una librería, cosa que en Italia tiene un aspecto muy original. Todos los libros están encuadernados y colocados en contorno al alcance de la mano. Siempre se encuentra gente escogida. Los algo versados en la literatura, ya sean del clero secular, de la nobleza o artistas, entran y salen a cada momento. Desean un libro, lo piden, hojéanlo, tómanlo o déjanlo, como les parece. Hallé reunidas una media docena de personas: cuando pregunté por las obras de Palladio, todos se fijaron en mí, y mientras el dueño de la tienda buscaba el libro, celebráronlo y diéronme noticia del original y de las copias. Conocían bien la obra y el mérito del autor, y creyéndome arquitecto, me alabaron por seguir en el estudio los pasos de este maestro, antes que otro alguno. Era más útil en su uso y aplicación que el mismo Vitrubio [sic], pues habiendo estudiado a fondo Palladio la antigüedad y los antiguos, se esforzaba en apropiar aquellos conocimientos adquiridos a la satisfacción de nuestras necesidades. Conversé mucho tiempo con otras amables personas; adquirí noticias sobre las cosas notables del pueblo, y me despedí.

La primera oración evidencia la consecución de un deseo: el objetivo de la visita a toda librería. La última, la adquisición de un conocimiento que no se encuentra directamente en los libros, sino en las personas que los rodean. Lo que más sorprende al erudito y viajero alemán es el hecho de que estén todos encuadernados y que sean completamente accesibles, de modo que los visitantes puedan dialogar tanto entre ellos como con los volúmenes. La encuadernación uniforme no se extendió por Europa hasta que lo hizo la máquina correspondiente, alrededor de 1823, cuando las librerías comenzaron lentamente a parecerse a bibliotecas, porque ofrecían productos acabados y no libros a medio hacer, de modo que la sorpresa de Goethe tiene que ver con que eran encuadernaciones artesanales. En *Viaje sentimental* (1768), Laurence Sterne entra en una librería del muelle de Conti a comprar una «colección de Shakespeare», pero el librero le contesta que no posee ninguna. El viajero, indignado, coge el que hay sobre la mesa e inquiere: «¿Y éste?» Y el librero le explica que no es suyo, sino de un conde, que se lo ha mandado para que se lo encuaderne: es un *«esprit fort»,* le explica, «aficionado a los libros ingleses» y al trato con los isleños.

Cuando en 1802 Chateaubriand viajó a Aviñón alertado por una falsificación de los cuatro volúmenes de *El genio del cristianismo*, según nos relata en sus memorias, «de librería en librería logré dar con el falsificador, que no sabía quién era yo». Muchas son las que había en cada ciudad y de la mayoría no conservamos recuerdo alguno. Tendemos a pensar en la literatura como en una abstracción, cuando lo cierto es que se trata de una red inabarcable de objetos, de cuerpos, de materiales, de espacios. Ojos que leen, manos que escriben y que pasan páginas y que sostienen tomos, sinapsis cerebrales, pies que conducen a librerías y a bibliotecas, o viceversa, deseo bioquímico, dinero que compra, papel y cartón y tela, estanterías que contienen, madera triturada y bosques desaparecidos, más ojos y manos que conducen camiones, cargan cajas, ordenan volúmenes, curiosean, ojean y hojean, contratos, letras y números y fotografías, almacenes, locales, metros cuadrados de ciudad, caracteres, pantallas, palabras de tinta y de píxeles.

De la raíz lingüística *poiéin*, que significa «hacer», deriva la palabra *poesía*, que en la Grecia antigua significaba «literatura». En *El artesano* el sociólogo Richard Sennett ha explorado la íntima conexión entre la mano y el ojo: «Todo buen artesano mantiene un diálogo entre unas prácticas concretas y el pensamiento; este diálogo evoluciona hasta convertirse en hábitos, los que establecen a su vez un ritmo entre la solución y el descubrimiento de problemas.» Él habla sobre todo de carpinteros, músicos, cocineros, lutieres, lo que comúnmente entendemos por *artesanos;* pero lo cierto es que su reflexión se puede trasladar tanto al sinfín de artesanos que han participado desde siempre en la creación de un libro (papeleros, tipógrafos, impresores, encuadernadores, ilustradores) como al mismísimo cuerpo de cualquier lector, a la dilatación de sus pupilas, a su capacidad de concentra-

ción, a su postura corporal, a su memoria digital (en las yemas de los dedos). La propia escritura, en tanto que caligrafía –es decir, manufactura–, se somete aún a la disciplina de la perfección en civilizaciones como la china o la árabe. Y en la historia de la cultura es muy reciente todavía el paso de escribir a mano a hacerlo tecleando. Pese a que no intervenga directamente en la creación del objeto, puede entenderse la figura del librero como la del *lector artesano*, aquel que tras las diez mil horas que según diversos estudios se precisan para ser experto en alguna práctica, es capaz de unir el trabajo con la excelencia, el hacer con la poesía.

Algunas librerías del mundo cultivan con esmero su dimensión táctil, para que el papel y la madera tomen el testigo de esa tradición de lectores artesanales. Las tres sedes inglesas de Topping & Company, por ejemplo, han sido amuebladas con estanterías confeccionadas por carpinteros locales; y tanto los pequeños carteles que indican las secciones como las tarjetas en que los libreros recomiendan algunos títulos han sido escritos a mano. La nutrida sección de poesía del establecimiento de Bath señala la importancia de que una librería arrope y amplifique los intereses de la comunidad en que se inscribe. «La gente de esta pequeña ciudad está orgullosa de su afición por la poesía», me contó uno sus libreros, Saber Khan, «y nosotros, de ofrecerles uno de los fondos de poesía más importantes del país.» Como los lectores y los carpinteros son distintos en cada lugar, cada una de las Topping & Company «tiene su propia identidad, como hermanos y hermanas, pero en todas ellas el café es gratis, porque no puedes negarle a nadie una taza de café». Vi allí lectores instalados durante horas en sus mesas y sillas de madera. Y la cama y el plato de la comida del perro que da vueltas por la librería, su casa, la nuestra. Su lema, «A proper old-fashioned bookshop», podría traducirse como: «Una auténtica librería a la antigua» o «Una librería como Dios manda, pasada de moda».

Como me dijo José Pinho, el *alma mater* de la lisboeta Ler Devagar, una librería es capaz de regenerar el tejido social y económico de la zona donde es abierta, porque es puro presente, acelerado motor de cambio. Por eso no es de extrañar que muchas librerías formen parte de proyectos sociales. Pienso en las vinculadas en muchas ciudades de América Latina con Eloísa Cartonera, a partir de la casa madre argentina, con esos libros encuadernados por trabajadores informales que recogen por las calles papel y cartón. Pienso en La Jícara, un restaurante de riquísima comida local rodeado por una librería doble, para niños y para adultos, que sólo vende libros de sellos independientes, en Oaxaca, México. Pienso en Housing Works Bookstore Cafe, que es gestionada en exclusiva por voluntarios y dedica todo el beneficio de la venta de libros, del alquiler del espacio y de la cafetería a la ayuda a los más desfavorecidos de Nueva York. Son librerías que tienden la mano para construir cadenas humanas. No hay mejor metáfora de la tradición libresca, porque leemos tanto con los ojos como con las manos. En mis viajes me han contado la misma historia muchas veces. Aquella ocasión en que hubo que cambiar el local y los clientes, que ya eran amigos, se ofrecieron para ayudar en la mudanza. Aquella cadena humana que unió la sede antigua de Auzolan, en Pamplona, con la nueva. O las de RiverRun de Portsmouth. O las de Robinson Crusoe en Estambul. O las de Nollegiu, en el barrio de Poblenou de Barcelona.

Romano Montroni, que durante décadas trabajó en la Feltrinelli de Piazza di Porta Ravegnana, Bolonia, en «El decálogo del librero» escribió que «el cliente es la persona más importante de la empresa», ha situado al polvo en el centro de la actividad cotidiana de la librería: «¡Hay que sacudir todos los días, y todos deben hacerlo!», exclama en *Vender el alma. El oficio de librero:* «El polvo es un tema de vital importancia para un librero. Si limpia el polvo por la mañana, durante la primera media hora, de arriba abajo y en el sentido de las agujas del reloj. Al desempolvar, el librero memoriza dónde se encuentran los libros y los conoce *físicamente.»*

Al menos desde la Antigua Roma las librerías son los espacios relacionales en que la textualidad se vuelve más física, más que en el aula o que en la biblioteca, a causa de su dinamismo. Y son sobre todo los lectores quienes se mueven, quienes vinculan los ejemplares expuestos con el mostrador y por tanto con los libreros, quienes sacan monedas y billetes o tarjetas de crédito y los intercambian por libros, quienes en su movimiento observan lo que otros buscan o compran. Los libros, los libreros y las librerías permanecen bastante quietos si los comparamos con los clientes, que no cesan de entrar y de salir y cuyo rol en el interior es justamente ése, el movimiento. Son viajeros en la ciudad miniatura, cuyo objetivo es provocar que las letras –quietas en el interior del libro– se vuelvan móviles durante lo que dura una lectura (y su recuerdo), porque como escribió Mallarmé: «El libro, expansión total de la letra, debe extraer de ella, directamente, una movilidad.» Sin embargo, la propia librería, con o sin compradores o curiosos en su interior, posee su propios ritmos cardiacos. No sólo los de desembalar, ordenar, devolver y reponer. No sólo el de los cambios de personal. Las librerías también tienen una relación conflictiva con los locales que las contienen, que parcialmente las definen, pero que no las constituyen. Y con sus propios nombres, que a menudo cambian con sus sucesivos propietarios. Por dentro y por fuera, las librerías son portátiles y mutantes. Por eso el Record Guinness de la Librería más Antigua del Mundo lo ostenta la Livraria Bertrand, porque es la única que puede demostrar su longeva continuidad desde la fecha de su fundación. Lo habitual es que, como mínimo, cambie de nombre cada vez que lo hace de manos.

La más antigua de Italia ilustra ese problema: la Libreria Bozzi fue fundada en 1810 y sigue abierta en una maltrecha esquina de Génova, pero su primer propietario, superviviente de la Revolución Francesa, se llamaba Antonio Beuf; hasta 1927 no fue adquirida por Alberto Colombo, padre de la primera esposa del Mario Bozzi que da nombre al establecimiento hasta el día de hoy, en que es dirigida por Tonino Bozzi. La librería Lello de Oporto es otro ejemplo de ello. La empresa fue fundada con el nombre de Livraria Internacional de Ernesto Chardron, en la rua dos Clérigos; en 1881 José Pinto de Sousa la estableció en la rua do Almada; trece años más tarde fue vendida por Mathieux Lugan a José Lello y su hermano António, que la rebautizaron como Sociedade José Pinto Sousa Lello & Irmão. Por si no fueran suficientes las mutaciones, tras la construcción del edificio actual –entre neogótico y art déco– en 1906, la librería obtendría su nombre definitivo en 1919: Livraria Lello & Irmão. En un rincón todavía se encuentra colgado el artículo que le dedicó Enrique Vila-Matas, quien la calificó como la más bella del mundo. La tarjeta que conservo de mi visita en 2002 es de un elegante papel levemente rugoso, con el emblema y la dirección impresos en tinta violeta. Livraria Lello, se lee bajo la ilustración. Prólogo Livreiros, S. A. se llama la empresa que la regenta.

Una historia similar esconde otra librería de referencia internacional, y coetánea, la Luxemburg de Turín, que aunque fuera fundada en 1872 –si admitimos, insisto, que los cambios de propietario, local e incluso nombre no acaban con la identidad de una librería–, también tuvo, como la de Ávila, un nombre distinto durante la mayor parte de su existencia. Regentada por Francesco Casanova, importante editor piamontés, la Libreria Casanova fue un centro cultural de primera magnitud en las últimas décadas del siglo XIX y las primeras del XX. La cronista napolitana Matilde Serao, el decadentista Antonio Fogazzaro y el creador del verismo Giovanni Verga eran algunos de sus habituales. Casanova forjó una amistad íntima con Edmondo de Amicis, de quien publicó *Gli Azzurri e i Rossi* en 1897. Si bajo su dirección el local supo sintonizar con el espíritu de su época, cuando el proyecto fuera retomado en 1963 por el activista y escritor Angelo Pezzana, que renombró la librería como Hellas, el nuevo dueño también sabría encontrar la frecuencia de los nuevos tiempos. Teniendo como propietario al fundador del primer movimiento de liberación homosexual de Italia, no es de extrañar que en ella se presentara el 17 de febrero de 1972, con una lectura poética y una actuación musical, la revista contracultural y psicodélica *Tampax*, que más tarde engendraría otra, *Zombie International*. Junto a Fernanda Pivano, la gran difusora de la literatura norteamericana en Italia, Allen Ginsberg visitó cinco años antes la librería y recitó en su sótano. Cuando en 1992 Ginsberg volvió a Turín, leyó una continuación de «Hum Bom!», el poema que había iniciado en 1971, con Bush y Sadam como personajes (escucho el audio en YouTube mientras escribo esto: ése es el eco del latido de la librería durante aquellos años setenta). Fue el propio Pezzana quien le cambió el nombre de nuevo al local en 1975: Luxemburg Libreria Internazionale. No cesó su actividad política y cultural: estuvo detrás tanto del nacimiento de la International Gay Association y de la Asociación Italiano-Israelí como de la creación del Salón del Libro de Turín. Al fondo de la primera planta, bajo la escalera de madera, el pequeño despacho del librero está decorado con banderas de Israel y de Italia; y la sección Judaica se encuentra casi tan bien surtida como la de revistas internacionales de la entrada o la de libros en otros idiomas europeos del piso superior. Una fotografía en blanco muestra al poeta beat y un amarillento recorte de prensa certifica su visita. En una vitrina se exhiben facturas y comandas de Francesco Casanova. Es el propio Pezzana, con las gafas apoyadas en el último milímetro de la nariz, quien me cobra el ejemplar que he comprado, para regalárselo a Marilena, de la última novela de Alessandro Baricco. El acceso al sótano está cerrado.

Se conserva un catálogo de Bertrand Livreiros de 1755, el año del terremoto de Lisboa. En él, los hermanos franceses indexan casi dos mil títulos, un tercio de los cuales son libros de historia, otro de ciencias y artes, y el último se divide entre derecho, teología y literatura. La mayoría están escritos en francés y fueron editados en París. Pocos meses después del terremoto, muchos libreros italianos y franceses de la capital portuguesa ya habían retomado su actividad, y aunque no se conservan catálogos de Bertrand Livreiros de esos años, sí que existen hojas de pedido de títulos, enviadas al Santo Oficio y al órgano censor que posteriormente heredó sus funciones. En una de las subastas públicas de terrenos devastados por el terremoto del año 1773 obtuvieron la ubicación definitiva de la librería, en la entonces llamada rua das Portas de Santa Catarina. La empresa fue familiar hasta 1876, año en que fue traspasada por el último descendiente directo, João Augusto Bertrand Martin, a la firma Carvalho & Cia. Fue la primera de las muchas sociedades mercantiles que han poseído desde entonces una marca que en algún momento, para que no se dudara de su antigüedad, incorporó a la B inicial la cifra 1732.

«Fondata nel 1872» se lee en la tarjeta que me regala Pezzana antes de despedirnos.

> Conforme a mi costumbre, ya la primera mañana después de llegar a Southwold fui a la Reading Room con la intención de tomar unos cuantos apuntes respecto a lo vivido el día anterior. Primero estuve hojeando, como ya había hecho alguna vez, el cuaderno de navegación del *Southwold*, el buque de guardia anclado en el muelle desde el otoño de 1914. [...] Siempre que descifro una de esas notas me quedo asombrado de que una estela ya hace tiempo extinguida en el aire o en el agua pueda seguir siendo visible aquí, en el papel.
>
> W. G. SEBALD, *Los anillos de Saturno*

4. SHAKESPEARES AND COMPANIES

> El descrédito en el que se encuentra la librería tiene que ver menos con una suspensión de sus operaciones (yo no lo veo así) que con su notoria impotencia respecto a la obra excepcional.
>
> STÉPHANE MALLARMÉ,
> *Fragmentos sobre el libro*

Empecemos este capítulo con una cita de *La historia a través del teatro* (1865), de Théodore Muret, archivada por Benjamin en su inconcluso y ya citado proyecto *Libro de los Pasajes:*

> Había necesariamente modistas, que trabajaban sobre grandes taburetes vueltos hacia el exterior, sin que ningún cristal las separara, y sus semblantes despiertos no suponían, para algunos paseantes, el menor de los atractivos del lugar. Además, las *Galeries de Bois* eran el centro de la nueva librería.

La asociación entre tejer y escribir, entre el tejido y el texto, entre la costurera y el artista, es una constante en la historia de la literatura y del arte. La atracción por las artesanas, por sus cuerpos femeninos, se relaciona en esas líneas con el consumo cultural. Muret hace énfasis en la ausencia de vidrio, en la época en que todas las librerías comienzan a tener escaparates, una exhibición transparente de la mercancía que comparten con las tiendas de juguetes o de ropa. Cuando Zweig narra el retorno de Jakob Mendel a Viena, tras los dos años de internamiento en el campo de concentración, se refiere a «los escaparates llenos de libros» de la ciudad, porque es en ellos donde se hace exterior la experiencia interior de las librerías y, con ella, la exuberancia de la vida cultural urbana. La anotación siguiente de Benjamin seguramente se deba a la asociación de ideas:

> Julius Rodenberg sobre la pequeña sala de lectura en pasaje de l'Opéra: «Qué acogedora se me presenta en el recuerdo esta pequeña cámara en penumbra, con sus altas filas de libros, sus mesas verdes, su encargado pelirrojo (un gran amante de los libros, que siempre estaba leyendo novelas en vez de servírselas a otros), sus periódicos alemanes, que alegraban el corazón del alemán cada mañana (con excepción de la *Kölnische Zeitung*, que aparecía por término medio sólo una vez cada quince días). Y si acaso había novedades en París, éste era el lugar donde enterarse, aquí es donde las escuchábamos.»

Los salones, los gabinetes de lectura, los ateneos, los cafés o las librerías comparten la naturaleza de hogares postizos y de núcleos políticos de tráfico de información, como se observa en la novela *El viajero del siglo* de Andrés Neuman, quien por cierto escribió que las librerías son «hogares de paso». La prensa extranjera y la local dialogan en los cerebros *extraterritoriales* de los viajeros y exiliados, que se mueven de capital en capital europea mientras se va extinguiendo el Grand Tour. Europa se convierte en un gran espacio de flujo de libros gracias a su producción industrial, que es acompañada por la proliferación de cadenas de librerías, la multiplicación del folletín como forma novelística comercial por excelencia, el aumento exponencial de la gente alfabetizada y la transformación del continente en una vasta maraña de vías de tren. Se consolidan en paralelo las instituciones que velan por la producción y la comercialización editoriales. En Alemania, por ejemplo –como nos recuerda Svend Dahl–, en 1825 se crea la Asociación de Libreros, que consigue veintitrés años más tarde la supresión de la censura y que en 1870 logra que se dicte una disposición válida para todo el país según la cual los derechos de autor permanecerán vigentes durante los treinta años posteriores al fallecimiento. Para entonces ya se ha consolidado el sistema en comisión y el de mayoristas intermediarios. Como el resto de bienes de consumo, los libros también se someten al arbitrio de la legislación laboral, la competencia, la publicidad o el escándalo.

No es casual que los dos mayores escándalos literarios del siglo XIX fueran simultáneos y tuvieran lugar en París (con permiso de Oscar Wilde, quien por cierto murió, sumido en la indigencia, también en la capital francesa). Los juicios de 1857 por ofensa a la moral y a las buenas costumbres contra Charles Baudelaire, por su obra maestra *Las flores del mal*, y contra Gustave Flaubert, por su ópera prima *Madame Bovary*, constituyen una casuística perfecta para reflexionar sobre los cambios que se estaban produciendo en la industria del libro y en la historia literaria. Respuestas posibles a cuestiones como: ¿hasta dónde llega la responsabilidad del escritor respecto a lo que escribe? ¿Y si se trata de ficción? ¿Es legítima la censura en una sociedad democrática? ¿En qué grado puede influir un libro en una persona? ¿Cuál es la relación legal del editor con el libro? ¿Y del impresor, y del distribuidor, y del librero? Unas preguntas con ilustres precedentes: tras ser denunciado por su párroco, Diderot fue juzgado en 1747 por *Carta sobre los ciegos* y fue confinado en la fortaleza de Vincennes, hasta que los libreros asociados consiguieron su libertad, argumentando que si el proyecto de la *Enciclopedia* seguía detenido la principal damnificada sería la industria nacional. A propósito de la publicación de *El origen del narrador*, una recopilación de las actas de ambos juicios decimonónicos, Daniel Link reinterpretó con acierto el título del volumen: «tiene que ver sobre todo con la noción (moderna) de autor: su aparición y su desaparición al mismo tiempo de la escena (del crimen) y el modo en que la responsabilidad (penal y ética) permite relacionar unos determinados enunciados con unos determinados nombres propios». Baudelaire perdió el juicio (una multa y la supresión de seis poemas); Flaubert lo ganó. Las actas evidencian que el gran protagonista de ambos procesos fue el fiscal Ernest Pinard. Curiosamente, en el juicio en que perdió fue donde se reveló como un excelente crítico literario. A él le debemos la interpretación de la novela que aún hoy es mayoritaria. Todo lector es crítico pero sólo aquellos que de algún modo hacen pública su opinión sobre lo que leen se convierten en críticos literarios. Pinard lo fue, con toda propiedad, y las actas del juicio son la obra que lo demuestra.

El poeta se pasó toda la vida queriendo escribir una «historia de *Las flores del mal*», para aclarar que su libro, aunque hubiera sido condenado por inmoral, era «profundamente moral». ¿Qué pasó *físicamente* con él? Su editor, Poulet-Malassis, siguió vendiendo la edición íntegra de *Las flores del mal* al doble del precio original, y comercializó algunos ejemplares con páginas de menos, mutilados. Y en 1858 se puso en circulación una segunda edición, de nuevo íntegra, que se agotó en pocos meses. Al contrario que el de Wilde, que fue una auténtica tragedia, los escándalos que protagonizaron Flaubert y Baudelaire no tuvieron repercusiones graves. Pero siguen condicionando la lectura de ambas obras maestras en el siglo XXI. Y de las que las siguieron.

La lectura literaria, por su penetración social, está condicionada por un sinfín de agentes críticos y microcríticos. Que lo sea un fiscal y que además podamos saberlo a través de los textos que redactó es un hecho extraordinario, casi tanto como que se revele como tal un librero. No obstante, las dos libreras parisinas más importantes de la primera mitad del siglo XX –y tal vez del mundo y del siglo– publicaron sendos libros de memorias que nos permiten asomarnos al funcionamiento relacional y crítico de una librería de referencia. La lectura en paralelo de *Rue de l'Odéon* de Adrienne Monnier y de *Shakespeare and Company* de Sylvia Beach permite hablar de dos proyectos gemelos. Incluso, casualmente, en su financiación inicial, porque Monnier pudo abrir La Maison des Amis des Livres en 1915 gracias a una indemnización que cobró su padre (por un accidente ferroviario) y a Beach fue su madre quien le prestó todos sus ahorros para que los invirtiera en el negocio, que abrió sus puertas en una dirección cercana en 1919 y se mudó a l'Odéon dos años más tarde. Para ambas, lo más importante del oficio es la posibilidad de frecuentar a escritores que son también clientes y que se convierten en amigos. La mayor parte de los libros respectivos está justamente dedicada al catálogo de visitantes ilustres: Walter Benjamin, André Breton, Paul Valéry, Jules Romain o Léon-Paul Fargue, entre otros, en el caso de La Maison des Amis des Livres; Ernest Hemingway, Francis Scott Fitzgerald, Jean Prévost, André Gide, James Joyce o Valery Larbaud, en el caso de Shakespeare and Company. Si es que la diferenciación es correcta, porque visitar la rue de l'Odéon significaba visitar ambas librerías y el público y las amistades de las dos libreras se entremezclaban tanto en las actividades culturales como en la vida personal. Mientras que Monnier mantiene una cierta ecuanimidad y dedica extensiones similares a todas sus querencias, Beach se decanta abrumadoramente por Joyce, a quien antes de conocer ya consideraba «el mayor escritor de mi época». Toda la familia Joyce se entrelazó con Shakespeare and Company desde el principio: los jóvenes Giorgio y Lucia llevaron cajas cuando la librería se trasladó desde su local inicial en la rue Dupuytren a la sede definitiva en l'Odéon, que sirvió como oficina postal y bancaria de toda la familia; y Lucia fue posteriormente amante de Samuel Beckett, el asistente de su padre, y de Myrsine Moschos, la asistente de Beach y ayudante suya en la librería. El proceso de edición del *Ulises* constituye el argumento central de su libro y la personalidad de su autor invade el texto, para bien y para mal, como una lluvia de mariposas blanquinegras. No me parece casual la centralidad de ese libro y de ese autor: las *librerías literarias* construyen su discurso situando en su centro el gusto elevado que lleva a *la dificultad*. Como dice Pierre Bourdieu en *La distinción:* «Todo el lenguaje de la estética está contenido en un rechazo, por principio, de lo *fácil*, entendido en todos los sentidos que la ética y la estética burguesas dan a esa palabra.»

Monnier habla de «las visitas hermosas: las de los autores y los aficionados versados». Beach, de los «peregrinos» que llegan de los Estados Unidos atraídos por el halo que imprimía en la ciudad la presencia de Picasso, Pound o Stravinski. De hecho, se convierte en una auténtica «guía turística» cuando visitantes como Sherwood Anderson —entre muchos otros— le piden que les conduzca a la residencia de Gertrude Stein; y documenta esa actividad en su santuario de peregrinación gracias a la complicidad de Man Ray, cuyas fotografías decoran el establecimiento. Ambos locales eran también bibliotecas de préstamo («en aquellos tiempos no había dinero para comprar libros», explica al respecto Hemingway en *París era una fiesta).* Y en Shakespeare and Company había también una habitación de invitados. De manera que la librería absorbía la galería de arte, la biblioteca, el hotel. Y la embajada: Beach se jacta de haber comprado la bandera de Estados Unidos más grande de todo París. Y el centro cultural: en ambas se realizaban periódicamente recitales y conferencias; y La Maison acogió tanto la primera audición pública de «Socrate» de Erik Satie, en 1919, como la primera lectura del *Ulises* dos años más tarde. La música y la literatura *difíciles* y *distinguidas.*

Beach decidió mantener abierta la librería durante la ocupación, pero su nacionalidad y sus amistades judías llamaron la atención de los nazis. Un día de 1941 se presentó un «oficial alemán de alta graduación» y en «un inglés perfecto» le dijo que quería comprar el ejemplar de *Finnegans Wake* que estaba en el escaparate. Ella se negó a dárselo. A los quince días volvió para amenazarla. Y la intelectual decidió cerrar el negocio y almacenar todo el material en un apartamento del mismo edificio, justo encima de donde vivía. Pasó seis meses en un campo de internamiento. A su regreso a París permaneció escondida: «Yo visitaba diariamente, aunque en secreto, la calle de l'Odéon y, en la librería de Adrienne, me enteraba de las últimas noticias y podía ver los últimos libros de Éditions de Minuit, que eran clandestinas.» Hemingway fue el soldado del ejército aliado que liberó en 1944 la calle de las míticas librerías (y después se fue al bar del Ritz, a *liberarlo* también). La Maison continuó abierta hasta 1951, cuatro años antes de la muerte de Monnier, que se suicidó después de ocho meses escuchando ruidos en el interior de su cabeza.

Durante esas décadas seguramente fue Léon-Paul Fargue el puente entre ese París franco-anglosajón y el París hispanoamericano. Alejo Carpentier lo describe como un hombre de erudición asombrosa y brillantísima poesía, siempre vestido de azul marino, el último noctámbulo, adicto a la metrópoli y renuente a los viajes. Pese a sus itinerarios irregulares y su impuntualidad, al parecer era fiel a la cervecería Lipp, al Café de Flore —donde se encontraba con Picasso—, a la rue de l'Odéon y a la casa de Elvira de Alvear, donde frecuentaba a Arturo Uslar Pietri y a Miguel Ángel Asturias. Otro poeta fetiche y puente entre ambas orillas era Paul Valéry, a quien Victoria Ocampo conoció en su viaje de 1928, un viaje crucial, pues en esa época estaba preparando el gran proyecto de su vida, la revista *Sur*, cuyo primer número se publicaría tres años más tarde. Durante varios meses fue conociendo a filósofos, escritores y artistas plásticos. Al ruso Lev Shestov lo visitó en compañía de José Ortega y Gasset. Del encuentro con Pierre Drieu La Rochelle no salió indemne: se escaparon a Londres enzarzados en una pasión adúltera. Después de conocer a Monnier y a Beach, quienes la introdujeron en la obra de Virginia Woolf, Ocampo volvió a atravesar el Canal de la Mancha para conocerla en 1934 y regresó de nuevo en 1939, en compañía de Gisèle Freund, quien tomó de Woolf fotos más célebres que las que hizo Man Ray de Ocampo. La pareja de libreras también le presentaron a Valery Larbaud. Y Monnier acudió más de una vez a tomar el té en la casa que alquilaron en París durante la década anterior Alfonso Reyes y su esposa. Pero, a juzgar por sus artículos, sus cartas y sus libros, ninguno de esos nombres hispanoamericanos calaron en la memoria de las libreras parisinas.

No hay duda de que ambas se comprometieron radicalmente con la literatura de su tiempo: la dueña de

Shakespeare and Company arriesga del todo su economía para editar la obra maestra de un hombre; la de La Maison des Amis des Livres, para publicar su propia revista literaria, *Le Navire d'Argent*. Pero Monnier tiene un perfil crítico mucho más acusado que Beach y mayor voluntad de intervención directa en el debate de su época. Uno de los textos que componen su libro es una lectura en profundidad de la poesía de Pierre Reverdy. Beach evoca una conversación, después de la cena en que conoció personalmente a Joyce, en que Jules Benda y Monnier discuten sobre los mejores autores franceses contemporáneos. A propósito de las vanguardias, afirma que «todos éramos muy conscientes de que nos dirigíamos a un renacimiento». Y sobre la función de una librería respecto a su presente literario dice:

> Es realmente indispensable que una casa consagrada a los libros esté fundada y dirigida con conciencia por alguien que conjugue la mayor de las erudiciones con el amor por la novedad, y que, sin caer en esnobismos, esté preparado para potenciar las verdades y las fórmulas nuevas.

Para satisfacer tanto a la mayoría como a la minoría es preciso hacer auténticas piruetas y, sobre todo, disponer de mucho espacio. La Maison era una librería pequeña y, por tanto, es normal que su acervo fuera limitado. Muchos de los escritores que la visitan comprueban que sus libros estén en exposición, o los regalan para la biblioteca, de modo que es comprensible que el círculo de amigos y de cómplices esté representado en la oferta, sobre todo si la dueña del negocio los defiende estéticamente en sus intervenciones culturales. De ese modo la librería se convierte en un lugar anómalo, donde la obra excepcional que según Mallarmé no encontraba hueco en la librería moderna, no sólo está en venta, sino que encuentra suscriptores, inversores, traductores, editores.

«Y cuántos descubrimientos son posibles en una librería», escribe Monnier, «por donde pasan obligadamente, entre los transeúntes anónimos, las Pléyades, los que de entre nosotros parecen ya un poco "grandes personas azules" y con una simple sonrisa justifican lo que llamamos nuestras mejores esperanzas.» La librera y crítica y agitadora cultural se incluye en la élite. Más allá de sus dificultades para encontrar editor o para subsistir, son los mejores escritores de su época. Poseen el aura del reconocimiento: son *reconocidos* por quienes los ven en persona, porque antes, si no los han leído, los han visto fotografiados, como ocurriría con la Torre Eiffel. Dice Chateaubriand en el pasaje antes citado, acerca de la piratería de su obra, en *Memorias de ultratumba:*

> Estaba en una disposición feliz; mi reputación me hacía la vida ligera: hay muchos sueños en la primera embriaguez de la fama, y los ojos se llenan primero con las delicias de la luz que asoma; pero cuando esta luz se apaga, os deja en la oscuridad; si perdura, la costumbre de verla os vuelve pronto insensible a ella.

La palabra clave, por supuesto, es *reputación.* De ella depende otra, igual de crucial y también femenina, la *consagración.* Desde que nació la modernidad el complejísimo sistema literario se ha articulado a través de nodos consagratorios: la publicación en ciertas editoriales o colecciones, los elogios de determinados críticos o escritores, la traducción a ciertas lenguas, la consecución de galardones, premios, reconocimientos de importancia primero local y después internacional, la frecuentación de ciertas personas, cafés, salones, librerías. París y el país y la lengua que *capitaliza* constituyeron, durante el siglo XIX y la primera mitad del XX, la primera y más influyente república literaria del mundo, el centro desde el cual se legitimaba buena parte de la literatura mundial. Cuando Goethe describe la librería en su *Viaje a Italia* pone en relación tres sistemas culturales de carácter nacional: el alemán que lleva consigo (y es la lengua en que escribe ese libro), el inglés (la elogiada edición inglesa del libro que compra) y el italiano (Palladio y la propia librería). Como nos ha recordado Pascale Casanova, Goethe habló en su obra tanto de una *literatura mundial* como de un *mercado mundial de bienes culturales.* Era totalmente consciente de que la modernidad iba a basarse en la transformación de los objetos culturales y artísticos en mercancía que se mueve en dos mercados paralelos, el simbólico (cuyo objetivo es el prestigio, la distinción) y el económico (cuyo fin es la obtención de beneficios por el trabajo hecho, entre la artesanía y el arte).

Como ocurre en la gran mayoría de biografías, ensayos y estudios de conjunto sobre épocas y lugares cruciales de la historia de la cultura, en *La República mundial de las Letras* Casanova no habla de la importancia de las librerías en esa geopolítica literaria progresivamente internacional. Las excepciones, como suele pasar en tantos otros títulos, son Shakespeare and Company, que es citada en una ocasión a propósito de Joyce, y La Maison des Amis des Livres, que algunas páginas antes aparece en un párrafo sobre el tópico del escritor como pasajero sin patria institucionalizada:

> Este ensamblaje inverosímil convierte por largo tiempo a París, en Francia y en todas partes del mundo, en la capital de esa República sin fronteras ni límites, patria universal exenta de todo patriotismo, el reino de la literatura que se constituye contra las leyes comunes de los Estados, lugar transnacional cuyos únicos imperativos son los del arte y la literatura: la República mundial de las Letras. «Aquí», escribe Henri Michaux a propósito de la librería de Adrienne Monnier, que fue uno de los templos parisinos de consagración literaria, «está la patria de los que no han encontrado patria, seres libres de cualquier atadura.» París se convierte así en la capital de quienes se proclaman sin nación y por encima de las leyes: los artistas.

En el artículo que da título a *Extraterritorial*, de 1969, George Steiner habla de autores posmodernos como Borges, Beckett o Nabokov, representantes de una «imaginación multilingüe», de una «traducción interiorizada», que los habría llevado a producir una obra prodigiosa. Friedrich Nietzsche se maravillaba de que en Turín, cuando él vivía allí, hubiera librerías trilingües. Más al norte, en otra ciudad transfronteriza y políglota, Trieste, la Librería Antiquaria, en la época de entreguerras, fue el lugar donde los grandes escritores triestinos, como el propio poeta que regentaba la librería, Umberto Saba, o su amigo Italo Svevo, conversaban con escritores de procedencias diversas, como James Joyce. Los cambios de domicilio y de lengua conducen, por tanto, a una extraterritorialidad artística; pero como ciudadanos los artistas seguirían sometidos a las leyes formales y como autores, a las reglas de juego de los respectivos campos literarios. Aunque los escritores pudieran cultivar en París una ficción de libertad, tal vez fuera más fácil hacerlo respecto a la geopolítica que respecto a los mecanismos de consagración literaria. Monnier era, además de librera, crítica literaria: juez y parte. Su importancia consagratoria fue percibida por sus contemporáneos: en 1923 fue acusada públicamente de haber influido poderosamente con sus recomendaciones de lectura en *Histoire de la littérature française contemporaine* de René Lalou (quien, según un artículo de opinión publicado en *Les Cahiers Idéalistes*, «ha ignorado a aquellos cuyos libros no están en sus anaqueles»). En su defensa, la librera arguye que ella se limitaba a disponer de títulos que no se encontraban en el resto de librerías y, al enumerarlos, articula un canon.

El binomio creado con Monnier y Beach constituyó un doble polo antiinstitucional: respectivamente, en oposición a las grandes plataformas locales de legitimación (diarios, revistas, universidades, órganos de gobierno) y, como consulado cultural en la clandestinidad, en oposición a las grandes plataformas estadounidenses de legitimación (sobre todo: editoriales). Desde París se burló la censura estadounidense, que hacía imposible publicar la obra de Joyce en Nueva York: un cómplice de Beach pasó en ferry ejemplares del *Ulises* desde Canadá ocultos en sus pantalones. El énfasis contra-espacial, antinacional, se enfatizó hasta el extremo durante la ocupación nazi, cuando se convirtió en un búnker de resistencia simbólica.

En 1953 Monnier escribió un texto titulado «Recuerdos de Londres», en que rememora su primer viaje a la capital inglesa, en 1909, cuando tenía diecisiete años. Llama la atención que no mencione ninguna librería. Puede deberse a que su vocación no existiera entonces, pero en la escritura retrospectiva es habitual forzar los mitos de origen. Yo diría que el motivo es más sencillo: a principios del siglo pasado es difícil encontrar la conciencia de pertenecer a una tradición. Y, de hecho, la tradición fuerte de librerías independientes conceptualmente entrelazadas del siglo XX (las *Shakespeares and Companies)* nace con el tránsito entre la Biblioteca y la Librería que iluminó a Sylvia Beach:

Cierto día vi en la Biblioteca Nacional que una de las críticas –*Verso y prosa* de Paul Fort, si no recuerdo mal– podía adquirirse en la librería de A. Monnier, calle de l'Odéon, 7, París-VI. Jamás había oído aquel nombre, ni el barrio me era familiar, pero algo irresistible dentro de mí me atrajo hacia el lugar donde iban a sucederme cosas tan importantes. Crucé el Sena y pronto me hallé en la calle de l'Odéon. Al final de la misma había un teatro que podía recordar a las Casas Coloniales de Princeton y, hacia mitad de la calle, en el lado izquierdo, se veía una pequeña librería de color gris con las palabras «A. Monnier» encima de la puerta. Contemplé los atractivos libros del escaparate y, escudriñando hacia el interior de la tienda, vi todas las paredes cubiertas de estantes llenos de volúmenes recubiertos de ese papel de celofán con que están forrados los libros franceses mientras esperan, generalmente durante largo tiempo, que los lleven al encuadernador. Aquí y allá había también interesantes retratos de escritores. [...] «América me gusta mucho», me dijo; le respondí yo que a mí también me gustaba mucho Francia. Y como nuestra futura colaboración demostró, lo decíamos en serio.

El libro fue publicado en 1959 y su receptor natural era el público anglosajón (a eso se debe la comparación con Princeton), con la conciencia de que su librería era un hito inevitable y de que la reconstrucción de sus orígenes tenía interés para la historia de la literatura. El relato del descubrimiento es el de un viaje causado por una lectura y supone el cruce de una frontera (el Sena) para alcanzar lo desconocido. A través del escaparate (la segunda frontera), Beach conecta con la sorpresa de Goethe: aún pervivían negocios que no encuadernaban los legajos, para que el lector lo hiciera a su gusto. El deseo de la mirada se dirige tanto a los libros expuestos *(atractivos)* como hacia los retratos de los escritores *(interesantes),* que aún hoy constituyen una decoración habitual de las librerías. Finalmente: se sella la alianza con una declaración de gustos que es, en la distancia del tiempo, reinterpretada como una declaración de intenciones. Y de amor: Monnier y Beach fueron pareja durante cerca de quince años, aunque la relación íntima no aparezca en los libros que escribieron (ni tampoco, al menos de forma enfática, que fueran algunas de las primeras libreras del mundo, totalmente autónomas del poder o la inversión masculina). Esa alianza es la primera piedra del mito. Beach era consciente de que ella llegaba cuatro años más tarde, de que se situaba en una línea que había sido inaugurada por La Maison des Amis des Livres. Lo que no podía saber es que, cuando publicaba su libro, ambas librerías ya formaban parte de una tradición en que la Generación Perdida se entroncaba con la Generación Beat. Sobre la primera, por cierto, escribió Beach: «No puedo pensar en una generación que mereciese menos este nombre.»

La segunda Shakespeare and Company abrió sus puertas en el número 37 de la rue de la Bûcherie en 1951, con el nombre de Le Mistral, y hasta 1964, tras la muerte de Sylvia Beach, no fue rebautizada como su admirada predecesora. George Whitman era poco más que un zarrapastroso vagabundo yanqui con experiencia en el ejército cuando llegó a París. Después de graduarse en 1935 en ciencias y periodismo, se pasó varios años viajando por el mundo, hasta que la entrada de los Estados Unidos en la Segunda Guerra Mundial lo condujo a un dispensario médico de Groenlandia, al norte del Círculo Polar Ártico, y posteriormente a la base militar de Taunton, en Massachusetts, donde abrió una primera y rudimentaria librería. Fue allí donde descubrió que hacían falta brazos en Francia y se fue como voluntario a un campo de huérfanos; pero le atrajo la capital, se mudó y se apuntó a un curso en la Sorbona. Compró algunos libros en inglés, con la intención de cobrar una pequeña cuota de préstamo, y de pronto vio que su habitación alquilada era invadida por extraños en busca de lectura; de modo que se las apañó para disponer siempre de pan y sopa caliente para quienes acudieran a su incipiente negocio. Ése fue el embrión comunista de su futura librería.

Porque Whitman siempre fue un personaje incómodo para los estándares estadounidenses. En París vendía libros prohibidos, como *Trópico de Cáncer* de Henry Miller, a los soldados de su país. Su *sueño americano* seguía, como ha escrito Jeremy Mercer, el principio marxista: «da lo que puedas; toma lo que necesites»; y él mismo entendió siempre su proyecto como una suerte de utopía. Desde el primer día instaló en Le Mistral una cama, un hornillo para calentar comida y una biblioteca de préstamo para quien no pudiera comprar libros. La fusión de librería y albergue ha sido total durante décadas: para ello Whitman sacrificó su intimidad, viviendo constantemente con desconocidos. En Shakespeare and Company se han alojado durante sesenta años unas cien mil personas, a cambio de unas horas de trabajo en la librería y de dedicarse a la escritura y a la lectura, porque el libro nuevo convive con el usado, y la presencia de sofás y de butacas invita al uso del edificio como si se tratara de una gran biblioteca. La divisa que la rige ha sido escrita sobre uno de los umbrales del laberinto: «Sed hospitalarios con los extraños, podrían ser ángeles disfrazados.» Poeta aficionado, Whitman declaró en varias ocasiones que su gran obra era la librería: cada una de sus habitaciones serían capítulos distintos de una misma novela.

Sobre uno de los escaparates de Shakespeare and Company se lee: «City Lights Books». Y en la parte superior de la puerta de City Lights, en San Francisco, probablemente fuera el propio Lawrence Ferlinghetti quien pintó a mano sobre fondo verde: «Paris. Shakespeare+Co». Hermanada con su modelo parisino, consciente de su pertenencia a una misma estela, tras los cuatro años que pasó el poeta beat estudiando en la Sorbona, durante los cuales se hizo amigo de Whitman en su habitación alquilada, llena de libros y ambientada por la sopa humeante, la mítica librería de la Costa Oeste nació tan sólo dos años después de su regreso, en 1953. Enseguida se convirtió en un sello editorial, publicando libros del propio Ferlinghetti y de poetas como Denise Levertov, Gregory Corso, William Carlos Williams o Allen Ginsberg. El catálogo no tenía la voluntad de limitarse a poesía beat, pero muchas de sus obras están en esa órbita: desde los cuentos de Bukowski hasta los textos políticos de Noam Chomsky. Cuando la editorial y su editor entraron en la historia de la literatura fue en otoño de 1955, tras la lectura de Ginsberg en la Six Gallery de la ciudad: Ferlinghetti le propuso que publicara en su sello *Aullido*. Así sucedió, y al poco tiempo fue retirado por la policía, que acusó a un empleado de la librería y al editor de alentar a la obscenidad. El juicio tuvo un gran seguimiento mediático y su fallo, a favor de City Lights Publishers, constituye todavía hoy un hito en la historia judicial de los Estados Unidos en cuestiones de libertad de expresión. «Books, not Bombs», se lee en un grafiti sobre papel, colgado en el hueco de la escalera. Porque en las paredes, la librería se va definiendo a sí misma: «Espacio de encuentro literario»; «Bienvenido, toma asiento y lee un libro».

La lectura pública y la performance han sido habituales desde sus inicios tanto en la librería parisina como en la californiana. En un célebre recital de 1959 en City Lights, Ginsberg dijo que para escribir lo que estaba a punto de declamar se había concentrado hasta captar un ritmo y que, a partir de él, improvisaba con la ayuda de algo muy parecido a la *inspiración divina;* también protagonizó recitales frente a Shakespeare and Company, borracho de vino tinto. Ambas tienen vocación de agitación, de biblioteca, de hospitalidad y de apertura a lo nuevo. Por eso, en ambas existe una sección bien nutrida de fanzines, que siguen siendo uno de los medios de expresión de la misma contracultura que se formó en paralelo a ellas en los años cincuenta. Desde el balcón de Shakespeare and Company, Whitman fue testigo de los sucesos de Mayo del 68. No es casual que en ambas la sala de poesía y de lectura se encuentre en lo más alto del edificio, si se tiene en cuenta su espíritu trotamundos, beatnik, contestatario, en fin: neorromántico. Su constante renovación es asegurada en la librería parisina por el continuo flujo de cuerpos jóvenes, temporalmente bohemios.

Como ha dicho Ken Goffman en *La contracultura a través de los tiempos*, la sociedad artística francesa del cambio del siglo XIX al XX relacionó la búsqueda de la originalidad artística con la vida bohemia:

> Durante las primeras cuatro décadas del siglo XX, esta bohemia artística parisina explotó de tal modo que resultaba casi un movimiento de masas. Literalmente, cientos de artistas, escritores y personajes históricos universales cuyas obras innovadoras (y en algunos casos, personalidades desafiantes) todavía resuenan hoy, tras pasar por los portales de lo que el historiador de la literatura Donald Pizer ha llamado «El Gran Momento de París». [...] Según escribió Dan Franck, autor de la obra histórica *Bohemios*: «París... se convirtió en la capital del mundo. Ya no había un puñado de artistas por las calles... sino cientos, miles de ellos. Fue un florecimiento artístico de una riqueza y calidad que nunca ha tenido rival.»

La saturación de París tiene una fecha límite: 1939. Durante la Segunda Guerra Mundial la ciudad vio parcialmente congelada su vida cultural, mientras que el territorio de los Estados Unidos y su actividad intelectual se conservaban intactos. Una vez pasaron los años cuarenta y, con ellos, sus mitos políticos y militares, en los cincuenta se abrieron grietas que permitieron la penetración de una incipiente vida bohemia a ritmo de bebop. Del movimiento beat al movimiento beatnik ya se produce una primera ampliación cuantitativa. Cuenta Ferlinghetti que en los sesenta comenzaron a llegar autocares de beatniks a las puertas de City Lights, como parte de su peregrinación por la topografía de Kerouac, Snyder, Burroughs y el resto. Pero es con el movimiento hippie cuando se masifica la nueva versión de la bohemia, ya totalmente desprovista del impulso elitista y distinguido de los primeros dandis. Una auténtica nueva cultura de masas, porque tras la Segunda Guerra Mundial es tal el grado de alfabetización y de sofisticación de Occidente que en él pueden convivir varias masas culturales, cada una con sus rasgos perfectamente definidos, y sólo parcialmente contradictorias.

Hace falta alcanzar un consenso y por tanto es necesario que exista una masa crítica de seguidores, de lectores, para que una generación literaria sea canonizada. Las dos últimas de la literatura norteamericana, la Generación Perdida y la Beat, entraron en el canon gracias –entre otros muchos factores– a la actividad de la primera Shakespeare and Company y su retroalimentación con La Maison des Amis des Livres en la rue de l'Odéon, y a City Lights y el resto de núcleos culturales de la *San Francisco Renaissance*. Pues así es conocido en inglés el periodo de esplendor cultural que vivió la ciudad de la Costa Oeste en los años cincuenta. No es casual, por supuesto, que *renaissance* sea una palabra de origen francés.

> Dieciocho meses después de llegar a la ciudad, Ferlinghetti unió sus fuerzas a las de Martin y juntos abrieron una librería en la planta baja. El espíritu del local (como el de Whitman en París) era personal, informal y amistoso. Rexroth había descrito la poesía que quería escribir como una poesía «de mí a ti», y City Lights era una librería «de mí a ti». Martin y Ferlinghetti decidieron dedicarla sólo a libros de bolsillo. Estaba abierta hasta la medianoche, siete días a la semana.
>
> JAMES CAMPBELL,
> *Loca sabiduría. Así fue la Generación Beat*

5. LIBRERÍAS FATALMENTE POLÍTICAS

> Otro sí, mandamos que de aquí adelante, ningún librero, ni mercader de libros ni otra persona alguna, sea osado traer a estas partes, Biblias o testamentos nuevos de las susodichas impresiones depravadas o de otras que contengan algunos errores, aunque los traigan borrados en la forma que ahora se mandan borrar los errores de las Biblias y testamentos nuevos que al presente hay en estas partes, so las penas en esta nuestra carta contenidas.
>
> FRANCISCO FERNÁNDEZ DEL CASTILLO,
> *Libros y libreros del siglo XVI*

Un póster de Cicciolina, la entonces actriz porno, la futura política italiana, con los labios muy rojos y un vestido escotado; y al lado, un póster del vecino barrio barroco. Una buena oferta de novedades y revistas de varios países junto a manchas en las paredes, bajo bombillas fundidas, inútiles. Ese tipo de contrastes me encontré a principios de siglo en la librería La Reduta, en la calle Palackého de Bratislava, junto a un parque tranquilo pese a los chispazos intermitentes que, al pasar, disparaban los tranvías. Esa sensación de encontrarte entre dos aguas, entre dos momentos históricos, que comparten todos los lugares atravesados por el comunismo. Los expositores dedicaban el mismo espacio a la literatura eslovena que a la checa, pero el grosor de las novedades en eslovaco era superior, como si subrayara con orgullo cierto estado de la cuestión en el marco de un proceso de lentísima transición.

Todo Berlín comunica la misma sensación de parteaguas. Si, desde la Alexanderplatz, caminas por ese amplio bulevar de estética socialista bautizado como Avenida Stalin y más tarde llamado Karl-Marx-Allee, tan ancho que por él podría desfilar un ejército entero con varios tanques uno junto al otro, te sorprende que en esa megalomanía espacial, en ese escenario perfecto para la intimidación política, se haga tanto énfasis en la cultura. Porque lo primero que te encuentras es el gran mural de la Casa del Profesor, con su colorida y pedagógica exaltación del mundo del trabajo. Poco después, a la izquierda, ves la fachada del Kino International, que desde 1963 acogió los estrenos de la DEFA (Deutsche Film AG). A partir de él se van sucediendo el Café Moskau, el Bar Babette, el CSA Bar y llegas finalmente a la Karl Marx Buchhandlung, la vieja librería comunista, que tras su cierre en 2008 alberga una productora cinematográfica y a cuya izquierda se encontraba el viejo Rose-Theater. Dos años antes de su cierre, la librería actuó como escenario del final de *La vida de los otros*, una película que habla fundamentalmente sobre la lectura.

Porque el capitán de la Stasi Gerd Wiesler, que firma sus informes como HGW XX/7, ocupa todo su tiempo en leer (escuchando) la vida cotidiana del escritor Georg Dreyman y de su pareja, la actriz Christa-Maria Sieland. En un momento esencial de la ficción, el espía sustrae uno de los libros de la biblioteca de Dreyman, escrito por Bertolt Brecht, un pasadizo estrecho a través del cual penetra tímidamente en la disidencia. Si el libro se convierte así en el símbolo de la lectura que disiente, una máquina de escribir traída de contrabando desde el Oeste –pues el servicio de inteligencia tenía controladas todas las máquinas de escribir de la República Democrática Alemana– constituye el símbolo de la escritura contestataria. Es en ella donde Dreyman, hasta entonces afín al régimen, pero desencantado por la persecución de sus amigos y la infidelidad de su novia (que accede a acostarse con un ministro de Cultura de la RDA para no ser condenada al ostracismo), teclea un artículo sobre la altísima tasa de suicidios que el gobierno mantiene en secreto. Se publica en *Der Spiegel*, porque Wiesler ha empezado a simpatizar con la pareja y a protegerla, realizando informes en que oblitera la actividad sospechosa que se lleva a cabo en su casa. Gracias a él, la máquina de escribir no es encontrada durante una inspección y Dreyman se libra de las consecuencias de su *traición*, aunque Christa-Maria muera accidentalmente durante el escrutinio. Como su superior intuye –con razón pero sin pruebas– que el espía ha cambiado de bando, lo degrada a la pura lectura: abrir las cartas de los sospechosos en el servicio postal, leer la correspondencia privada de quienes podrían estar informando al enemigo o conspirando para derrocar al régimen. Tras la caída del Muro, el escritor accede a los archivos de la Stasi y descubre la existencia del informante y su papel en unos hechos que hasta entonces no había podido interpretar. Lo busca. Ahora es cartero. Va de casa en casa entregando sobres cerrados, respetados por el derecho a la privacidad. No se decide a hablar con él. Dos años más tarde Wiesler pasa por delante de la Karl Marx Buchhandlung y se detiene al reconocer a Georg Dreyman en el cartel que, desde el escaparate, anuncia la publicación de un nuevo libro suyo. Entra. Está dedicado a HGW XX/7. «¿Para regalo?», le pregunta el cajero. «No, es para mí», responde. La película termina con esa respuesta, en esta librería que ahora es una gran oficina, pero cuyos anaqueles reconozco tanto por la ficción como por mis visitas de 2005. Fotografío el mural de Karl Marx, con su rostro barbudo y violeta, arrinconado en un extremo del local. Esos rastros.

En su novela *Europa Central,* William T. Vollmann se introduce en el cerebro de uno de esos espías que actuaron como lectores constantes de las vidas de seres humanos que, a sus ojos, eran auténticos personajes literarios. Un cerebro crítico y censor. Tiene a su cargo el control de los pasos de Ajmátova y escribe, escogiendo una metáfora que fue convertida en realidad por el aparato estalinista: «Lo correcto habría sido borrarla de la fotografía y luego culpar a los fascistas.» En alusión a un envío de material subversivo mucho más importante que el artículo escrito en la ficción por Dreyman, afirma el espía: «Si me lo hubieran dejado a mí, Solzhenitsyn jamás habría logrado hacer llegar al otro bando su ponzoñoso *Archipiélago Gulag.*» Vollmann evoca el frenesí de los puestos de libros de la Avenida Nevski, arteria cultural de San Petersburgo, en cuya librería Sitin compraba sus libros Lenin. Junto con la librera Alexandra Komikova, que enviaba a Siberia lo que le pedían los militantes revolucionarios allí confinados, creó el periódico marxista que necesitaba la causa para difundirse. Para *El desarrollo del capitalismo en Rusia*, Lenin consiguió un contrato por 2.400 ejemplares, con cuyo adelanto por derechos de autor pudo comprar en el local de Komikova los libros que necesitaba para su estudio.

Con una honestidad no demasiado frecuente en el cultivo de la literatura, Vollmann reconoce como modelo de su obra *Una tumba para Boris Davidovich*, de Danilo Kiš, donde se extrema el conflicto político de las dictaduras del proletariado, sus construcciones sociales basadas en la existencia de legiones de lectores de vidas cotidianas. Y en negociaciones eminentemente textuales. Libros prohibidos, censura, traducciones autorizadas o denegadas, acusaciones, confesiones, formularios, informes: escritura. Basada en la sospecha, nacida del horror: escritura. En el combate final entre el prisionero Novski y el torturador Fedyukin, que trata de arrancarle de las entrañas una confesión completa, condensa Kiš la esencia de cada una de esas relaciones entre intelectuales y represores que se repiten, como un chiste racista, en todas las comunidades bajo sistemática sospecha. Al igual que en «La Enciclopedia de los muertos», el escritor serbio parte de Borges, pero en esta ocasión lo hace para politizarlo, enriqueciendo su legado con un compromiso que es ajeno del original:

> Novski alargó la instrucción en un intento de introducir en el documento de su confesión, el único que quedaría después de su muerte, algunas aclaraciones que pudiesen suavizar su definitiva caída y, a la vez, hacer un guiño a un futuro investigador, a través de contradicciones y exageraciones hábilmente tejidas, sobre el hecho de que toda la construcción de aquella confesión estaba basada en una mentira, sonsacada, sin duda, por medio de la tortura. Por esa razón, luchaba con una fuerza increíble por cada una de las palabras, por cada formulación. [...]

Creo que los dos, en última instancia, actuaron por motivos que sobrepasaban fines egoístas y estrechos: Novski luchaba por conservar, en su muerte, en su caída, la dignidad, no solamente la de su imagen, sino la de cualquier revolucionario; Fedyukin intentaba, dentro de su búsqueda de la ficción y de las conjeturas, preservar lo estricto y lo consecuente de la justicia revolucionaria y de aquellos que la impartían, pues era mejor sacrificar la verdad de un hombre, de un organismo minúsculo, que poner en cuestión por su causa unos principios y unos intereses mucho más sublimes.

Si la Karl Marx fue la librería más emblemática del Berlín Oriental, Autorenbuchhandlung fue y sigue siendo la más significativa del Berlín Occidental. No en vano, Charlottenburg era en la ciudad dividida el centro de la mitad federal y el establecimiento se encuentra a pocos pasos de Savignyplatz, cerca de la calle en que Walter Benjamin se basó para escribir *Dirección única*, ese manual urbano que –como *Las ciudades invisibles* de Italo Calvino– sirve para orientarse por cualquier psicogeografía metropolitana del mundo. La inauguración en 1976 corrió a cargo de Günter Grass, pero para dejar claro que su vocación no era exclusivamente solemne, a las pocas semanas acudió Ginsberg –una vez más en este libro librero– para reinaugurarla con una performance poética. Hasta la caída del Muro fue un foco de discusión sobre comunismo y democracia, represión y libertad, con invitados de la talla de Susan Sontag o Jorge Semprún; pero en los noventa se volcó hacia la reunificación cultural, atendiendo a la literatura de la Alemania Oriental y reivindicándola. Su principal singularidad –como anuncia su nombre– es que fue fundada por un grupo de escritores, que asumió como propia la tarea de difundir la literatura alemana que ellos producían y leían. La librería se parece, físicamente, a la barcelonesa Laie, a la porteña Eterna Cadencia o a Robinson Crusoe 389 de Estambul: sobria, elegante, clásica. No es de extrañar que sea el lugar donde compra sus libros el protagonista de *El día de todas las almas*, una novela de Cees Nooteboom con evidente ambición europeísta.

El eje que articula *Europa Central* es el de Alemania y Rusia. En la novela de Nooteboom leemos:

> Era como si esos dos países se profesaran una añoranza mutua apenas comprensible para un neerlandés atlántico, como si esa llanura inconmensurable que parecía comenzar en Berlín ejerciera una misteriosa fuerza de atracción, de donde más tarde o más temprano debía resultar algo otra vez, algo que ahora todavía no podía apreciarse pero que, a pesar de toda apariencia de lo contrario, volvería a dar un vuelco a la historia europea, como si esa enorme masa de tierra se pudiera girar, resbalando y cayendo de este modo la periferia occidental como una sábana.

107

Los regímenes de Stalin y de Hitler son bombas atómicas de significado fatalmente afín, que estallaron simultáneamente en dos zonas geográficas condenadas al diálogo al menos desde que el prusiano judío Karl Marx desarrollara sus ideas políticas. Durante su época en el seminario, el joven Stalin, por miedo a que sus préstamos en la Biblioteca Pública quedaran registrados y pudieran ser motivo de represalias, buscaba la libertad de lectura en la librería de Zakaria Chichinadze. En aquellos tiempos la censura imperial era férrea en San Petersburgo y alentaba en Moscú la producción, concentrada en la calle Nikolskaya y sus alrededores, de *lubki* –el equivalente ruso de los *chapbooks* o pliegos sueltos– que exaltaban la figura del zar, narraban grandes batallas o reproducían cuentos populares para indignación de los intelectuales prerrevolucionarios, que los tachaban de retrógrados, antisemitas y pro ortodoxos. Tras la Revolución de 1917 fueron borrados de la fotografía. Fue en la librería de Chichinadze donde se produjo El Gran Encuentro: Stalin accedió allí a los textos de Marx. El mitómano convirtió la experiencia, retrospectivamente, en una aventura: según su versión, sus compañeros y él entraban subrepticiamente en el local de Chichinadze y, escasos de dinero, se dedicaban a copiar por turnos los textos prohibidos. Lo explica Robert Service en su biografía del líder y genocida soviético:

> Chichinadze estaba del lado de aquellos que se oponían al dominio ruso en Tbilisi. Cuando los seminaristas llegaron a su local, sin duda los recibió cordialmente; y si se hicieron copias seguro que fue con su permiso explícito o implícito. La difusión de las ideas era más importante para la élite intelectual metropolitana que el mero beneficio económico. Era una batalla que los libe-

rales apenas podían contribuir a ganar. La tienda de Chichinadze era como una mina que atesoraba el tipo de libros que los jóvenes querían. A Iósef Dzhughashvili le gustaba el libro de Victor Hugo *El noventa y tres*. Le castigaron por introducirlo clandestinamente en el Seminario; y cuando en noviembre de 1896, como resultado de una inspección, se encontró el libro de Hugo *Los trabajadores del mar*, el rector Guermoguén dictaminó «una larga estancia» en la celda de aislamiento. Según su amigo Iremashvili el grupo también pudo acceder a textos de Marx, Darwin, Plejánov y Lenin. Stalin se refirió a esto en 1938, afirmando que cada miembro había pagado cinco kopeks por tomar prestado *El Capital* de Marx durante una quincena.

Cuando conquistó el poder, Stalin desarrolló un alambicado sistema de control de los textos, gracias en parte a esas experiencias personales que le habían permitido comprobar que toda censura tiene sus puntos débiles. Desde siempre los libros han sido elementos fundamentales en el control del poder y los gobiernos han desarrollado mecanismos de censura libresca, de igual modo a como han construido castillos, fortalezas y búnkeres que –inevitablemente– han terminado por ser tomados o destruidos, ignorando lo que ya dejó escrito Tácito: «Al contrario, la autoridad de los talentos perseguidos crece, y ni los reyes extranjeros ni los que procedieron con la misma saña lograron otra cosa que el deshonor para sí y la gloria para ellos.» Sin duda fue con la imprenta cuando los países comenzaron a experimentar serios problemas para frenar el tráfico de los libros prohibidos. Y fue con las dictaduras modernas cuando mayor crédito político se sacó de la quema pública de libros, al tiempo que se destinaban enormes cantidades del presupuesto nacional a los *órganos de lectura*.

España fue pionera, en los primeros siglos de la modernidad, tanto en la concepción de sistemas masivos de vigilancia y de represión de lectores (¿qué otra cosa fue si no la Santa Inquisición?) como en el diseño de rutas de importación de esclavos, de campos de concentración, de planes de reeducación y de estrategias de exterminio. No es de extrañar que para Franco el gran modelo retórico de Estado fuera la España Imperial, la parafernalia nacionalcatólica de la conquista americana. El librero malagueño Francisco Puche ha hablado de los símbolos que se contrapusieron a los franquistas:

> A todos los libreros que sufrimos la censura franquista, la persecución policial, los atentados fascistas después de la muerte de Franco nos quedó la impronta de esta época y siempre hemos considerado a la librería como algo más que un mero comercio. Cogíamos la antorcha del último ajusticiado por la Inquisición, un librero de Córdoba que fue condenado en el siglo XIX por introducir libros prohibidos por la Iglesia. Y esta época dejó claro, una vez más, que ese reflejo de las dictaduras de quemar libros no es casual sino producto de la incompatibilidad de ambas realidades, como decíamos al principio acerca de la resistencia. Y dejó claro, también, la importancia de las librerías independientes como instrumentos de democracia.

Pero no se puede considerar la problemática relación entre los regímenes aristocráticos, dictatoriales y fascistas y la circulación de la cultura escrita desde un maniqueísmo que exculpe totalmente a las democracias parlamentarias, aunque por fortuna en muchas de ellas se excluya el castigo físico y la pena de muerte. Los Estados Unidos son el ejemplo paradigmático de cómo la libertad de expresión y de lectura ha estado perpetuamente cercada por mecanismos de control y de censura. Desde la Ley Comstock de 1873, que puso en el punto de mira las obras obscenas y lascivas, hasta la proscripción actual de libros que llevan a cabo miles de librerías, instituciones educativas y bibliotecas, por motivos políticos o religiosos, o los modos en que la Oficina de Control de Bienes Extranjeros del Departamento del Tesoro boicotea la difusión de obras cubanas y de otras regiones del mundo, se puede observar la historia de la democracia norteamericana como un sinfín de negociaciones en el frágil ring de la libertad intelectual. En nuestra época de difusión inmediata de cualquier noticia impactante, la quema de libros sigue siendo una catapulta a las portadas. Como ha explicado Henry Jenkins, la serie literaria que más controversia causó durante la primera década de nuestro siglo fue la de Harry Potter, que en 2002 se hallaba en el foco de más de quinientos litigios diferentes en todo el país norteamericano. En Alamogordo, Nuevo México, la Christ Community Church quemó treinta ejemplares, junto con películas de Disney y cedés de Eminem, porque según Jack Brock –pastor de la iglesia– eran obras maestras satánicas e instrumentos para instruirse en las artes negras. Pero fue en la década anterior cuando la publicación de *Los versos satánicos* de Salman Rushdie no sólo evidenció, por enésima vez, esa problemática relación de los Estados Unidos con la censura directa o indirecta, sino que puso sobre la mesa una cuestión mucho más importante: la migración geopolítica del problema de la libertad de expresión. Porque si durante medio siglo se había concentrado especialmente en Europa del Este y Asia, a partir de los años noventa se inclinaría hacia el mundo árabe, con la diferencia de que la mutación de las relaciones económicas y sobre todo mediáticas haría que ya no pudieran existir polémicas domésticas o nacionales, rápidamente enterradas por las autoridades. A partir de *Los versos satánicos*, cuya maldición coincidió con la caída del Muro, los atropellos de Tiananmén y la expansión imparable de Internet, cada vez que existiera una afrenta a la libertad de expresión y de lectura, sus consecuencias serían automáticamente globales.

Salman Rushdie narra en sus memorias *Joseph Anton* los pormenores del caso. En un primer momento la publicación sigue los cauces habituales en Occidente, él hace los viajes de promoción de rigor y la novela queda finalista del Premio Booker, mientras en la India se va enquistando lentamente su difusión, a partir de un destacado de *India Today* («desencadenará por fuerza una avalancha de protestas») y de la decisión de dos parlamentarios musulmanes de tomarse el ataque al libro como un asunto personal (sin haberlo leído). Todo ello desemboca en la decisión de prohibirlo. Como ocurrió tantas otras veces en los Estados Unidos, esa decisión recae en el Departamento del Tesoro, que se ampara en la Ley de Aduanas. Rushdie responde con una carta abierta al primer ministro Rajiv Gandhi. Los fanáticos responden a su vez enviando una amenaza de muerte a la editorial, Viking Press, y otra al local donde el escritor iba a realizar una lectura. Después la novela fue prohibida en Sudáfrica. Y llegó un anónimo a su casa londinense. Y Arabia Saudí y otros muchos países árabes prohibieron la ficción. Y comenzaron las amenazas por teléfono. Y en Bradford se quemaron públicamente ejemplares de *Los versos satánicos* y al día siguiente «la principal cadena de librerías británica, WHSmith, retiró el libro de las estanterías en sus 430 tiendas», mientras en un comunicado oficial pedían que no se les considerara «censores». Y ganó el Premio Whitbread. Y una turbamulta asaltó el Centro de Información estadounidense en Islamabad (Pakistán) y cinco personas murieron a causa de los disparos mientras la multitud gritaba: «¡Rushdie, eres hombre muerto!» Y el ayatolá Jomeini y su fetua y dos guardaespaldas día y noche y una granja perdida en un remoto rincón de Gales y la amenaza de boicot a todos los productos de Penguin Books en todo el mundo musulmán y número 1 en la lista de los más vendidos de *The New York Times* y muchas amenazas de bomba y una bomba real que estalló en la librería Cody's de Berkeley cuyos anaqueles destrozados se conservan como testigos de la barbarie y muchas amenazas de muerte a editores y traductores extranjeros y la solidaridad del arzobispo de Canterbury y del Papa con los sentimientos heridos del pueblo musulmán y la Declaración de los Escritores del Mundo en favor de Rushdie e Irán rompió relaciones diplomáticas con Gran Bretaña y muchas instituciones se negaron a albergar actos de apoyo al escritor perseguido por motivos de seguridad y se multiplicaron los conflictos («esas pequeñas batallas entre los amantes de los libros se le antojaban tragedias en una época en que la propia libertad literaria se veía atacada de manera tan violenta») y las mudanzas periódicas y un nombre falso («Joseph Anton») y bombas incendiarias en las librerías londinenses Collets y Dillons y en la australiana Abbey's y en cuatro sucursales de la cadena de Penguin y el Comité Internacional de Defensa de Rushdie y la vida cotidiana condicionada atravesada sacudida por el electroshock constante de las medidas de seguridad y el primer aniversario de la quema de libros en Bradford y la ratificación de la fetua y el asesinato del traductor al japonés Hitoshi Igarashi y la ratificación de la fetua y el apuñalamiento del traductor italiano Ettore Capriolo y la ratificación de la fetua y el intento de asesinato del editor noruego William Nygaard y la ratificación de la fetua y la muerte de treinta y siete personas en otra protesta y once años escondido, once sin poder pasear por la calle, cenar tranquilamente con amigos en un restaurante, comprobar que sus libros estuvieran bien dispuestos en una librería. Y que sus libros, en los anaqueles de una librería, cargaran sin culpa tantos cadáveres. Tantísimos.

En la eléctrica médula de los acontecimientos, tal como son descritos en *Joseph Anton*, hay una conciencia de que el suyo pertenece a la tradición de los libros perseguidos:

Cuando sus amigos le preguntaban qué podían hacer para ayudar, él a menudo suplicaba: «Defended el texto.» El ataque era muy concreto, y sin embargo la defensa a menudo era general, basándose en el poderoso principio de la libertad de expresión. Tenía la esperanza de recibir, y muchas veces sentía que necesitaba, una defensa más específica, como la defensa de la calidad realizada en los casos de los libros atacados *El amante de lady Chatterley*, *Ulises*, *Lolita;* porque ése era un ataque violento no contra la novela en general ni contra la libertad de expresión en sí, sino contra una acumulación concreta de palabras [...] y contra las intenciones y la integridad y la capacidad del escritor que había juntado esas palabras.

Pero a diferencia de sus precedentes, escandalosos en un mundo sin propagación instantánea de las noticias, *Los versos satánicos* fue víctima de un nuevo contexto internacional. Un contexto en que el polo de la intransigencia islámica pone en extrema tensión el polo contrario, el de las democracias que de un modo u otro son herederas de las revoluciones liberales. No obstante, si entendemos la Revolución Francesa como el primer paso definitivo hacia la democracia moderna, hay que recordar que junto con las ejecuciones masivas y el saqueo de los bienes de la aristocracia y del clero, el pueblo acumuló también un enorme capital de libros, con el que no sabía realmente qué hacer. Alberto Manguel nos recuerda en *Una historia de la lectura* que a finales del siglo XVIII, cuando era mucho más barato un libro antiguo que uno nuevo, los coleccionistas ingleses y alemanes se beneficiaron de la revolución, comprando a peso millares de joyas bibliográficas, por supuesto a través de intermediarios franceses. Como el nivel de alfabetización del pueblo llano era muy bajo, los libros que no se vendieron ni se destruyeron no encontraron demasiados lectores en las bibliotecas públicas a las que fueron destinados. Tampoco la apertura de pinacotecas conllevó un consumo cultural inmediato: las más importantes consecuencias de la educación colectiva siempre son a largo plazo. La redistribución de los libros daría sus frutos varias generaciones después. En un buen número de países islámicos justamente se está trabajando en un endurecimiento de los sistemas de represión de la lectura que aseguren un futuro sin pluralidad, sin discrepancia, sin ironía.

En la historia de Foyles, la prestigiosa librería londinense, encontramos de nuevo un triángulo cuyos otros dos vértices se encuentran en Alemania y en Rusia, mediante la misma dinámica libresca que se ha reproducido desde siempre: las guerras, las revoluciones, los cambios políticos de signo radical como momentos propicios para que grandes cantidades de libros cambien de bando y de propietarios. Cuando Hitler, en los años treinta, comenzó la quema masiva de libros, lo primero que se le ocurrió a William Foyle fue enviarle un telegrama ofreciéndole un buen precio por aquellas toneladas de material impreso e inflamable. Poco antes había enviado a su hija Christina, entonces veinteañera, a la Rusia estalinista a la zaga de saldos. La expedición rusa fue un éxito, no así el intento germánico, pues Hitler siguió quemando libros sin intención alguna de venderlos. Una vez estalló la guerra y Londres fue víctima de los bombardeos de la aviación nazi, los viejos libros del sótano, mezclados con arena, nutrieron los sacos con que el mítico librero protegió su tienda; y, al parecer, cubrió el tejado con copias de *Mein Kampf*.

Seguramente se tratara de ejemplares de *My Struggle*, la edición inglesa de Hurst & Blackett en la traducción de Edgar Dugdale, activista del sionismo que vertió el texto al inglés con la intención de denunciar los planes de Hitler.

Por desgracia, tanto la editorial inglesa como la estadounidense *(My Battle)* accedieron a las exigencias de la editorial alemana del libro, Eher-Verlag, que las obligó a purgarla de muchas de las afirmaciones xenófobas y antisemitas del original. Como explica Antoine Vitkine en su estudio de la historia del libro, en cuanto apareció en Inglaterra en 1934 se vendieron 18.000 ejemplares; pero para entonces Churchill ya lo había leído, como Roosevelt, Ben-Gurión o Stalin, que dispusieron de traducciones íntegras realizadas por sus servicios de inteligencia. *Mein Kampf* no sólo convirtió a Adolf Hitler en el autor del bestseller por excelencia de la Alemania de los años treinta, millonario gracias a los derechos de autor, sino que también lo hizo sentirse *escritor*, pues ésa es la profesión con que rellena la casilla correspondiente de sus declaraciones de la renta desde 1925. No hay duda de que el hecho de que fuera el líder político del país ayudó a las ventas, pero también el mito de escritura (la cárcel) y su voluntad mesiánica ayudaron a su difusión vertiginosa, convenientemente apoyada con anuncios en los principales diarios de la época. En vez de la típica presentación de librería, Hitler optó por la cervecería Bürgerbräukeller para dar a conocer la obra de su vida:

El argumento está torpemente hilvanado, pero convence a su auditorio. Para luchar contra los manes de Marx, es necesario un Marx nazi o, en otras palabras, el propio Hitler, el autor de *Mein Kampf*. Al presentarse como escritor, Hitler cambia su imagen y sale del fango en que se había movido hasta ese momento. Ya no es sólo un chillón de cervecería, un fanfarrón, un golpista fracasado: ahora se cubre del prestigio ligado a las letras y aparece como un nuevo teórico. A la salida de la sala, los hombres de Hitler distribuyen octavillas publicitarias con el anuncio de la publicación de su libro e incluso la indicación de su precio.

Su fama de incendiario eclipsó la de coleccionista: el exterminador había acumulado a su muerte una biblioteca de más de mil quinientos volúmenes. Después de abandonar la escuela, en el tránsito entre la adolescencia y la juventud que fue acompañado por problemas pulmonares, Hitler se consagró a la vida artística e intelectual, dibujando y leyendo compulsivamente. Esta segunda actividad nunca lo abandonó. Su único amigo de los años de Linz, August Kubizek, cuenta que frecuentaba la librería de la Sociedad Educativa Popular de la Bismarckstrasse, y varias bibliotecas con servicio de préstamo. Lo recuerda rodeado de pilas de libros, sobre todo los de la colección «Las sagas de los Héroes Alemanes».

Unos quince años más tarde, en 1920, mientras Hitler celebraba su primer mitin multitudinario y ponía en marcha la maquinaria propagandística nazi, en la otra punta del mundo otro futuro genocida, Mao Zedong, abría en Changsha una librería y editorial que bautizaba como Sociedad Cultural de Libros. El negocio le fue tan bien que llegó a tener seis empleados, gracias a quienes pudo dedicarse a escribir los artículos políticos que le granjearon el favor de los más influyentes intelectuales chinos. En la misma época se enamoró y se casó. Durante los años anteriores había trabajado de bibliotecario, como asistente de Li Dazhao, uno de los primeros comunistas chinos, en cuyo grupo de estudio accedió a los textos fundamentales del marxismo-leninismo; pero fue en 1920, al tiempo que se convierte en librero, cuando comienza a llamarse a sí mismo *comunista*. Cuarenta y seis años más tarde impulsó la Revolución Cultural, uno de cuyos frentes fue el incendio de libros.

Como el mayor régimen comunista del mundo que es, China mantiene cadenas estatales que abren librerías gigantescas en las principales ciudades del país y que velan por la moral pública y que surten abundantemente la sección Estudios del Éxito, para alentar el trabajo duro y la superación individual, que es la base de la colectiva. Tal vez la principal sea la cadena Xinhua, que posee monstruos como el Beijing Book Building, en el cruce de dos líneas de metro y con trescientos mil volúmenes repartidos en cinco plantas. Pero en sus estanterías esos títulos escogidos por el gobierno conviven con la literatura popular, los manuales escolares o ciertos libros en inglés. En las librerías de la Universidad de Ciencia Militar, la Escuela del Partido Central y la Universidad de la Defensa Nacional, en cambio, la producción oficial no está recubierta por capas de disimulo: se publican obras de estadística y de pronóstico escritas por oficiales del Ejército Popular, tesis doctorales y estudios que revelan el núcleo duro del pensamiento comunista, sin las máscaras de los comunicados oficiales destinados a la prensa extranjera. Por suerte, la librería The Bookworm de Pekín, bajo una pátina de glamour y con el prestigio de aparecer en las listas de tiendas de libros más bellos del mundo, ha proporcionado a sus clientes durante los últimos años libros prohibidos o incómodos, como los del artista Ai Weiwei.

La última vez que estuve en Venezuela, un soldado muy joven olió uno por uno los veintitrés libros que llevaba en mi equipaje. Le pregunté si ahora la droga viajaba en la literatura y me miró extrañado antes de contestar que la mezclaban con la cola, en la encuadernación, usted ya sí sabe. Olisqueó también los dos volúmenes de la Biblioteca Ayacucho que había yo comprado en una Librería del Sur, parte de la cadena de librerías del Ministerio para el Poder Popular de la Cultura del Gobierno Bolivariano de Venezuela. Cuando finalizó su inspección, con mi iPad en las manos, relajó el tono de voz para preguntarme si lo había comprado en los Estados Unidos y que cuánto me había costado. Además de en Maiquetía, en otros dos aeropuertos del mundo me han revisado los libros –título a título y pasando el dedo pulgar por el ancho de las páginas– del equipaje: en Tel Aviv y en La Habana. Los espías israelíes son muy jóvenes y a menudo están haciendo el servicio militar obligatorio; mientras sostienen el libro te preguntan si tienes previsto ir a Palestina o si has estado en Palestina y te traes algún objeto de allí, a quién conoces en el país, dónde te alojarás o te has alojado, por qué has venido, y traducen en una letra adhesiva que colocan en tu pasaporte para calibrar tu nivel de peligrosidad. Los soldados cubanos visten igual que los venezolanos y son igual de poco sofisticados, porque de hecho éstos son las copias de aquel original.

Fue en la librería comunista de la calle Carlos III de La Habana donde el futuro comandante y represor Fidel Castro compró los dos libros capitales de su vida: *El manifiesto comunista* y *El Estado y la Revolución*, de Lenin. Durante su estancia en prisión devoró todo tipo de lecturas, desde Victor Hugo y Zweig hasta Marx o Weber. Muchos de aquellos volúmenes fueron regalos de quienes lo visitaron en la cárcel; muchos otros los había comprado en la misma librería de la Carlos III. En *Un seguidor de Montaigne mira La Habana*, Antonio José Ponte recuerda que en la calle Obispo de la ciudad vieja se podían comprar libros en ruso:

> En una enciclopedia de principios de siglo descubrí una vieja fotografía suya: la calle de comercios y toldos rayados en las dos aceras parece un zoco, un mercado árabe visto desde arriba. Hace tiempo escribí que tiene algo de playa. Su comienzo está en las librerías y su final abierto, en la plaza y el puerto. Una de las librerías vendía entonces volúmenes en ruso. Los barcos soviéticos pasaban por el puerto. Obispo era acotada por esos dos letreros en cirílicas: el título de un libro y el nombre de algún barco.

Pero es en *La fiesta vigilada* donde Ponte dibuja con más precisión la topografía torturada de la ciudad castrista, capital del «parque temático de la Guerra Fría». Evoca al comandante Guevara en toda su complejidad: militar revolucionario y fotógrafo profesional, líder político y escritor vocacional, gran lector. «Desde su jefatura militar en La Cabaña», nos dice en una única oración magistral, «Ernesto Guevara dirigía una revista, la banda musical del campamento, un equipo de dibujantes, el departamento de cine del ejército y el pelotón de fusilamientos.» La Revolución provocó, y sigue provocando, sucesivas olas de turismo revolucionario. En cierto momento de su libro, Ponte evoca las experiencias de Jean-Paul Sartre y de Susan Sontag, la firmeza del francés y las dudas de la norteamericana, cómo tras sus pasos se oye el eco de las inquietantes palabras de Nicolás Guillén: «Toda búsqueda formal es contrarrevolucionaria.» En la parte final, el narrador se traslada a Berlín, donde se cita con su traductor, que acaba de conseguir su expediente de la Stasi: «Gracias a una vecina que espiaba sus movimientos, era capaz de rehacer una jornada de hacía treinta años.» El viaje le permite a Ponte convertir su vida de escritor vigilado en La Habana en una experiencia universal.

Fue un largo viaje el que condujo al Che desde Buenos Aires hasta Cuba. Y un viaje inverso, del Norte al Sur, acabó con su cadáver en la lavandería del hospital público Señor de Malta, Valle Grande, bajo el objetivo de Freddy Alborta. Lo conocí por casualidad en su tienda de fotografía de La Paz, poco antes de su propia muerte, y me contó la historia de aquel otro viaje: su resultado, las fotografías del ilustre cadáver, estaban en una vitrina, junto con los carretes y los marcos. Se vendían como postales. En una de las más famosas, varios militares bolivianos posan con el muerto, como en una cruda lección de anatomía, y uno toca el cuerpo inerte con el dedo índice, señalándolo y comprobando que los mitos están hechos también de carne, de materia en constante putrefacción.

¿Se venderían los libros del escritor Ernesto Guevara en la Librería Universal? No lo creo. El mismo año 1960 en que el revolucionario era nombrado presidente del Banco Nacional y ministro de Economía, el contrarrevolucionario Juan Manuel Salvat abandonaba la isla a través de Guantánamo. Cinco años más tarde abrió junto con su mujer, en la calle 8 de la ciudad de Miami, el local que estaba llamado a ser uno de los núcleos culturales del exilio, con sus tertulias y con sus ediciones de libros en español. En una crónica de Maye Primera, con motivo del cierre de la librería Universal el 20 de junio de 2013, Salvat declaró que la primera generación de exiliados, la más lectora, se había ido muriendo y las «nuevas generaciones, los hijos nuestros, aunque se sienten cubanos, no conocieron Cuba, no tienen las herramientas de la nacionalidad y su primer idioma es el inglés, no el español». Ley de vida.

El 2 de mayo de 1911, desde la capital de Cuba le escribía Pedro Henríquez Ureña una carta a Alfonso Reyes en la que le decía: «Pero no vayas a creer que hay aquí buenas librerías de segunda ni de primera mano; las librerías de La Habana son poco más que las de Puebla.» Es posible que para un viajero mexicano la ciudad no destacara a principios de siglo pasado por sus librerías, pero la calle Obispo –en cuyo Hotel Ambos Mundos acostumbraba a alojarse Hemingway– y la Plaza de Armas han sido los ámbitos por excelencia del comercio libresco, los lugares donde los habaneros se han surtido de lectura durante las décadas en que no han podido justamente viajar. Cuando visité la isla durante los últimos días de 1999 solamente compré en los puestos de libros de la Plaza de Armas, porque los establecimientos estatales disponían de poquísimos títulos, multiplicados por decenas para que ocuparan aquellos metros cúbicos de aire. En los portales, en los garajes, en los recibidores se vendían libros de segunda mano: la gente se deshacía de los tesoros familiares por un puñado de dólares. Pero la librería de la Casa de las Américas, que antaño significó el poder de la cultura latinoamericana, ofrecía tan sólo algunos volúmenes de escritores oficiales. Jorge Edwards, que a finales de los sesenta fue jurado de sus prestigiosos premios anuales, narró en *Persona non grata* el giro brutal que dio el régimen a principios de la década siguiente. Son muchos los casos y escenas que el escritor chileno enumera para ilustrar esos cambios, inscritos por desgracia en el ADN de la propia idea de revolución comunista, y muy parecidos a los que narran Kiš y Vollmann en sus relatos sobre la paranoia de la órbita soviética, pero uno viene especialmente a cuento. Le dice el rector de la Universidad de La Habana: «Nosotros en Cuba no necesitamos críticos», porque criticar es muy sencillo, cualquier cosa puede ser criticada, lo difícil es construir un país y lo que éste necesita son «realizadores, constructores de la sociedad» y no críticos. Tanto es así que se plantean suprimir una revista cuyo nombre, de pronto, es profundamente subversivo: *Pensamiento Crítico*. Y Raúl Castro conspira para ubicar los estudios teóricos del marxismo bajo el control del ejército. Leí ese libro, y también *Antes que anochezca*, de Reinaldo Arenas, durante aquellos días de cambio de siglo, parte del archivo de una decadencia que llevaba produciéndose desde hacía tres décadas. Como si toda la obra que entonces se llevó a cabo –y que puede imaginarse leyendo por ejemplo las cartas de Cortázar– hubiera sido vaciada y los estantes de Rayuela, la librería de la Casa de las Américas, fueran el resultado último de ese vaciamiento.

Se me ocurren pocas imágenes más tristes que una librería casi vacía o que los restos de una hoguera en que han ardido libros. En el siglo XVI la Sorbona emitió medio millar de condenas de obras heréticas. A finales del siglo XVIII se enumeraban 7.400 títulos en el *Índice de Libros Prohibidos* y, en el asalto a La Bastilla, los revolucionarios se encontraron con una montaña de libros a punto de ser incinerados. En los años veinte el Servicio Postal de Estados Unidos quemó copias del *Ulises*. Hasta los años sesenta no pudieron publicarse legalmente y sin cargos por obs-

cenidad en Inglaterra y los Estados Unidos *El amante de Lady Chatterley*, de D. H. Lawrence, o *Trópico de Cáncer*, de Henry Miller. En 1930 la Unión Soviética prohibió la edición privada y la censura oficial existió hasta la llegada de la Perestroika. Eugenio Pacelli, futuro Pío XII, leyó *Mein Kampf* en 1934 y convenció a Pío XI de la conveniencia de no incluirlo en el Índex, para no enfurecer al Führer. Se quemaron libros públicamente durante las últimas dictaduras chilena y argentina. Los obuses serbios trataron de destruir la Biblioteca Nacional de Sarajevo. Periódicamente aparecen manifestantes puritanos, cristianos o musulmanes, que queman libros de igual modo a como queman banderas. El gobierno nazi destruyó millones de libros de escritores judíos mientras exterminaba a millones de seres humanos judíos, homosexuales, presos políticos, gitanos o enfermos; pero conservó algunos de ellos, los más raros o preciosos, con la intención de exponerlos en

125

un museo del judaísmo que sólo abriría sus puertas tras la conclusión definitiva de la Solución Final. Mucho se ha recordado el gusto por la música clásica de los responsables nazis de los campos de exterminio; casi nadie tiene presente, en cambio, que quienes diseñaron los mayores sistemas de control, represión y ejecución del mundo contemporáneo, que quienes demostraron ser los más efectivos censores de libros, eran también estudiosos de la cultura, escritores, *grandes* lectores, en fin: amantes de las librerías.

Intento tratar a los libros como ellos me tratan a mí, es decir, de hombre a hombre. Los libros son personas, o no son nada. [...] En cuanto se quiere encontrar una utilidad utilitaria a la literatura se la ve languidecer, encogerse y perecer. Una librería es ese lugar gratuito y perfecto que no puede *servir* para nada.

CLAUDE ROY, *El amante de las librerías*

6. ¿LA LIBRERÍA ORIENTAL?

> A menudo hubiera dado lo que fuese por entenderlos. Y espero que algún día pueda rendir a esos cuentistas itinerantes el homenaje que se merecen. Pero también me alegraba de no entenderlos. Seguían siendo para mí un enclave de vida antigua y no tocada.
>
> ELIAS CANETTI, *Las voces de Marrakesh*

¿Dónde termina Occidente y comienza Oriente?

La pregunta, por supuesto, no tiene respuesta. Tal vez la tuviera algún día ya lejano: en tiempos de Flaubert, quizá, o mucho antes, en los de Marco Polo, o muchísimo antes, en los de Alejandro Magno. Pero la construcción de un pensamiento occidental en la Antigua Grecia ya estuvo totalmente en diálogo con las filosofías de las otras orillas del Mediterráneo, de modo que era en sí mismo un pensamiento que integraba esa abstracción llamada *lo oriental*, pese a que las relecturas posteriores trataran de desterrarla. Pero este capítulo tiene que comenzar en algún sitio, como los anteriores lo hicieron en Atenas o en Bratislava, y empezará en Budapest, una de esas ciudades –como Venecia, como Palermo, como Esmirna– que parecen flotar entre dos aguas menos contradictorias que en conversación.

Era un día de verano de principios de este siglo y en mis vueltas por la ciudad me acabé encaprichando de una caja de madera, pintada a mano, que tenía la particularidad de que no podía abrirse y, por tanto, parecía completamente inútil. Un cubo de madera verde y decorado en filigrana. Se exhibía, junto con otros souvenirs, en uno de los tenderetes alineados a orillas del Danubio. Había claramente una tapa, pero no una cerradura. La vendedora esperó un rato y hasta que me vio desesperado, dándole vueltas en mis manos al hermetismo del objeto, no se acercó para decirme «*It is a magic box*»: varios movimientos de dedos descubrieron piezas sueltas en la estructura de madera, partes que se deslizaban hacia un lado y hacia otro hasta dejar al descubierto la cerradura y, sobre todo, la rendija donde se escondía la llave. Me maravilló el artilugio. Ella se dio cuenta enseguida. Entonces comenzó el regateo.

La dicotomía entre el precio fijo y el regateo podría ser uno de los ejes de polarización, hoy en día, entre Occidente y Oriente. Otro podría ser el de la materialidad y la oralidad. Se trata de oposiciones resbaladizas, ingobernables, pero que pueden ayudar a pensar si tienen sentido enunciados como «el lector occidental» o «la librería oriental». En la plaza Jemaa el Fna de Marrakech la biblioteca es inmaterial e innaccesible para quien no conozca los idiomas locales: los encantadores de serpientes, los vendedores de ungüentos y, sobre todo, los cuentacuentos, van edificando en el aire, acompañados de una gestualidad hipnótica, mostrando láminas con cuerpos humanos o con mapas dibujados, un relato que tú no comprendes. En *Las voces de Marrakesh*, Canetti vincula esa incomprensión con cierta nostalgia de modos de vida finiquitados en Europa, más artesanales y que otorgan mayor importancia a la transmisión oral del conocimiento. Sin duda hay sabiduría y un valor mayúsculo en las tradiciones orales que confluyen en esa plaza polvorienta, con algo de caravasar, que cada tarde se transforma en un enorme patio de comidas informal y humeante. Pero su idealización remite a la mentalidad orientalista, a las reducciones y los clichés sobre el mundo árabe y asiático con que traficamos los así llamados *occidentales*. Como aquella imagen de un librero egipcio que fotografié en un pequeño pueblo a orillas del Mar Rojo. Porque el mundo árabe y el asiático son mundos de la caligrafía y del libro, de una textualidad antiquísima y poderosa, pese a que nos esté vedada a menos que la traicionemos parcialmente a través de la traducción.

Por su proximidad con el fin de Europa, Tánger empezó pronto a ser orientalizado por los escritores y los pintores europeos, particularmente por los franceses. El primero que hizo de la ciudad marroquí un paisaje representativo de la gigantesca abstracción fue Delacroix, en los años treinta del siglo XIX. En su repertorio de chilabas y caballos, muchachos y alfombras, sobre un fondo arquitectónico sencillo y blanco por el que a menudo asoma un mar de papel cristal, se condensan los tópicos que se repetirán una y otra vez en la representación del norte africano. Ochenta años más tarde, como parte de la misma tradición, Matisse geometrizó la ciudad y sus habitantes: la modernizó. Entre los pintores españoles, Mariano Fortuny, Antonio Fuentes y José Hernández fueron añadiendo matices a ese paisaje pictórico. Este último, parte de la comunidad hispánica de la ciudad, expuso en la Librairie des Colonnes, tal vez su centro cultural más importante durante los últimos sesenta años, donde por cierto trabajó el escritor Ángel Vázquez, que ganó el Premio Planeta en 1962 y quince años más tarde publicó su gran novela sobre la ciudad, *La vida perra de Juanita Narboni*. Porque se acostumbra a recordar la nómina de artistas norteamericanos y franceses que hizo de la Ciudad Internacional uno de los nodos neurálgicos de la cultura del siglo XX, pero a su alrededor orbitaron heterodoxos de muchas otras procedencias, como los españoles mencionados o el pintor hiperrealista chileno Claudio Bravo, que residió en Tánger desde 1972 hasta su muerte en 2011, o los propios artistas marroquíes que participaron en la creación del mito, como el pintor Mohamed Hamri o los escritores Mohamed Chukri, Abdeslam Boulaich, Larbi Layachi, Mohamed Mrabet o Ahmed Yacoubi.

El relato oficial de lo que se podría llamar *el mito Tánger* cifra en 1947, el año de la llegada de Paul Bowles a la ciudad, el comienzo de su expansión simbólica. Al año siguiente su mujer Jane se instaló con él. Más tarde aparecerían Tennessee Williams, Truman Capote, Jean Genet, William Burroughs (y el resto de la Generación Beat) o Juan Goytisolo. Más allá de ciertas fiestas en domicilios particulares y de ciertos cafés que se convirtieron en cotidianos, dos fueron los puntos principales de encuentro de tan variopinto conjunto de creadores, y de tantos otros personajes que fueron y vinieron, ricachones y aventureros, diletantes y músicos interesados en los ritmos africanos, actores como el húngaro Paul Lukas (que actuó en *El ídolo de Acapulco* junto con Elvis Presley y en la versión de *Lord Jim* que rodó Richard Brooks, y que murió en Tánger mientras buscaba un lugar donde pasar sus últimos años de vida), directores de cine como Bernardo Bertolucci y grupos de música como The Rolling Stones. Esos dos puntos de encuentro fueron, por un lado, el propio Bowles, que devino una atracción turística similar a la que encarnaron Gertrude Stein o Sylvia Beach en el París de entreguerras; por el otro, la Librairie des Colonnes, que fue fundada en la misma época en que se establecieron los Bowles en Tánger y que los ha sobrevivido.

La pareja belga formada por Robert –arquitecto y arqueólogo, amigo de Genet, André Gide y Malcolm Forbes– e Yvonne Gerofi –de formación bibliotecaria–, con la imprescindible colaboración de la hermana de él, Isabelle, llevó el timón de la Librairie des Colonnes desde su fundación en el verano de 1949. Fue Gallimard, dueño del negocio, quien les ofreció el puesto. Su matrimonio era de papel biblia. La pareja se había unido por conveniencia, pues ambos eran homosexuales, y Tánger en aquella época era el lugar ideal para ese tipo de situaciones familiares, tan similar a la protagonizada por los Bowles. Mientras que las *hermanas* Gerofi asumían el control de la librería, hasta convertirse en dos auténticas celebridades en la esfera cultural, Robert se dedicaba al diseño y a la arquitectura. Llevó a cabo, entre otros proyectos, la remodelación del palacio árabe en el que Forbes –editor y dueño

de la famosa revista– albergó su colección de cien mil sol-
daditos de plomo. En una fotografía de la agencia Mag-
num aparece anciano, mirando a cámara, con una americana blanca y el sombrero también blanco en las manos,
como «manager of the Forbes State». La relación entre las
Gerofi y los Bowles era estrecha, como se puede rastrear
en las cartas de los escritores. Para Paul son una presencia
constante y cercana, sobre la cual no es necesario hablar,
porque al igual que el Zoco Chico o el Estrecho de Gibraltar forman parte del paisaje cotidiano. Para Jane, en
cambio, Yvonne era una amiga íntima, cuando no una en-
fermera, pues se apoyó en ella en sus largos periodos de
inestabilidad psicológica. El 17 de enero de 1968, entró
en la Librairie des Colonnes totalmente ida, sin reconocer
a nadie, y pidió prestados dos dirhams; a continuación cogió dos libros y, pese a la observación de su sirvienta Ai-
cha, se marchó con ellos sin pagarlos.

Cada vez que Marguerite Yourcenar recalaba en Tánger pasaba por la librería para saludar a su amigo Robert;
y cada vez que algún escritor norteamericano –como Gore
Vidal– o algún intelectual europeo –como Paul Morand–
o árabe –como Amin Maalouf– visitaba la ciudad blanca,
acababa inexorablemente entre sus anaqueles, que con el
tiempo pasaron a poseer, además del acervo de libros en
francés que se le suponía, una variada colección de títulos
en árabe, inglés y castellano. No en vano, fue una trinchera de resistencia antifranquista, tanto alentando publicaciones como convocando reuniones de exiliados. De los
escritores españoles vinculados con la Librairie des Colonnes el más célebre es Juan Goytisolo, cuya penetración en
la cultura árabe comenzó a mediados de los años sesenta
precisamente en Tánger. En cuanto llegó le escribió a Monique Lange, como leemos en *En los reinos de taifa:* «Me

siento feliz, paseo diez horas diarias, veo a Haro y a su mujer, no me acuesto con nadie y miro a España de lejos, lleno de excitación intelectual.» De ella surgirá *Reivindicación del conde don Julián*: «Mi idea de trabajo se funda en la visión de la costa española desde Tánger: quiero arrancar de esta imagen y escribir algo hermoso, que vaya más allá de cuanto he escrito hasta hoy.» Mientras tanto toma notas difusas, ensaya ideas y lee profusamente, en su habitación de alquiler, la literatura del Siglo de Oro. Aunque más tarde decidirá fijar su residencia en Marrakech, Goytisolo pasará la mayor parte de los veranos de su vida en Tánger, convirtiéndose en un cómplice de su librería más importante. En una de sus últimas novelas, *Carajicomedia*, donde le da una vuelta de tuerca a la camuflada tradición homosexual de la literatura hispánica, le hace decir al esperpéntico *père de Trennes*:

> ¿Sabe usted si Genet sigue en el Minzeh o se ha instalado en Larache? Me han hablado de una excelente autobiografía de un tal Chukri, traducida al inglés por Paul Bowles. ¿La ha leído? En cuanto lleguemos me haré con un ejemplar en la Librairie des Colonnes. Es usted amigo de las hermanas Gerofi, supongo. ¡Quién no conoce a las hermanas Gerofi en Tánger! ¡Cómo!, ¿no sabe quiénes son? ¡Pero es imposible! Un tangerino de honor como usted, ¿no va a su librería? Permítame decirle que no le creo. ¡Son el motor de la vida intelectual de la ciudad!

Menos conocido, pero quizá más emblemático por su conexión con la bisexualidad, la droga y la inercia destructiva que imperaban en el ambiente intelectual tangerino, es el caso de Eduardo Haro Ibars. Hijo de exiliados, nacido de hecho en Tánger en 1948, durante la adolescencia se infiltró en el círculo beat acompañando a Ginsberg y a Corso en sus derivas nocturnas. «Me crié de modo un poco trashumante, entre Madrid, París y Tánger», escribió; pero seguramente el vector espacial que marcó su breve vida fue el de Tánger-Madrid, porque llevó a la capital la inyección inconformista de los beat y alimentó con ella *la movida*, militando como homosexual, escribiendo poemas y canciones, probando todo tipo de sustancias alucinógenas. En la primavera de 1969, después de cuatro meses en la cárcel junto a Leopoldo María Panero, regresó a la casa tangerina de su familia. Y en otra ocasión, para huir del servicio militar, se subió a un tren nocturno que lo condujo a Algeciras, cruzó el estrecho, se alojó en casa de Joseph McPhillips –amigo de los Bowles– y fue auxiliado por las damas Gerofi, que le permitieron realizar ciertos trabajos en su librería. Se definió como *homosexual, drogadicto, delincuente y poeta*. Murió a los cuarenta años de sida.

The word is electric star in the fog

Las librerías acostumbran a sobrevivir tanto a los escritores que alimentaron su mitología como a sus dueños. Después de las Gerofi, fue Rachel Muyal quien dirigió el negocio entre 1973 y 1998. Según leemos en *Mis años en la Librairie des Colonnes*, con ella –tangerina y vecina de la librería desde 1949– al cosmopolitismo heredado se le añadió un interés por el carácter marroquí de Tánger:

> Una persona que me honraba con sus visitas era Si Ahmed Balafrej. Le gustaba hojear las revistas de decoración y arquitectura. Si Abdelkebir el Fassi, héroe de la resistencia, le acompañaba. Fue en el transcurso de una de sus conversaciones cuando Si Ahmed me dijo mirándome a los ojos: «Sólo Dios sabe que lo he hecho todo para que Tánger conserve un estatuto especial sin renunciar a que forme parte del Reino de Marruecos.»

Como otros grandes libreros y libreras que ya han aparecido o que aparecerán en estas páginas, Muyal vivía a cuatro pasos del establecimiento y a menudo organizaba cócteles y fiestas vinculados con presentaciones de libros o con acontecimientos culturales; y, también como ellos, se convirtió en un agente de referencia, en un embajador, en un enlace: semanalmente tres o cuatro personas le pedían que los pusiera en contacto con Bowles, quien no disponía de teléfono; mediante recaderos ella solicitaba las citas y él las confirmaba casi siempre.

Más tarde llegarían Pierre Bergé y Simon-Pierre Hamelin y la revista *Nejma*, que se ha consagrado a la memoria de esa mitología internacional, a ese mapa en que tantos escritores marroquíes encontraron vías para ser traducidos y conocidos fuera de Tánger. Desde siempre el Estrecho de Gibraltar ha sido un lugar de paso entre África y Europa, de modo que es natural que la librería haya ostentado un rol privilegiado en la comunicación cultural entre ambas orillas. Muyal dijo en una conferencia que impartió en el Rotary Club de la ciudad:

> En ese lugar mítico que es la Librairie des Colonnes, yo pude sentirme en el centro de la ciudad e incluso del mundo. Por ello, me dije a mí misma que era absolutamente necesario hacer participar la institución en el movimiento cultural de Tánger, esa ciudad que simboliza mejor que ninguna otra en el mundo el encuentro de dos continentes, dos mares, dos polos: oriente y occidente, y también tres culturas y tres religiones constituyendo una única y homogénea población.

Conservo la tarjeta de papel tramado de la Librairie Papeterie de Mlle. El Ghazzali Amal, de Marrakech, en que orgullosamente ha sido estampado: «Depuis 1956», y recuerdo cómo me decepcionó el escaso número de libros que tenía en venta y el hecho de que estuvieran todos escritos en árabe. La Librairie des Colonnes, en cambio, sólo puede entusiasmar al lector europeo, porque es igual que una gran librería de aquí, pero en la orilla africana y con las notas necesarias de color local. Vende libros en francés, inglés y español de precio fijo, sin opción a ese regateo que al principio es divertido pero se nos vuelve pronto agobiante, cansino; y eso nos hace sentirnos a salvo. Lo mismo ocurre en otras dos librerías marroquíes que he descubierto recientemente: la Ahmed Chatr, también de Marrakech, y –sobre todo– Carrefour des Livres, de Casablanca, con sus lienzos de colores estridentes y su gran surtido de títulos en árabe y en francés (los vínculos con la Librairie des Colonnes son directos, pues tienen a la venta los mismos libritos, blancos y tangerinos, del sello Khar Bladna que he ido coleccionando a lo largo de los años). Te sientes cómodo. Pocas veces he experimentado tanta asfixia como en aquella otra librería de Marrakech, consagrada en exclusiva a libros religiosos, todos en árabe, ni una grieta a través de la que poder respirar. Viajamos para descubrir pero también para reconocer. Sólo el equilibrio entre esas dos acciones nos proporciona el placer que buscamos en los viajes. Las librerías casi siempre son una apuesta segura a ese respecto: su estructura nos tranquiliza, porque nos resulta siempre familiar; entendemos intuitivamente su orden, su disposición, lo que pueden llegar a ofrecernos; pero necesitamos al menos una sección en que reconozcamos el alfabeto y sepamos leerlo, una zona de libros ilustrados que podamos hojear, manchas de información que de ser preciso –o por simple azar– podamos descifrar.

Eso fue precisamente lo que me ocurrió en el Bazar de los Libros de Estambul: entre miles de portadas incomprensibles encontré un volumen sobre viajeros turcos publicado en inglés y con fotografías, *Through the Eyes of Turkish Travelers. Seven Seas and Five Continents,* de Alpay Kabacali, en una cuidada edición con estuche del Toprakbank. Como en mi colección de historia del viaje faltaba esa pieza del puzzle, el testimonio de los viajeros turcos, me obstiné en conseguirlo. Desde el primer momento tuve muy presente a la vendedora de cajas mágicas del puesto callejero de Budapest, adonde acudí jornada tras jornada, manteniéndome firme en mi oferta, que era exactamente un tercio de su demanda, hasta que el último día ella accedió con una sonrisa falsamente resignada. Le compré dos, para regalárselas a mis hermanos. Justo en el momento en que me las entregaba, envueltas en papel de estraza, un turista norteamericano, con una cajita idéntica a las mías en las manos, le preguntó cuánto costaban. La señora duplicó el precio inicial. El comprador, sin rechistar, le pidió también dos, se llevó la mano al bolsillo y, mientras ella me guiñaba el ojo pidiéndome silencio divertida, cerró una compra igual a la mía que le costó seis veces más. De modo que le pregunté el precio del estuche azul a aquel joven vendedor turco que escuchaba la radio tras el mostrador, quien en realidad sólo vigilaba la mercancía, pues enseguida llamó con un grito a un hombre de mediana edad, recién afeitado, que, mirándome a los ojos, me dijo que costaba cuarenta dólares. Veinticinco me parece un precio más justo, le respondí. Él se encogió de hombros, dejó de nuevo al muchacho de guardia y se fue por donde había venido.

Había venido por alguna de las esquinas del Sahaflar Carsisi, que es el nombre en turco del Bazar de los Libros. Se encuentra en un antiguo patio encajonado entre la mezquita de Beyazit y la entrada de Fesciler al Gran Bazar, muy cerca de la Universidad de Estambul, y ocupa aproximadamente los mismos metros cuadrados que durante siglos acogieron el Chartoprateia, mercado del papel y el libro de Bizancio. Tal vez porque en el centro del patio hay un busto de Ibrahim Müteferrika, acompañado por el título de los diecisiete primeros libros publicados en turco gracias a la imprenta que él lideró, una imprenta tardía, de principios del siglo XVIII, se me ocurrió que podría conseguir la antología de viajeros siguiendo la misma táctica que había utilizado en Budapest. Porque Müteferrika era de Transilvania y no sabemos cómo llegó a Constantinopla ni por qué se convirtió al islam y unía a mis ojos aquel viaje turco con mis incursiones en los Balcanes y el Danubio. Lo cierto es que me acostumbré a pasar cada día por allí, subiendo mi oferta cinco dólares por visita.

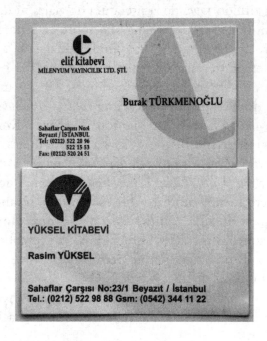

También me acostumbré a leer por las tardes en las terrazas del Café Pierre Loti, con vistas al Mármara, y a pasear al anochecer por la Istiklal Caddesi o Avenida de la Independencia, el otro gran centro libresco de la ciudad. Como Buda y Pest, las dos orillas de Estambul separadas por el Puente del Gálata poseen su propia idiosincrasia, que podría condensarse en esos dos polos de escritura: el Bazar y la Avenida. En los alrededores de ésta se asentaron antaño los mercaderes venecianos y genoveses; hay pasajes hermosos; y librerías con el precio de cada uno de sus libros impreso en etiquetas blancas en la contraportada. Busqué en vano la antología de viajeros en locales como el de Robinson Crusoe 389, donde adquirí en cambio dos libros de Juan Goytisolo traducidos al turco. En las fotografías que se incluyen en la edición de *Estambul otomano* no aparecen librerías antiguas ni modernas, porque nunca han constituido *topos* de la literatura de viajes ni de la historia cultural. Busqué bibliografía sobre el genocidio armenio y, en el extremo de la avenida que da a la Torre de Gálata, encontré al fin un librero que hablaba perfectamente en inglés –con acento londinense– y que me remitió a los dos volúmenes de la *History of the Ottoman Empire and Modern Turkey*, de Stanford J. Shaw y Ezel Kural Shaw. Su índice temático no dejaba lugar a dudas: «*Armenian nationalism, terrorism; Armenian revolt; Armenian question; war with Turkish nationalism.*» Igual de indignante pero menos comprensible es que en el resumen histórico que brinda la *Lonely Planet* de Turquía también se obvien aquellas masacres sistemáticas que se cobraron la vida de más de un millón de personas, el primero de los genocidios del siglo XX.

En un local cercano al busto del primer impresor turco –que era húngaro–, trabé varias veces conversación con un librero que hablaba perfectamente en inglés y que –a medida que pasaron los días– se fue sincerando. Orhan Pamuk, que acababa de ganar el Premio Nobel, era según él un escritor mediocre que se había beneficiado de sus contactos en el extranjero. Y el genocidio armenio, un suceso histórico que sin duda no podía ser nombrado con justicia empleando esa palabra, porque primero había que separar los hechos de la propaganda. No puedo saber si su nombre era Burak Türkmenoğlu o Rasim Yüksel, porque conservo tanto su tarjeta como la del hombre de mediana edad, siempre recién afeitado, que el mismo día en que yo partía en autocar nocturno hacia Atenas me vendió el estuche azul por cuarenta dólares. Pero sí recuerdo perfectamente que en el local en penumbra sus ojos brillaban como papel de plata que reflejara llamas.

Abunda la literatura negacionista en Turquía, como lo hace la antisemita en Egipto o la islamófoba en Israel. En la librería Madbouly de la plaza Talaat Harb de El Cairo vi, junto a otros volúmenes igual de sospechosos, tres ejemplares de *Los protocolos de los sabios de Sión;*

pero también disponían de la obra completa de Naguib Mahfuz, el único escritor egipcio que emuló a Stein o a Bowles y en vida se convirtió en atracción turística, como cliente habitual del Fishawi o Café de los Espejos. En la Sefer Ve Sefel de Jerusalén, que fue fundada en 1975 con la intención de ofrecer libros en inglés y que tuvo que cerrar su café durante la Intifada, o en Tamir Books, en la misma Jaffa Road, pero donde sólo se venden libros en hebreo, también conviven todas las tendencias políticas e historiográficas, incluso las insostenibles: las librerías generalistas acostumbran a representar por sinécdoque las sociedades en que se inscriben, de modo que las minorías radicales están representadas en estantes también mínimos. Pero frecuenté menos librerías en Jerusalén que en Tel Aviv, una ciudad menos obsesionada con las religiones y por tanto más tolerante; y la librería a la que acudí a diario durante mi estancia cariota fue otra: la de la American University, no por casualidad apolítica y secular. En ella compré uno de los libros más bellos que he regalado: *Contemporary Arabic Calligraphy*, de Nihad Dukhan.

Nunca he visto a un calígrafo árabe en acción, pero sí a uno chino. En las principales ciudades chinas y japonesas visité decenas de librerías, como he hecho siempre, pero no puedo negar que me interesaron menos aquellos grandes almacenes, aquellos depósitos perfectamente ordenados en que yo era expulsado por los caracteres que no entendía, que otro tipo de espacios y de figuras, que me imantaban como viajero por su fuerza orientalista. Me sorprendió descubrir en Libro Books de Tokio que Haruki Murakami había publicado varios tomos de la correspondencia cibernética con sus fans. Me gustó hojear en Bookmall de Shanghái la traducción china del *Quijote*. Pero sobre todo perseguí un híbrido de descubrimiento y reconocimiento en las teterías de los hutong, en el Camino de la Filosofía, en ciertos jardines, en las tiendas de antigüedades, en el taller de un anciano calígrafo. Quizá porque no podía entender las voces cuando hablaban, me gustó escuchar la música del zhonghu o del ruan. Tal vez porque se me negaba la posibilidad de acceder a la literatura japonesa en su lengua original, me enamoré de los papeles con que se envuelven los libros, las cajas de bombones, los vasos o los platos, ese extraordinario y sofisticado arte de la papelería.

En un establecimiento de antigüedades pekinés volví a incurrir –memorablemente– en la práctica del regateo. Después de mucho revisar sus estanterías polvorientas, repletas de objetos preciosos, me fijé en una tetera que me pareció más asequible que los grabados, los tapices o los jarrones. Como no nos entendíamos, el adolescente que me atendía cogió una calculadora de juguete de teclas gigantes y tecleó el precio en dólares. Mil. Yo le arrebaté el artefacto y tecleé mi contraoferta: cinco. Inmediatamente él bajó a trescientos. Yo subí a siete. Pidió auxilio al dueño, un viejísimo de aspecto impasible y mirada voraz, que se sentó ante mí y con un par de aspavientos me comunicó que ahora íbamos en serio: cincuenta. Yo subí a diez. Él me pidió cuarenta, treinta, veinte, doce. Eso fue lo que pagué, satisfecho. Me envolvió la tetera en papel de seda blanco.

Fue cuando vi que el turista americano de Budapest pagaba el triple que yo por la misma caja cuando entendí el valor de mi propia caja y, sobre todo, mi supuesto valor como viajero. Fue cuando en Pekín, al día siguiente de mi nueva compra, vi en un mercadillo un centenar de teteras idénticas a la mía pero relucientes, sin polvo, producidas en serie, sobre un tapete en el suelo, a un dólar, cuando me di cuenta de que el aura tiene que ver con el contexto (o lo recordé, una vez más). La comparación y el contexto son factores fundamentales también para calibrar la importancia de un libro, cuyo texto es una realidad atada a un determinado momento de producción. Eso hace constantemente la crítica literaria: establecer jerarquías comparativas dentro de un campo cultural concreto. No hay un lugar físico donde los lectores comparemos más que en el marco de una librería. Pero para que esa comparación se realice tenemos que entender el idioma en que los libros que estamos hojeando fueron escritos. Por eso, para mí y para tantísimos otros lectores occidentales, los muchos ecosistemas culturales que llamamos *Oriente*, y las librerías en que éstos se materializan, constituyen un universo paralelo, donde es fascinante pero también frustrante navegar.

Fue en China donde se inventó el papel, a principios del siglo II d. C. Parece ser que el responsable fue un eunuco, Cai Lun, que hizo la pasta con trapos, cáñamo, corteza de árbol y redes de pesca. Menos noble que el bambú y la seda, el papel tardó siglos en imponerse como el mejor soporte de la palabra escrita y no fue hasta el siglo VI cuando salió de las fronteras chinas y hasta el siglo XII cuando llegó a Europa. En Francia su producción se entrelazó con la del lino. Para entonces los impresores chinos ya disponían de tipos móviles, pero los miles de caracteres del idioma impidieron que la imprenta constituyera realmente una revolución, como ocurriría con Gutenberg cuatrocientos años más tarde. Lo que no quita que, como ha escrito Martyn Lyons: «A finales del siglo XV, China había producido más libros que el resto del mundo en su conjunto.» Cada volumen: un objeto. Un cuerpo. Materia. Las secreciones y los gusanos del papel de seda. Gutenberg tuvo que perfeccionar la tinta indeleble con base de aceite, experimentando con hollín, barniz y claras de huevo. Forjar tipos con aleaciones de plomo, antimonio, estaño y cobre. En los siglos siguientes se consensuó otra combinación: cáscaras de nuez, resina, linaza y trementina. Aunque después se normalizaría la producción industrial del papel a partir de la madera de pino o de eucalipto, junto con el cáñamo o algodón, su fabricación a partir de trapos de estos dos últimos materiales, celulosa pura libre de corteza, todavía es sinónimo de calidad entre los expertos. Hasta el siglo XVIII el libro aún dependía del trapero; después se desarrollaron los sistemas modernos para extraer el papel de la pulpa de la madera y el precio del libro se redujo a la mitad. Porque el trapo era barato, pero el proceso era caro. En sus estudios sobre Baudelaire –como ya se ha visto– Benjamin insiste en la figura del trapero como coleccionista, como el archivista de todo aquello que la ciudad ha hecho pedazos, los restos del naufragio del capital. Además de la analogía entre el tejido y la sintaxis de la escritura, entre el trapo usado y el enve-

jecimiento de lo publicado, importa ese círculo que se cierra: el reciclaje, la reabsorción de la basura por parte de la
industria, para que no se detenga la máquina de la información.

En Oriente, durante siglos pervivió la idea de que la
mejor forma de absorber los contenidos de un libro era co-
piándolo a mano: que la inteligencia y la memoria hagan
con las palabras lo mismo que con la tinta hace el papel.

> A través de la papelería, lugar y catálogo
> de todo lo necesario para la escritura, uno
> se introduce en el espacio de los signos.
>
> ROLAND BARTHES, *El imperio de los signos*

7. AMÉRICA (1): «COAST TO COAST»

> Por un lado, el texto efectúa una operación
> espacializadora cuyo efecto es fijar o desplazar
> las fronteras que delimitan campos culturales
> (lo familiar *vs.* lo extranjero), y que trabajan las
> distribuciones espaciales que sustentan y orga-
> nizan una cultura. Pero para cambiar, reforzar
> o perturbar esas fronteras socio o etnocultura-
> les es necesario un espacio de juego.
>
> MICHEL DE CERTEAU, *El lugar del otro*

El recorrido clásico del *viaje costa a costa* comienza en
Nueva York y termina en California. Como éste es un ensayo clásico, hijo bastardo de Montaigne, este capítulo ju-
gará con esa ruta, pese a las escasas paradas intermedias;
una ruta que desembocará inevitablemente en un viaje tan
textual como audiovisual –pese a su anclaje más o menos
firme en ciertas librerías a su modo *ejemplares* que vayan
apareciendo por el camino– por los mitos de la cultura norteamericana, una cultura que si por algo se caracteriza es
justamente por su producción de mitos contemporáneos.

Aunque la mayoría de ellos sean individuales, están
por lo general vinculados con espacios significativos, a
menudo connotados colectivamente. Es decir, Elvis Presley es un cuerpo único, en movimiento y por tanto un itinerario, una biografía; pero también *es* Graceland y Las
Vegas. Y Michael Jackson *se espacializó* en Neverland,
como lo hizo antes Walt Disney en su primer parque temático californiano. Del mismo modo, puede recorrerse

la historia cultural de los Estados Unidos durante el siglo pasado mediante la invocación cronológica de ciertos lugares emblemáticos, *ejemplos* de una totalidad inabarcable. En los años veinte se celebraron los célebres almuerzos del restaurante de The Algonquin, el hotel de Nueva York, donde escritores, críticos y editores como John Peter Tooley, Robert Sherwood, Dorothy Parker, Edmund Wilson o Harold Ross discutían sobre la estética y la industria de la literatura nacional e internacional; fue en los treinta cuando se consolidó la Gotham Book Mart en la misma ciudad, que se especializó en la difusión de autores experimentales, organizó todo tipo de conferencias y fiestas literarias y fue paulatinamente frecuentada por los vanguardistas europeos exiliados; durante los años cuarenta, la galería neoyorquina Art of this Century, de Peggy Guggenheim, fue la impulsora decisiva del expresionismo abstracto como forma por excelencia de la vanguardia nacional; en los cincuenta, la librería City Lights de San Francisco sacó al mercado algunos de los libros más sinto-

máticos de la época y los acompañó de presentaciones y recitales; The Factory de Manhattan, bajo el liderazgo de Andy Warhol, destacó en los sesenta como estudio cinematográfico, taller artístico y sede de fiestas narcóticas; y durante la década siguiente y principios de los ochenta le tomó el relevo el club nocturno Studio 54.

Se trata, como puede verse, de *cronotopos* puntuales. Sobre todo de la Costa Este, aunque no se entienda la cultura estadounidense sin el perpetuo *Coast to Coast:* «Amo Los Ángeles. Amo Hollywood. Son tan hermosos. Todo es plástico, pero amo el plástico. Quiero ser plástico», dijo Warhol. Si tuviera que escoger un único edificio que protagonice, aunque sea lateralmente, la vida intelectual de los Estados Unidos durante el siglo XX, éste sería el Hotel Chelsea, inaugurado en 1885 y todavía con sus puertas abiertas. La lista de celebridades y capítulos importantes del siglo pasado podría comenzar con Mark Twain y acabar con Madonna (en *Sex* aparecen fotos de la habitación 822), pasando por algunos supervivientes del *Titanic*, Frida Kahlo y Diego Rivera, el suicidio de Dylan Thomas en 1953, la escritura de *2001, una odisea espacial,* de Arthur C. Clarke, la redacción de *Blonde on Blonde* por parte de Bob Dylan, la interpretación de «Chelsea Hotel # 2» de Leonard Cohen y algunas escenas de *Nueve semanas y media*. El hotel se parece a la librería. Es un ámbito igualmente fundamental en la historia de las ideas, como lugar de encuentro entre migrantes, de lectura intensiva y en soledad –que tan bien retrató Edward Hopper–; de escritura y creación; de intercambio de experiencias y de referentes y de fluidos. Se encuentra también en la disyuntiva entre la unicidad y la clonación, entre la independencia y la cadena, con vocación igual de museo. Y está fuera del circuito institucional y por tanto la suya es una historia hecha de discontinuidades. Aunque más de ciento veinticinco años de presencia constante en Nueva York aseguran la posibilidad de un relato articulado cronológicamente, al ser atravesado –bombardeado– por las biografías de centenares de artistas, el Hotel Chelsea y el resto de hoteles donde esos cientos de artistas se alojaron en sus millones de desplazamientos, sólo pueden ser narrados desde la constelación de historias y de datos.

Espacio fetiche de la Generación Beat, significó para sus miembros el paso del testigo del Beat Hotel de París, esa ciudad que –en palabras de Burroughs– «es un asqueroso agujero para alguien sin blanca» y que está llena de franceses, «unos auténticos cerdos»; pero donde pudo terminar *El almuerzo desnudo* y trabajar en sus *cut-ups* gracias a las facilidades que le brindó precisamente una francesa, la señora Rachou, que regentaba aquel hotel sin nombre (9 rue Gît-le-Cœur) en que se alojó junto a Ginsberg, Corso y otros amigos. En algún momento, cuando el movimiento se convirtió en la corriente beat, en la moda beat, en *lo beatnik*, aquel hotel parisino fue bautizado como Beat Hotel. La misma ciudad que había visto nacer medio siglo antes el cubismo en los pinceles de Juan Gris, Georges Braque y Pablo Picasso, acogía ahora la eclosión posmoderna del recorte y el montaje literario. Después de Tánger y de París siguieron drogándose y creando en el Hotel Chelsea de Nueva York. Burroughs escribió que era un lugar que «parecía haberse especializado en muertes de escritores célebres». El rodaje en 1966 de *Chelsea Girls*, la película experimental de Warhol, puede verse como otro tránsito: el fin de cierto modo de entender el romanticismo, un modo salvaje y viajero, y el inicio de la producción en serie y espectacularizada de arte contemporáneo.

¿Eran los *beat* buenos clientes de librerías? A juzgar por la leyenda, la respuesta sería no. Es más fácil imaginarlos prestándose libros, robándolos, cogiéndolos provisionalmente de los anaqueles de Shakespeare and Company, que comprándolos. De hecho, la librería de Whitman era –si se tiene en cuenta la abundante correspondencia– sobre todo una fuente de ingresos: «El librero de aquí, que es amigo de Ferlinghetti, tiene en el escaparate cincuenta ejemplares de mi libro y vende unos cuantos todas las semanas.» El gran ladrón de libros era Gregory Corso, que a menudo trataba de vender por la mañana en la propia librería los volúmenes que había sustraído por la noche. Seguramente fueron más proclives a la librería de segunda mano que a la de libros nuevos. Y a la lectura de originales, adictos como eran no sólo a las sustancias químicas sino también al arte epistolar, a la escritura automática, al rapto lírico a ritmo de jazz. Aunque las leyendas están sobre todo para ser desmentidas: en París, por ejemplo, aprovecharon el acceso a los libros de Olympia Press para adquirir la obra de autores americanos y franceses prohibidos. «Ferlinghetti me mandó 100 dólares ayer, así que comimos, pagué a Gregory los 20 dólares del alquiler atrasado y él se ha mudado con nosotros temporalmente», le escribe Ginsberg a Kerouac en una carta fechada en 1957, «nosotros compramos un libro sucio de Genet y Apollinaire, una papelina de jaco, una caja de cerillas de kif y un caro frasco de salsa de soja». Mientras vivían en el Hotel Chelsea frecuentaban librerías neoyorquinas, como The Phoenix Bookshop, que imprimió en ciclostil la revista de Ed Sanders *Fuck You* e impulsó una colección de poesía –en formato *chapbook*– que contó con títulos de Auden, Snyder, Ginsberg y Corso. En una antigua carnicería *kosher* el propio Sanders abrió en 1964 Peace Eye Bookstore, que además de libros ofrecía artículos para fetichistas contraculturales, como una colección enmarcada de pelo púbico de dieciséis poetas innovadores o la barba de Ginsberg por veinticinco dólares. No tardó en convertirse en un foco de activismo político, que defendió entre otras causas la legalización de la marihuana. El 2 de enero de 1966 la policía asaltó la tienda y detuvo a su propietario, bajo la acusación de poseer literatura obscena y láminas lascivas. Aunque ganó el juicio, no le devolvieron el material incautado y ésa fue la razón por la que tuvo que cerrar el negocio.

Si mediante una compleja operación cultural, económica y política, con el apoyo de instituciones tan distintas como el MoMA o la CIA, los expresionistas abstractos se convirtieron durante los años cincuenta en los herederos de los pintores vanguardistas europeos, fue gracias a la confluencia de una nueva fuerza sociológica, unas nuevas formas de entender la vida y el viaje y la música y el arte, performativas como las pinceladas de Jackson Pollock, como la Generación Beat devino la heredera de la Generación Perdida y de los surrealistas franceses, es decir, de los sospechosos habituales de la rue de l'Odéon. Hasta después de la Segunda Guerra Mundial Gotham Book Mart fue el equivalente en los Estados Unidos de la Shakespeare and Company original. Como leemos en el diario de Anaïs Nin, la librería de Frances Steloff «desempeñó el mismo papel que Sylvia Beach en París». El mismo contagio entusiasta, el mismo apoyo a las poéticas más inconformistas: a la propia Nin le prestaron cien dólares y le brindaron toda la publicidad posible para que fuera viable la autoedición de su libro *Invierno de artificio*, cuya publicación se celebró con una gran fiesta. Pero inmediatamente después de Hiroshima, Frances Steloff no supo o no quiso ver el poder de los beat y su famosa librería se quedó anclada literariamente en el mundo prebélico. No así en lo que al arte se refiere: fue ella quien le consiguió a Duchamp el artesano capaz de fabricarle el prototipo de su célebre maleta-museo, su escaparate exhibió una instalación suya a propósito del lanzamiento de un libro de Breton y junto con Peggy Guggenheim diseñaron otro con motivo de Art of this Century. Pero el gesto que señala con más énfasis la librería ocurrió en 1947 y fue la fundación de la James Joyce Society, cuyo primer socio fue T. S. Eliot. Casi una década antes, cuando el escritor irlandés todavía estaba vivo, Steloff le dedicó un irónico escaparate a *Finnegans Wake*, en forma de velatorio, sintonizando con el nervio del presente. Pero ahora vincular la librería con un autor muerto la acerca prematura y peligrosamente al estatuto de museo, aunque sea un establecimiento todavía relativamente joven (abrió en 1920 y no desapareció hasta 2007) y su *alma mater* tenga poco menos de cincuenta años de edad y esté destinada a ser una librera centenaria.

No hay más que leer *En compañía de genios. Memorias de una librera de Nueva York* para constatar que, aunque la Gotham Book Mart defendió siempre las pequeñas revistas y los fanzines, apoyó a los autores jóvenes y la literatura de alta calidad, su memoria se mantuvo fiel a sus propias raíces y reivindicó sobre todo cierta literatura de la primera mitad del siglo XX, cuya nómina quedó fijada con la edición de la antología *We Moderns. 1920-1940*. Los textos que conforman las memorias fueron publicados en 1975 y recuerdan los de Beach: no en vano ambas libreras nacieron en el mismo año de 1887 y consagraron sus vidas a la difusión de los mismos autores, con Joyce en la cumbre. En ellos la librera emula a su predecesora y deviene una observadora («Nunca me dirigía a los clientes a menos que parecieran necesitar ayuda») y una coleccionista de visitantes ilustres. Conoció a Beach en París y coincidieron en diversas ocasiones, como nos cuenta en uno de los capítulos de sus memorias, que termina así: «A menudo se pensaba en nuestras librerías como en proyectos afines, aunque yo nunca gocé de las ventajas que ella tuvo.»

En los años veinte y treinta la Gotham Book Mart fue sobre todo un foco de irradiación de los títulos prohibidos en el país, la isla donde se encontraban tesoros como los libros de Anaïs Nin, D. H. Lawrence y Henry Miller, de modo que era ese horizonte literario el que cimentaba su reputación y el que centraba sus esfuerzos divulgativos. Encontramos alusiones a ella en la obra íntima de esos autores. Por ejemplo, en una carta del autor de *Trópico de Cáncer* a Lawrence Durrell:

Naturalmente, las ventas no han sido muy elevadas, ni para *El libro negro* ni para *Max*. Pero se van vendiendo despacio todo el tiempo. Yo mismo he comprado, pagando de mi bolsillo, una buena cantidad de libros tuyos que me pedían mis amigos. Y ahora que se ha levantado la censura sobre ellos en América, podemos conseguir algo, por lo menos a través de la Gotham Book Mart. Dentro de aproximadamente diez días tengo que recibir noticias interesantes de ellos, pues les he escrito a todos hablándoles de cómo están las cosas. Supongo que Cairns no tuvo tiempo para ir a verte; el barco zarpaba al día siguiente de su llegada. Pero tiene una opinión muy elevada de ti y de todos nosotros; es un tipo sano, íntegro, un poco ingenuo, pero en el buen sentido. Le considero un buen amigo y acaso mi mejor crítico en América.

Gotham Book Mart y su célebre lema «*Wise Men Fish Here*» aparecen en el cómic *¿Eres mi madre?*, de Alison Bechdel, donde se dice: «Esta librería lleva aquí toda la vida, es una institución.» La cultura siempre ha circulado tanto por circuitos alternativos al mercado institucional como por los cauces oficiales, y los escritores siempre han sido los mayores accionistas de las poéticas afines; pero me interesa destacar la alusión de Durrell a Huntington Cairns, para entender la complejidad de las relaciones entre arte y poder político en los Estados Unidos, porque se trata de un excelente lector, pero también del abogado que asesoraba al Tesoro acerca de la importación de producciones que pudieran ser consideradas pornográficas. En otras palabras: era un censor. Probablemente el más importante de su época. La carta, fechada en París en marzo de 1939, finaliza ni más ni menos que con estas palabras: «Soy un Zen aquí mismo en París, y nunca me he sentido mejor, más lúcido, más seguro, más centrado. Sólo una guerra podría desviarme de esto.» En otra carta contemporánea, la que le dirigió a Steloff ofreciéndole las últimas primeras ediciones de *Trópico de Cáncer* y de *Primavera negra*, lleva la afirmación más lejos todavía: «Mi decisión no se basa en el temor a una guerra. No creo que este año vaya a haberla, y no creo que la haya el año que viene.» Menos mal que se dedicó a la escritura y no a la adivinación.

En 1959 Gay Talese cubrió la historia de *El amante de Lady Chatterley*, una novela que hasta esa fecha estuvo prohibida en el país. Un juez federal rebajó la definición de obscenidad que dos años antes había estipulado la Corte Suprema en el caso de Samuel Roth contra los Estados Unidos de América por tráfico de pornografía:

> La liberación de la novela se inició gracias a los esfuerzos que hizo en la corte una editorial de Nueva York, Grove Press, que presentó y ganó una demanda contra la Oficina Postal de Estados Unidos, que hasta ese momento se había atribuido absoluta autoridad para prohibir el envío por correo de libros «sucios» y otros materiales objetables. El triunfo legal de Grove Press fue celebrado de inmediato por los abogados de la libertad literaria como una victoria nacional contra la censura y una confirmación de la Primera Enmienda.

De ese modo se cerraba otro de los infinitos capítulos de censura que se han ido sucediendo en la historia de la cultura, como si desde el siglo XVIII no dispusiéramos de las palabras de Diderot en su célebre *Carta sobre el comercio de libros* (1763), una disección sistemática del funcionamiento del sistema editorial, desde los derechos de autor hasta la relación del escritor con el impresor, el editor y el librero, que salvando las distancias se puede aplicar a buena parte de las parcelas en que aún se divide legal y conceptualmente el negocio del tráfico de libros. El mismo Diderot que impulsó la *Enciclopedia*, tuvo que vender su biblioteca para pagar la dote de su hija, fue autor de otras epístolas célebres, como las de Sophie Volland o la *Carta sobre los sordomudos*, fue tal vez amante de la zarina de Rusia y publicó tras su muerte una de las grandes novelas de la primera modernidad, *Jacques el fatalista*, escribió estas líneas sobre la circulación de los títulos prohibidos:

Por favor, cíteme una de esas obras peligrosas, proscriptas, impresas clandestinamente en el extranjero o en el reino, que en menos de cuatro meses no se haya vuelto tan común como un libro privilegiado. ¿Qué libro más contrario a las buenas costumbres, a la religión, a las ideas recibidas de la filosofía y la administración, en una palabra, a todos los prejuicios vulgares y, en consecuencia, más peligroso, que las *Cartas persas?* ¿Acaso hay algo peor? Y sin embargo, existen cien ediciones de las *Cartas persas,* y no hay un escolar que no encuentre un ejemplar por 12 soles en la ribera del Sena. ¿Quién no tiene su Juvenal o su Petronio traducido? Las reimpresiones del *Decamerón* de Boccaccio o de los *Cuentos* de La Fontaine no podrían contarse. ¿Acaso nuestros tipógrafos franceses no pueden imprimir al pie de la primera página «Por Merkus, en Ámsterdam» del mismo modo que los operarios holandeses? *El contrato social* impreso y reimpreso se distribuye a valor de un escudo debajo del vestíbulo del palacio del soberano. ¿Qué significa esto? Pues que nosotros no hemos dejado de conseguir estas obras; que hemos pagado al extranjero el precio de una mano de obra que un magistrado indulgente y con mejor política hubiera podido ahorrarnos y que de esta manera nos ha abandonado a los buhoneros que, aprovechándose de una doble curiosidad, triple por la prohibición, nos han vendido bien caro el peligro real o imaginario al que ellos se exponían para satisfacerla.

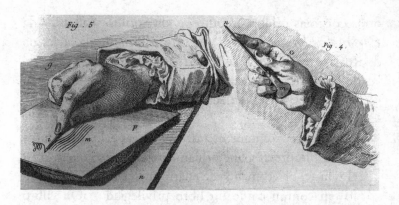

Mientras que las pequeñas librerías, a menudo fugaces, nutren el imaginario de la literatura al margen del *mainstream*, las librerías que se precian de su enorme tamaño nos recuerdan que la industria editorial no se basa en títulos minoritarios y exquisitos, sino en una producción masiva, similar a la alimentaria. La librería de Nueva York equivalente al Hotel Chelsea, en términos de independencia, duración e importancia simbólica, podría ser Strand, con sus «18 millas de libros», que fue fundada en 1927 por Benjamin Bass, quien se la legó a su hijo Fred, quien a su vez se la dejó en herencia a Nancy, su hija, quien en 2006 dejó a su vez el negocio en manos de sus propios hijos, William Peter y Ava Rose Wyden. La expresión «negocio familiar» se inventó para ellos. Cuatro generaciones y dos locales: el originario en el «Book Row» de la calle Cuatro, donde llegó a haber hasta cuarenta y ocho librerías en los buenos viejos tiempos, de las cuales Strand es la única superviviente, y el actual en la Doce con Broadway. José Donoso describió con elocuencia su importancia, en un artículo titulado «La obsesión neoyorquina»:

> Sin embargo, no es a las grandes librerías donde voy: mis pasos se dirigen inevitablemente al Strand Booksto-

re, en Broadway, esquina de la calle Doce, esa catedral de libros de segunda mano donde es posible encontrarlo todo, o encargarlo todo, y donde los sábados en la tarde y los domingos en la mañana se ve a celebridades de la literatura y del teatro y del cine, de *jeans* y sin maquillaje en busca de algo con que alimentar sus obsesiones.

Me interesa la insistencia en la palabra *todo:* esa idea de que hay librerías que son como la Biblioteca de Babel, en contraposición a otras que son como la mesa de Jakob Mendel en el Café Gluck. Strand se jacta de disponer de dos millones y medio de títulos. El tamaño, la cantidad, la extensión récord como reclamo publicitario acompaña a un gran número de librerías de los Estados Unidos, un país por naturaleza megalómano. Y de la vecina Canadá: World's Biggest Bookstore se encuentra en Ontario y anteriormente fue una gran bolera. Sus veinte kilómetros de estanterías fueron inmortalizadas –es un decir– por esa máquina de memorizar, ese lector en piloto automático llamado Número 5, en la secuela de *Cortocircuito*, cuando su voracidad de información provoca un gran revuelo en la librería. En este lado de la frontera, si creemos en la publicidad, la mayor librería académica del mundo se encontraría en Chicago. Durante los meses que viví en Hyde Park fui un asiduo de ella: la Seminary Co-op Bookstore de la calle Cincuenta y siete, el mejor refugio cuando nevaba, junto con la cercana biblioteca de la universidad. Su principal seña de identidad era *The Front Table*, un folleto impreso en colores donde se reseñaban las principales novedades; pero también se podían coger otras publicaciones culturales gratuitas. Es una de esas librerías eminentemente subterráneas, en cuyas salas podías pasarte muchos minutos ojeando libros en absoluta soledad. La sede principal, no obstante, no era la de la calle Cincuenta y siete, sino la que acogió la fundación de la cooperativa: la que se encontraba en el subsuelo del Seminario de Teología, en pleno campus, donde ahora se emplaza el Becker Friedman Institute for Research in Economics. No en vano, la Universidad de Chicago se enorgullece de sus veinticuatro premios Nobel de Economía, entre catedráticos, investigadores invitados y ex alumnos, pero nadie supo darme allí demasiadas pistas sobre el paso de Saul Bellow y de John Maxwell Coetzee por sus pasillos y aulas neogóticas. En la revista digital *Gapers Block*, en cambio, encuentro el testimonio de un librero, Jack Cella, que recuerda que a Bellow le encantaba curiosear en los libros que acababan de llegar y que estaban siendo desempaquetados: los nuevísimos miembros de la comunidad.

Prairie Lights, en cambio, se ha sabido beneficiar de la proximidad del programa de escritura creativa más famoso del país: el de la Universidad de Iowa. En su página constan con nombres y apellidos los siete premios Nobel de Literatura que los han visitado: Seamus Heaney, Czesław

Miłosz, Derek Walcott, Saul Bellow, Toni Morrison, Orhan Pamuk y J. M. Coetzee. Se trata del proyecto personal de Jim Harris, licenciado en periodismo que decidió invertir una pequeña herencia en el negocio de los libros y abrir la librería en 1978. La sede actual, ahora en manos de sus antiguos empleados, ocupa casualmente el mismo espacio que en los años treinta albergó una sociedad literaria donde se reunían Carl Sandburg, Robert Frost y Sherwood Anderson. Uno de los ex alumnos del célebre Writers' Workshop, Abraham Verghese, ha escrito en el capítulo correspondiente a Prairie Lights de *My Bookstore. Writers Celebrate Their Favorite Places to Browse, Read, and Shop*, que sus libreros eran de algún modo también profesores, «moldeando nuestras sensibilidades, pero más importante: tratándonos como escritores serios, gente de un gran potencial aunque, en aquel momento, no tuviéramos semejante fe en nosotros mismos». En el mismo volumen Chuck Palahniuk se centra en Powell's City of Books e ironiza sobre los circuitos de presentación de novedades editoriales: Mark Twain murió de estrés durante una gira.

La siguiente parada en nuestro *costa a costa* librero podría ser Tattered Cover de Denver, pues en ella se detienen todos los autores importantes de gira por los Estados Unidos, incluido Barack Obama. El proyecto es liderado desde 1973 por la activista Joyce Meskis, una auténtica líder civil, tan apreciada por sus vecinos y clientes que hasta doscientos de ellos han colaborado en las mudanzas de la librería, transportando las cajas cargadas de volúmenes a locales cercanos. Meskis aplica un pequeño margen de beneficio, del uno al cinco por ciento del precio del libro, para poder competir con las cadenas de librerías y para demostrarle al cliente que él es el gran protagonista y el gran beneficiado. Esa amabilidad no es sólo personal y económica, también se traduce en decenas de butacas, que según la dueña tratan de recordarle al visitante que se encuentra en un lugar parecido al salón de su casa. Tattered Cover se ha caracterizado siempre por la defensa de los derechos civiles; pero en el año 2000 esa lucha se volvió noticia nacional cuando, acogiéndose a la consabida Primera Enmienda, consiguió que la Corte Suprema de Colorado fallara a su favor, después de que la policía intentara obligarla a que informara sobre quién era el cliente que había comprado cierto libro, que según ellos enseñaba a fabricar metanfetamina. Al final, resultó ser un manual de caligrafía japonesa.

Dos mil kilómetros más tarde –dejando Las Vegas y Reno a la izquierda– llegaríamos a otra de las librerías norteamericanas que ningún escritor en promoción puede darse el lujo de esquivar, la mencionada Powell's de Portland, que debe de gustarle a Palahniuk por su forma de casino: innumerables salas interconectadas, un laberinto en que cada una de las nueve habitaciones tiene su nombre (Dorada, Rosa, Púrpura), como los personajes de *Reservoir Dogs*. O como un inmenso burdel. Como en Strand o en otras librerías megalómanas, la calidad es el tesoro a encontrar tras capas y capas de cantidad. Ni más ni menos que un millón y medio de libros. Recorrerla es hacer un viaje, con la brújula de un mapa del establecimiento: el objetivo tal vez sea encontrar la Rare Books Room, con sus volúmenes de los siglos XVIII y XIX, o simplemente llegar al café para poderse dar un respiro y descansar. Porque la Powell's de Portland es tan famosa por su tamaño (puede que sea *realmente* la más grande del mundo) que se ha convertido en una atracción turística y, como tal, es constantemente transitada por visitantes de todo el inmenso país.

California se encuentra al sur. Para llegar a Los Ángeles, donde se rodó la ópera prima de Quentin Tarantino, donde se han proyectado e incluso construido tantas librerías de ficción, todavía hay que atravesar Berkeley y San Francisco. En la pequeña ciudad universitaria merece mucho la pena visitar Moe's Books, un edificio con doscientos mil libros, nuevos, usados y antiguos; una librería con más de medio siglo de historia. Fue fundada por Moe Moskowitz en 1959, de modo que se consolidó como proyecto cultural en los políticos años sesenta y con protestas contra la Guerra de Vietnam. En 1968 el librero fue arrestado por vender títulos escandalosos (como cómics de Robert Crumb y libros de Valerie Solanas). Tras su deceso en 1997 fue su hija Doris quien tomó el timón, que ahora comparte con su propio hijo Eli, tercera generación de libreros independientes. Y en la vecina San Francisco nos esperan cuatro importantes librerías californianas: la más antigua del estado (Books Inc.), la más famosa del país (City Lights), tal vez la más fascinante que conozco (Green Apple Books) y una de las más interesantes, en términos de arte y de comunidad, que he visitado (Dog Eared Books).

La historia de la primera retrotrae hasta mediados del siglo XIX, en plena fiebre del oro, cuando en 1853 el viajero suabo Anton Roman comenzó a vender libros e instrumentos musicales a los mineros de Shasta City, en un comercio llamado Shasta Book Store, frente al El Dorado Hotel, cuyos horizontes pronto expandió con la Roman's Picture Gallery, no en vano aquello era el desierto y todo estaba por hacer: la cultura, la historia, la música, la imaginación de la frontera. Cuatro años más tarde se mudó a San Francisco, donde el negocio de texto e imagen fue ampliado con el de la impresión y edición propias. Desde entonces ha cambiado de emplazamiento y de nombre tantas veces que lo único que ciertamente permanece es un eslogan: «La librería independiente más antigua del Oeste».

Sobre el establecimiento que todavía hoy regenta el poeta Lawrence Ferlinghetti ya se ha hablado en este libro, con esa conexión francesa que encontramos una y otra vez en la historia de la cultura estadounidense. Por supuesto, se ubica en el centro de la ciudad: al lado de Chinatown y de Little Italy y de la mayoría de los iconos turísticos. Green Apple Books, en cambio, está en una periferia posible: en la arteria principal del mestizo barrio de Clement. Aparece en la novela *La familia real,* de William T. Vollmann, como lo que es realmente: el lugar donde acudir en busca de respuestas. En el caso del personaje novelesco, abre las Escrituras Budistas y lee: «Las cosas no van ni vienen, tampoco aparecen o desaparecen, ni siquiera uno las consigue o las pierde.» Y yo, sin embargo, que en mi primera visita a San Francisco peregriné con devoción a City Lights porque todavía creía en el pasaporte invisible, cuando regresé diez años más tarde y me llevaron a Clement Street, sentí que ganaba algo que no iba a perder.

Porque en su armonía entre libros nuevos y usados, en su calculada improvisación, en sus decenas de pasillos, pasadizos, desniveles, conexiones y tramos de escaleras, en sus decenas de reseñas manuscritas que guían a los lectores y clientes en su elección inminente, en su suelo de madera, Green Apple Books muestra sin ambages su vocación de librería próxima y tradicional. Una librería está constituida, sobre todo, por lo que destaca: los pósters, las fotografías, los libros recomendados o expuestos con énfasis particular. En Green Apple Books tienen enmarcada la *Open Letter* de Hunter S. Thompson, que llegó a San Francisco a mediados de los años sesenta atraído por el magnetismo del movimiento hippie. Las escaleras están presididas por un enorme mapa de los Estados Unidos; pero también hay una sección en la entrada, llamada Read the World, donde se exponen y recomiendan novedades en traducción. Y la pared derecha de la planta baja es un verdadero museo de máscaras africanas y asiáticas, obra de Richard Savoy, que abrió el negocio en 1967, cuando tenía apenas veinticinco años de edad y su única experiencia era como técnico de radio de American Airlines. Pero sobre todo hay lectura. Porque en la laberíntica librería de Clement Street te encuentras, agazapados, casi escondidos, como confinados en los cubículos de un monasterio budista o en las catacumbas de los primeros cristianos, en silencio, de todas las edades y condiciones, de pie, en cuclillas o sentados: lectores. Y eso no tiene precio.

Una librería es una comunidad de creyentes. En ninguna está mejor representada esa idea que en Dog Eared Books, que desde 1992 ha creado una auténtica atmósfera empática con los habitantes de Mission District. Además de revistas, libros, discos y obra gráfica, en el escaparate de esa esquina encontramos la perfecta representación del vínculo de cariño y respeto que una librería debe crear con sus clientes lectores: un altar de muertos que cada semana actualiza la artista Verónica de Jesús. En él conviven vecinos anónimos, amigos personales, escritores y estrellas pop. Lectores famosos o desconocidos hermanados por la muerte y homenajeados en una librería que, sobre todo, se siente parte de un barrio.

En una estantería de Green Apple Books alguien pegó la fotografía de Marilyn Monroe leyendo el *Ulises*. El Cuerpo de Hollywood leyendo la Mente de un escritor irlandés exiliado en Trieste o en París. Los Estados Unidos leyendo Europa. En la vieja comedia musical *Una cara con ángel* ese tipo de binomios sufrió una interesante vuelta de tuerca. Por indicación de su editor, un fotógrafo de moda encarnado por Fred Astaire debe encontrar una nueva modelo que aúne belleza y pensamiento, alguien cuyas ideas «sean tan buenas como su aspecto». La librería Embryo Concepts de Greenwich Village –inventada en un plató de

Hollywood– es el lugar donde se lleva a cabo la operación de busca y captura: en ella conocerá a Jo Stockton, una bellísima filósofa aficionada (la cara y la piel de Audrey Hepburn), a quien convencerá para que lo acompañe a París a un festival de moda. Ella aceptará, pero no porque le atraiga la fotogenia, sino porque así podrá asistir a las clases de un filósofo experto en *empaticalismo*. Es interesante la inversión de roles tradicionales en una película de 1957: él representa la superficialidad y ella la profundidad. Pero al final, como corresponde en un musical, se dan un beso que borra, o al menos congela, todos los desencuentros precedentes. En *Notting Hill* la situación de partida es la inversa: él (Hugh Grant) regenta una librería independiente especializada en viajes y ella (Julia Roberts) es una actriz de Hollywood. Mientras ella curiosea, tras entrar por primera vez en su establecimiento (la ficcional Travel Book Company es en la realidad una tienda de zapatos llamada ahora Notting Hill), él acaba de pillar a un ladrón de libros, a quien educadamente informa sobre sus opciones de compra o devolución del ejemplar que lleva en el pantalón. Es el ladrón quien reconoce a la actriz famosa y le pide un autógrafo; el librero, en cambio, solamente se enamora de ella.

Como ámbito erótico, toda librería es por excelencia un lugar de encuentro: entre libreros y libros, entre lectores y libros, entre lectores y libreros, entre lectores viajeros. El carácter de familiaridad que comparten todas las librerías del mundo, su naturaleza de refugio o de burbuja, hace que en ellas sea más probable que en otros espacios el acercamiento. Esa sensación extraña de saber por el título que ese libro, publicado en árabe o en japonés, es de Tolstói o de Lorca, o por la foto del autor o por algún tipo de intuición. Esa experiencia compartida de haberte reencontrado con alguien en alguna librería del mundo. Por eso no es de extrañar que el enamoramiento en una librería constituya un consolidado *topos* literario y cinematográfico. En la secuela *Antes del atardecer* los dos protagonistas de *Antes del amanecer*, el relato de las horas de ensueño que compartieron en Viena nueve años antes, mientras realizaban por separado sendos viajes en tren por Europa, se reencuentran en la librería Shakespeare and Company. Azar objetivo: él se ha convertido en escritor y ése es el lugar donde los autores norteamericanos presentan su libro en París. El momento en que él la reconoce posee la magia de la representación erótica clásica. Mientras cuenta al público el argumento de una historia que quisiera escribir, un libro hecho de un presente mínimo y máximos recuerdos, que durara lo que una canción pop, mediante flashbacks accedemos a la historia en clave de la que esa otra historia superficial estaría en realidad dando cuenta, fragmentos de la película precedente, de aquella noche vienesa. Entonces él se vuelve hacia la derecha y la ve. La reconoce al instante. Se pone muy nervioso. Dispondrán de nuevo sólo de algunas horas para retomar el hilo que dejaron suelto casi una década antes. En nuestro cambio de siglo predomina el romanticismo que envuelve a la idea de librería, que ha hecho de ella un símbolo de la comunicación, de la amistad, del amor, como se pueden observar en otros productos de la cultura popular, desde las novelas *La sombra del viento* y *La librería de las nuevas oportunidades* hasta las comedias románticas *Recuérdame* y *Julie & Julia*, ambas con escenas filmadas en Strand, y sobre todo *Tienes un e-mail*, donde una librería independiente es amenazada por la sucursal de una cadena que acaban de abrir a su lado y, simultáneamente, quien regenta la primera (Meg Ryan) y el director de la segunda (Tom Hanks) mantienen una relación epistolar sin conocer ni sus caras ni sus nombres.

El eros platónico: el amor al conocimiento. En un capítulo de la primera temporada de la teleserie *El ala oeste
de la Casa Blanca* se muestra el despliegue policial que hay
que llevar a cabo cada vez que al presidente Bartlet se le
ocurre ir a comprar libros antiguos, a los que profesa verdadero amor. La mayoría de los volúmenes que se van espigando son decimonónicos o de principios del siglo pasado y bastante peculiares: sobre la caza del oso, sobre el
esquí alpino, Fedro, Lucrecio. En la ficción contemporánea la librería significa el espacio del tipo de conocimiento
que no puede encontrarse en las instituciones oficiales
–Biblioteca, Universidad–, porque al ser un negocio privado escapa de la regulación y porque los libreros son todavía más freaks que los bibliotecarios o los profesores
universitarios. Por eso el género fantástico y el de terror
han hecho de la librería regentada por un sabio atípico,
que atesora informaciones exquisitas y prohibidas, una
constante equivalente a la tienda anticuaria con una habitación o un sótano secretos. Varios cómics de este siglo in-

169

sisten en esa idea de la librería como archivo clandestino, como *The Boys*, de Garth Ennis y Darick Robertson, donde el sótano de una tienda de cómics salvaguarda la memoria real sobre el mundo superheroico; o *Neonomicon*, de Alan Moore, en cuya librería se pueden comprar todo tipo de títulos de magia y sadomasoquismo. Este pasaje del relato «La batalla que dio fin al siglo», de Lovecraft, ilustra a la perfección esa idea de la circulación alternativa de una subcultura al margen del sistema:

> El informe del señor Talco sobre los acontecimientos, ilustrado por el famoso artista Klarkash-Ton (quien esotéricamente representó a los luchadores como hongos sin huesos) se imprimió –tras múltiples rechazos por parte del exigente editor de *El Robabolsas de Ciudad Ventosa*– como folleto, financiado por W. Peter «Chef». Dicho folleto, gracias a los esfuerzos de Otis Adelbert Kline, fue por último puesto a la venta en la librería «Embarradura y Llanto», hasta que al fin tres copias y media fueron vendidas gracias a la tentadora descripción para catálogo proporcionada por Samuel Filántropo, Esq.

Pero no sólo el ocultismo, la magia, la religión o los libros prohibidos por la Inquisición o por las dictaduras se encuentran en las recámaras y los sótanos de las librerías, cualquier título que tenga el aura de lo secreto, de lo poco conocido, de libro solamente para los *happy few*, la inmensa minoría, los *connaisseurs*, los iniciados, puede ocupar esa cripta de la reliquia o de la caja fuerte. Al publicarse, la gran mayoría de los libros son de acceso democrático: su precio se calcula según factores de presente. Con el paso de los años, según *la fortuna* de la obra y del autor, según su rareza o su aura, según su vigencia como clásico y su poder de mito, el precio se dispara y entra en una dimensión aristocrática, o se rebaja hasta valer lo mismo que el despojo o la basura. Un libro puede ser objeto de persecución tanto por sus poderes mágicos como por su poder de mercado, a menudo entremezclados. Cuando George Steiner, por ejemplo, rememora su descubrimiento de la obra de Borges, lo hace en estos términos:

> Recuerdo a uno de los primeros conocedores de la obra de Borges mostrándome, en la cavernosa trastienda de una librería de Lisboa –y esto ocurrió en los primeros años de la década de los cincuenta– la traducción de Borges de *Orlando* de Virginia Woolf, su prólogo a una edición argentina de *La metamorfosis* de Kafka, su importantísimo ensayo sobre el lenguaje artificial inventado por John Wilkins publicado en *La Nación* el 8 de febrero de 1942, y *El tamaño de mi esperanza*, el más raro de todos los tesoros, una compilación de ensayos breves publicada en 1926 pero que, según los deseos del propio Borges, no ha vuelto a ser editada. Estos pequeños objetos me fueron mostrados con un ademán de meticulosa arrogancia. Y con razón. Yo había llegado tarde al lugar del secreto.

En París, la librería Alain Brieux hace convivir en el mismo espacio libros y láminas antiguas con cráneos humanos e instrumental quirúrgico del siglo XIX. Un auténtico gabinete de curiosidades. El imaginario de la librería anticuaria como depósito de extrañezas bascula entre los referentes reales y los escenarios de la imaginación, como todo lo que afecta a ese impulso humano que llamamos *ficción*. La librería Flourish & Blotts, en el callejón Diagon, de acceso secreto y justo detrás de la londinense Charing Cross Road, es uno de los establecimientos donde Harry Potter y el resto de estudiantes para mago acuden a surtirse de material escolar al inicio de cada curso. Para el rodaje de la versión cinematográfica se utilizó como escenario la Livraria Lello & Irmão de Oporto. La librería de Monsieur Labisse en *La invención de Hugo*, de encanto similar, fue en cambio fabricada ex profeso para la película. Para ello fueron necesarios 40.000 libros. En un estudio de Hollywood fue también donde Alfred Hitchcock replicó la librería The Argonaut de San Francisco para el rodaje de una célebre escena de *Vértigo*. En el guión se describe el local, rebautizado como The Argosy, en los términos que hemos ido viendo: énfasis en su antigüedad, escena crepuscular, saturación de viejos volúmenes que aseguran un conocimiento marginal y, sobre todo, la especialización en la California de los pioneros que justifica la visita de Scottie, en su búsqueda de datos sobre «la triste Carlota», como la define Pop Leibel, el librero ficcional inspirado en el auténtico Robert D. Haines, quien se convirtió en amigo de Hitchcock a partir de las visitas de éste a The Argonaut. «Ella murió», prosigue Leibel. «¿Cómo?», inquiere Scottie. «Por su propia mano», responde el librero, y sonríe con tristeza: «Hay tantas historias...» En la acotación se lee: «Ha oscurecido en el interior de la librería y las figuras se han reducido a siluetas.»

Descubro ahora en la red que la librería Book City de Hollywood ha sido cerrada. Era un enorme almacén de volúmenes de segunda mano y de saldo, una especie de réplica de Strand en la Costa Oeste, a tiro de piedra del Paseo de las Estrellas. Vendían también guiones. Había grandes cajas de cartón llenas de ellos, a diez, a cinco, a un dólar: a precio de *pulp*, de pulpa, guiones mecanografiados, grapados, guiones que nunca se filmaron, que quizá ni siquiera se leyeron, comprados a peso a las productoras que los recibían y los reciben en exceso, con portadas negras y blancas, opacas y transparentes, de plástico, encuadernados con espirales de plástico, el mismo plástico que tanto le gustaba a Andy Warhol.

Está leyendo *Ulises*, de James Joyce, en circunstancias sospechosas, dado que lee el mismo libro –el mismo ejemplar– en sitios diferentes y vestida de manera distinta, como si leyera además la misma página a partir de la cual ya no puede avanzar porque no puede salir de ella, o porque no puede regresar al interior del libro, como si en el primer caso estuviera viviendo el fin de una era de lectura (una despedida de la última página legible) y, en el segundo, el principio de otra (la llegada al mundo de la ilegibilidad).

JUAN JOSÉ BECERRA,
La interpretación de un libro

8. AMÉRICA (Y 2): DE NORTE A SUR

> Era una pequeña librería de la rue du Cher-
> che-Midi, era un aire suave de pausados giros,
> era la tarde y la hora, era del año la estación
> florida, era el Verbo (en el principio), era un
> hombre que se creía un hombre. Qué burrada
> infinita, madre mía. Y ella salió de la librería
> (recién ahora me doy cuenta de que era como
> una metáfora, ella saliendo nada menos que
> de una librería) y cambiamos dos palabras y nos
> fuimos a tomar una copa de pelure d'oignon a
> un café de Sèvres-Babylone.
>
> JULIO CORTÁZAR, *Rayuela*

La Livraria Leonardo da Vinci de Río de Janeiro debe
de ser la más poetizada del mundo. Márcio Catunda le dedicó el poema «A livraria», en que describe el pasaje que
conduce a sus entrañas en el subsuelo del Edifício Marquês
de Herval, esos escaparates rabiosamente iluminados para
crear días artificiales. Me lo fotocopió Milena Piraccini,
su directora, con quien recuerdo que conversé sobre la historia de una institución que el año anterior –estábamos a
finales de 2003– había cumplido medio siglo de existencia.
Nos encontrábamos junto a sendas mesas de escritorio,
donde dos grandes calculadoras hacían las veces de falsas
cajas registradoras, la informática proscrita, junto a la colección completa de La Pléiade. Su madre, Vanna Piraccini, italiana de padre rumano, se hizo cargo oficialmente del
negocio en 1965, tras la muerte de su marido Andrei Du-
chiade, pero fue ella quien llevó el timón desde el princi-

pio. Vanna se enfrentó a las mayores adversidades de la historia del comercio y las superó: las recesiones económicas, la larga dictadura militar y el incendio que en 1973 destruyó la tienda por completo. Su amigo Carlos Drummond de Andrade escribió: «La tienda subterránea / expone sus tesoros / como si los defendiese / de hambrunas apresuradas.

Desde 1994, en la misma galería subterránea, justo enfrente, hay otra librería también llamada a ser histórica: Berinjela. Fundada por Daniel Chomski –según me cuenta el editor Aníbal Cristobo, que vivió en Río a principios de siglo–, «es un local que me recuerda el de la película *Smoke:* un punto de encuentro de escritores que tan pronto puede convertirse en un sello discográfico como en una editorial (responsable de los cuatro números de *Modo de usar,* quizás la mejor revista de poesía contemporánea de Brasil) o en un reducto casi clandestino para la organización de campeonatos de *futebotão,* un deporte misterioso». Entre ambos establecimientos se genera una energía parecida –supongo– a la que en su día se pudo vivir en la Rue de l'Odéon. Pero subterránea.

A la Livraria Leonardo da Vinci también le está dedicado otro poema, «A cidade e os livros», de Antônio Cícero, que también conservo fotocopiado y traduzco:

> Río parecía inagotable
> a aquel adolescente que era yo.
> Entrar solo en el ómnibus Castelo,
> saltar al fin de la línea, andar sin miedo
> hacia el centro de la ciudad prohibida,
> en medio de la multitud que no notaba
> que yo no le pertenecía, y de repente,
> anónimo entre anónimos, sentir

eurórico que sí, que pertenecía
a ella, y ella a mí, entrar en callejones,
pasajes, avenidas, galerías,
cines, librerías: Leonardo
da Vinci Larga Rex Central Colombo
Marreca Íris Meio-Dia Cosmos
Alfândega Cruzeiro Carioca
Marrocos Passos Civilização
Cavé Saara São José Rosário
Passeio Público Ouvidor Padrão
Vitória Lavradio Cinelândia:
lugares que antes no conocía
se abrían en esquinas infinitas
de calles en lo sucesivo ampliables
por todas las ciudades existentes.

Livraria Leonardo da Vinci   Desde 1952
www.leonardodavinci.com.br • info@leonardodavinci.com.br
Av. Rio Branco, 185 subsolo • Rio, RJ • Tel.: 55(21)2533-2237

Ésa es la mirada del adolescente hacia la ciudad y sus espacios y su cultura. Una mirada erotizada que devora. Para Juan García Madero la poesía –al principio– se encuentra en la Facultad de Filosofía y Letras de la UNAM y en su habitación de la colonia Lindavista, pero pronto se desplaza hacia ciertos bares y cafés y casas realvisceralistas y librerías donde los días de soledad, a falta de alguien con quien conversar, anestesiar el hambre. En las primeras páginas de *Los detectives salvajes* de Roberto Bolaño la literatura se sexualiza: no podría ser de otro modo tratándose de protagonistas adolescentes. Juan descubre un poema de Efrén Rebolledo, lo recita, imagina a una camarera cabalgándolo y se masturba varias veces. Poco después una de las reuniones literarias deriva en una mamada. Mientras que la bebida y el sexo presiden la literatura nocturna, la diurna está marcada por las librerías, en cuyo laberinto trata de encontrar «a dos amigos desaparecidos»:

Ya que no tengo nada que hacer he decidido buscar a Belano y a Ulises Lima en las librerías del D. F. He descubierto la librería de viejo Plinio el Joven, en Venustiano Carranza. La librería Lizardi, en Donceles. La librería de viejo Rebeca Nodier, en Mesones con Pino Suárez. En Plinio el Joven el único dependiente era un viejito que después de atender obsequiosamente a un «estudioso del Colegio de México» no tardó en quedarse dormido en una silla colocada junto a una pila de libros, ignorándome soberanamente y al que robé una antología de la *Astronómica* de Marco Manilio, prologada por Alfonso Reyes, y el *Diario de un autor sin nombre*, de un escritor japonés de la Segunda Guerra Mundial. En la librería Lizardi creo que vi a Monsiváis. Sin que se diera cuenta me acerqué a ver qué libro era el que estaba hojeando, pero a llegar junto a él, Monsiváis se dio la vuelta, me miró fijamente, creo que esbozó una sonrisa y con el libro bien sujeto y ocultando el título se dirigió a hablar con uno de los empleados. Atizado por su actitud, sustraje un librito de un poeta árabe llamado Omar Ibn al-Farid, editado por la universidad, y una antología de poetas jóvenes norteamericanos de City Lights. Cuando me marché Monsiváis ya no estaba.

El pasaje pertenece a una serie (los días 8, 9, 10 y 11 de diciembre de la primera parte, «Mexicanos perdidos en México (1975)») consagrada a la dimensión libresca del D.F. Y a la bibliocleptomanía: esa práctica tan vieja como los propios libros. Se suceden las descripciones de las visitas a la librería Rebeca Nodier, la del Sótano, la Mexicana, la Horacio, la Orozco, la Milton, El Mundo y la Batalla del Ebro, cuyo «dueño es un español viejito llamado Crispín Zamora», a quien le confiesa «que robaba libros porque no tenía dinero». En total: dos libros que le regala don Crispín y veinticuatro libros que roba en tres días. Uno de ellos es de Lezama Lima: nunca sabremos el título. Es de recibo que en una novela de formación aparezca la librería vinculada a la voracidad del deseo. En *Paradiso*, uno de los personajes sufre una disfunción sexual relacionada con los libros y un amigo le gasta una broma, justamente, en una librería:

Cuando entró el librero, le preguntó: –¿Ya llegó el Goethe de James Joyce, que acaban de publicar en Ginebra? –el librero le hizo un guiño, sabiendo el tono burlón de su pregunta. –No, todavía no, aunque lo estamos esperando en estos días. –Cuando llegue guárdeme un ejemplar, le dijo la persona que hablaba con Foción, que no percibía la burla al referirse a una obra que jamás había sido escrita. La voz era espesa, con ensalivación de merengue endurecido, revelando además el sudor de sus manos y de la frente la violencia de sus crisis neurovegetativas. –En la misma colección aparece un Sartre chino, del siglo VI antes de Cristo –dijo Foción–, pídeselo al librero para que también te lo guarde. –Un Sartre chino habrá encontrado algún punto de contacto entre el wu wei y la nada de los existencialistas sartrianos.

La disparatada conversación prosigue con otros libros inventados, hasta que el interlocutor del librero abandona el establecimiento, sube por la calle Obispo y se mete en la habitación de hotel donde vive. Entonces el narrador nos cuenta que sufría «una crisis sexual que se revelaba en una falsa y apresurada inquietud cultural, que se hacía patológica ante las novedades de las librerías y la publicación de obras raras». Foción lo sabe y disfruta de esas locuras transitorias en «el laberinto», que es como llama a las librerías. La erección. El fetiche. La acumulación de mercancía. Acumular experiencias eróticas es como sumar lecturas: su rastro es virtual, pura memoria. Robar o comprar libros o que te los regalen significa poseerlos: para un lector sistemático la configuración de su biblioteca puede leerse, si no como un correlato de su vida entera, al menos como un paralelismo de su construcción como persona durante la juventud, cuando esa posesión es decisiva.

Guillermo Quijas tenía dieciocho años cuando su abuelo, el maestro y librero Ventura López, le pidió que llevara el archivo de un libro a un diseñador y que después fuera a la imprenta y que, finalmente, recogiera los ejemplares. Como por arte de magia, de unos bytes invisibles aparecieron volúmenes con páginas, olor y peso. Pero aquel título no surgía en realidad de la nada: su existencia formaba parte de una cadena de sentido que se remontaba en el tiempo hasta los años treinta del siglo XX, cuando un jovencísimo Ventura López se dejó la piel para conseguir una beca y licenciarse como Profesor Normalista de Enseñanza Rural y, algún tiempo después, como Profesor de Educación Primaria. Por impulsar una cooperativa agraria y por afiliarse en 1949 al Partido Comunista lo cesaron como docente. Entonces promovió, con algunos compañeros en situación similar, un fondo común que permitió la apertura de una librería papelería con vocación de centro cultural y proyecto alfabetizador, que acabó teniendo también una línea editorial de libros de cultura local. El Maestro falleció en 2002, pero la Proveedora Escolar todavía existe en Oaxaca, gracias a la vocación de su nieto. Sus dos sedes heredadas y las cinco nuevas conviven con el proyecto personal de Quijas, la editorial Almadía, voz árabe que significa *barca*.

Mientras que en las librerías de libros nuevos acostumbra a predominar el orden, en las de viejo lo hace el caos: la acumulación desordenada del saber. A menudo los nombres de las propias librerías sugieren esa condición. En la calle Donceles y las adyacentes nos encontramos con Inframundo, El Laberinto o El Callejón de los Milagros, librerías no informatizadas donde encontrar un libro depende exclusivamente del precario sistema de clasificación, de tu suerte o pericia y, sobre todo, de la memoria y la intuición del librero. Ecos de la gruta o de la cueva, de la librería de Zaratustra que describió Valle-Inclán –ese escritor hispanomexicano y universal, cráneo privilegiado– en *Luces de bohemia:* «Rimeros de libros hacen escombro y cubren las paredes. Empapelan los cuatro vidrios de una puerta cuatro cromos espeluznantes de un novelón por entregas. En la cueva hacen tertulia el gato, el loro, el can y el librero.» En Caracas se encuentra La Gran Pulpería del Libro, que lleva hasta sus últimas consecuencias la realidad de una librería subterránea, desbordándola: los libros se apilan en el suelo como si se hubieran derramado de las estanterías que durante años trataron de contenerlos. A su dueño, el historiador y periodista Rafael Ramón Castellanos, que fundó el negocio en 1976 y ha combinado desde entonces el trabajo como librero y la escritura, le preguntaron en una entrevista por la clasificación de la librería y respondió que los intentos de informatizarla habían fracasado y que todo estaba en su «memoria, la de mis asistentes y la de mi hijo Rómulo».

Almorzando con Ulises Milla a mediados de 2012 en un restaurante caraqueño pensé que eso era lo más cerca que jamás estaría (al menos fonéticamente) de Ulises Lima. La historia que me contó es la historia del exilio de España y de América Latina, la historia de las migraciones que poblaron ese territorio y que construyeron una cultura cuyo mapa arterial Bolaño dibujó con trazos desgarrados. Librerías que convierten el dolor, que es largo y natural y que siempre vence, en memoria particular, que es humana y breve y siempre se escabulle. Benito, Leonardo y Ulises: tres generaciones de editores y libreros con un apellido que sugiere velocidad, distancia y traducción. *Ulises Milla* –pensé en aquel restaurante de carne acompañada de queso crema y aguacate– es casi una tautología. Durante quince años se dedicó al diseño gráfico, como una estrategia para tratar de esquivar la herencia familiar. Pero diseñaba libros. Y acabó convertido en editor y en librero.

Benito Milla nació en Villena, Alicante, en 1918, y, como secretario de la Juventud Libertaria de Cataluña, formó parte del exilio republicano de 1939. Después de unos años en París, donde nació su primogénito Leonardo, su esposa le convenció («mi abuela está detrás de todas las mudanzas de mi abuelo») para que se trasladaran a Montevideo, donde comenzó con un puesto de libros en la Plaza Libertad y acabó fundando la Editorial Alfa y dirigiendo varias revistas culturales, durante quince años de vida, entre 1951 y 1967, años de crisis económica y conflictos políticos en Uruguay que desembocarían en la dictadura militar de la década siguiente. «Mi abuelo abandona Montevideo en 1967 rumbo a Caracas para hacerse cargo de la recién creada Monte Ávila Editores», me contó. «Alfa sigue en Montevideo en manos de mi padre y en 1973 nos mudamos a Buenos Aires con la editorial a cuestas, de donde tenemos que rajar por la llegada de los milicos luego de la muerte de Perón; no fue hasta 1977 cuando Leonardo desembarca en Caracas y comienza el periodo venezolano de Alfa, que, por avatares administrativos, tuvo que llamarse Alfadil.» El proyecto del abuelo aún habría de contar con una tercera fase en Barcelona («mi abuela es catalana») a partir de 1980 y hasta su muerte en 1987, como socio de la editorial Laia. Que acabó mal. Cerrando el círculo. Como si los círculos, que son espacios concretos, pudieran cerrarse en el tiempo múltiple de los universos paralelos. Fue el editor de Juan Carlos Onetti, de Eduardo Galeano, de Mario Benedetti, de Cristina Peri Rossi (hay orgullo en la voz de Ulises). Del anarquismo avanzó hacia un humanismo cuya palabra clave –como ha recordado Fernando Aínsa– era *puente:* entre los seres humanos y sus lecturas, entre los países de América Latina, entre ambas orillas del Atlántico. Y entre las distintas generaciones de una misma familia: Leonardo Milla, que cuando era niño no desayunaba hasta que se vendía el primer libro del día, convirtió la Editorial Alfa en el Grupo Editorial Alfa en los años ochenta y expandió su red de librerías («pero nunca tuvo conciencia de que aquello pudiera considerarse una cadena»), con las dos sedes de Ludens y las tres de Alejandría 332 a. C. (el año en que Alejandro Magno derrotó a los persas en Egipto y emprendió la construcción de la ciudad y de su mito).

Mientras inventaba un idioma propio a partir de la taquigrafía, que llamó «la taqui» y del que se conservan numerosos escritos que aún no se han descifrado, Felisberto Hernández y su esposa, la pintora Amalia Nieto, abrieron en 1942 una librería, El Burrito Blanco, en el garaje de la

183

casa de sus suegros. Por supuesto, fue un fracaso. Montevideo es una ciudad misteriosa y la capital de un misterioso país lleno de anécdotas e historias como ésa. Algo tiene de Suiza o de Portugal en sus dimensiones y en sus velocidades. Durante el tiempo que pasé en Argentina acostumbraba a viajar cada tres meses al país vecino, para renovar mi visado de turista y para cobrar mis colaboraciones en el suplemento cultural de *El País* y para visitar sus librerías, llenas de libros argentinos descatalogados y de libros uruguayos que sólo se podían comprar en Uruguay, como los de la sede local de Alfaguara o los de Trilce. En cada nueva incursión fui descubriendo capas de una historia de migraciones periódicas. Por eso no me extrañó encontrarme con otro de sus trazos en Perú, años más tarde, en mi única visita a su capital.

En El Virrey de Lima hay un rincón con un tablero de ajedrez entre dos butacas. Los ventiladores del techo giran lentamente, como una batidora sin violencia. Todo es madera, libros y madera. Y el recuerdo lejano del exilio. Quise conocer la historia de la librería y con esa intención le pregunté a la librera si existía algún documento escrito que la resumiera. Se llamaba Malena. Me dijo que tenía que hablar con su madre y me dio el e-mail de Chachi Sanseviero, a quien escribí enseguida con la intención de entrevistarla. No fue posible, excusó una afonía, pero me adjuntó en su respuesta el texto que había escrito a petición de *Cuadernos Hispanoamericanos*. El Virrey de Lima abrió sus puertas en 1973 con los ahorros previstos para un largo exilio uruguayo. En su logo se ve al Inca Atahualpa con un libro en una mano y un quipu en la otra: los dos sistemas de comunicación de las dos culturas, la impuesta y la original, en un único cuerpo asimilado. Parece ser que el líder inca, al enterarse de que aquel libro se vendía como la auténtica historia del dios verdadero, lo lanzó al suelo para reafirmar que la verdad estaba del lado de su propio panteón. En su texto Chachi habla del librero como de alguien que siempre posterga la lectura y convierte los libros en «eternos candidatos», «porque, salvo particulares excepciones, nunca termina de leerlos». Los hojea, comienza la lectura, se los lleva al mostrador, quizá incluso a su casa, al escritorio o a la mesita de noche, donde finalmente tampoco los acabará de leer.

La tradición familiar volvió a bifurcarse o hizo una inesperada pirueta en 2012, cuando Malena y su hermano Walter abrieron su propia librería, Sur, con la misión de seguir el camino que les había marcado su padre, Eduardo. Veo en la red que se trata de una librería encantadora, en que las líneas rectas de las estanterías de las paredes y las curvas de las mesas de novedades se alían para darle al libro un protagonismo absoluto. A veces pienso que Internet es el limbo donde me esperan las librerías que todavía no he podido conocer. Un limbo de espectros virtuales.

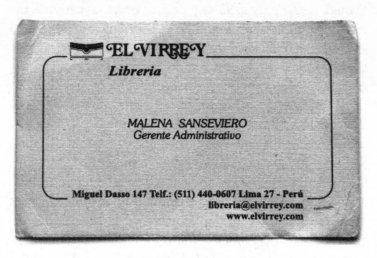

EL VIRREY
Librería

MALENA SANSEVIERO
Gerente Administrativo

Miguel Dasso 147 Telf.: (511) 440-0607 Lima 27 - Perú
libreria@elvirrey.com
www.elvirrey.com

«En 1999, después de volver de Venezuela», escribió Bolaño en referencia a la concesión del Premio Rómulo Gallegos, «soñé que me llevaban a la casa en donde estaba viviendo Enrique Lihn, en un país que bien pudiera ser Chile y en una ciudad que bien pudiera ser Santiago, si consideramos que Chile y Santiago alguna vez se parecieron al infierno.» Después de pasar los años cruciales de la adolescencia en Ciudad de México, en una ruta inversa a la que hiciera Ernesto Guevara veinte años antes que él, Bolaño descendió en 1973 por tierra hasta Chile, con la intención de apoyar la revolución democrática de Salvador Allende. Fue detenido pocos días después del golpe de Pinochet y se salvó de una muerte probable gracias a que uno de los policías que lo custodiaba había sido compañero suyo en el colegio. Regresó a México también por tierra, para acabar de vivir las experiencias que luego nutrirían su primera obra maestra. Hacía tres meses que había muerto cuando llegué a la capital chilena. En la librería del Fondo de Cultura Económica compré las ediciones de Planeta de *La pista de hielo* y de *La literatura nazi en América*. En ésta, las dos biografías más extensas pertenecen a «los fabulosos hermanos Schiaffino» (Italo y Argentino, alias El Grasa) y a Carlos Ramírez Hoffman (alias El Infame). Dos argentinos y un chileno.

Aunque pasó la mayor parte de su vida en México y en España y, por extensión, ésos son los dos principales paisajes geográficos y vitales de su obra, en lo que al canon respecta Bolaño se movió sobre todo en el Cono Sur. Como latinoamericanista leyó a fondo la obra de todo el continente, como catalán y español de adopción leyó a sus contemporáneos, como apasionado de la poesía francesa aprendió de sus grandes maestros, como lector compulsivo devoró cuanto título de la literatura universal se le puso por delante, durante su juventud mexicana combatió la figura de Octavio Paz, lo que esa figura –en términos de política cultural– significaba, durante su vida adulta fue encontrando enemigos periódicos, traducciones literarias de aquellos ejércitos contra los que combatía en sus reuniones de Blanes con aficionados a los juegos de guerra y estrategia; pero se sentía ante todo parte de la tradición del Cono Sur –si esa tradición realmente existe– y en su ambicioso cerebro de escritor esa tradición se dividía en dos: la poética y la narrativa. Chile y Argentina. Como poeta, Bolaño se sentía cerca de Lihn y de Nicanor Parra. Y cerca y lejos, a un mismo tiempo, de Pablo Neruda, que representa para la poesía chilena lo mismo que Borges para la narrativa argentina: son Monstruos, Padres, Saturnos devoradores de hijos. No deja de ser curioso que Rulfo no fuera percibido así por los escritores mexicanos de la segunda mitad del siglo pasado y en cambio Paz sí tuviera esa dimensión portentosa y castradora (e incluso Carlos Fuentes). A menudo me pregunto qué hubiera pasado si Rulfo se hubiera convertido en el modelo principal de los escritores hispanoamericanos de nuestro cambio de siglo y hubiera ocupado el lugar que la historia le reservó a Borges. Juan Rulfo, el rural, el anacrónico, el minimalista, el que miraba al pasado, el que creía en la Historia, el que dijo no, en el lugar de Jorge Luis Borges, el urbano, el moderno, el preciso, el que miraba al futuro, el que despreciaba la Historia, el que dijo sí. En «Carnet de baile», Bolaño cuenta la historia de su ejemplar de *Veinte poemas de amor y una canción desesperada*, que recorrió un largo camino «por diversos pueblos del sur de Chile, después por varias casas de México DF, después por tres ciudades de España»; y cuenta que a los dieciocho leyó a los grandes poetas latinoamericanos y que sus amigos se dividían entre vallejianos y nerudianos y que él «era parriano en el vacío, sin la menor duda» y que «hay que matar a los padres, el poeta es un huérfano nato». La poesía chilena, en ese texto, se organiza según parejas de baile: «Los nerudianos en la geometría con los huidobrianos en la crueldad, los mistralianos en el humor con los rokhianos en la humildad, los parrianos en el hueso con los lihneanos en el ojo.» Su alianza con Parra y con Lihn sufre la fisura de Neruda, la grieta por la que se cuela la inmensidad nerudiana, esa influencia de la que ningún poeta en nuestra lengua puede escapar. En «Carnet de baile» la constatación de las contradicciones políticas de Neruda conducen a un excurso alucinado sobre Hitler, Stalin y el propio Neruda y a un pasaje genuinamente bolañesco sobre la represión institucional y las fosas comunes y las Brigadas Internacionales y los potros de tortura:

58. Cuando sea mayor quiere ser nerudiano en la sinergia. 59. Preguntas para antes de dormir. ¿Por qué a Neruda le gustaba Kafka? ¿Por qué a Neruda no le gustaba Rilke? ¿Por qué a Neruda no le gustaba De Rokha? 60. ¿Barbusse le gustaba? Todo hace pensar que sí. Y Shólojov. Y Alberti. Y Octavio Paz. Extraña compañía para viajar al Purgatorio. 61. Pero también le gustaba Éluard, que escribía poemas de amor. 62. Si Neruda hubiera sido cocainómano, heroinómano, si lo hubiera matado un cascote en el Madrid sitiado del 36, si hubiera sido amante de Lorca y se hubiera suicidado tras la muerte de éste, otra sería la historia. ¡Si Neruda fuera el desconocido que en el fondo verdaderamente es!

Cuando su hermana le regaló el libro de Neruda, Bolaño estaba leyendo la obra completa de Manuel Puig. En la práctica del cuento fue en «Sensini» (de *Llamadas telefónicas)* donde mejor definió su filiación con la narrativa comprometida, de izquierdas y artística argentina, a través de la figura de Antonio Di Benedetto. En la teoría del ensayo fue en «Derivas de la pesada» donde el chileno se posicionó respecto a la tradición narrativa argentina, abordando sin tapujos la cuestión del canon. Repetidamente Bolaño recordó su deuda con Borges y con Cortázar, sin quienes no se entiende la ambición enciclopédica de su obra, su trabajo con la autoficción y con el cuento o las estructuras –en los caminos abiertos por *Rayuela*– de *Los detectives salvajes* y de *2666*. Fue sobre todo en ese texto donde, para reivindicarse como su máximo heredero, llevó a cabo una drástica crítica de sus contemporáneos argentinos a través de los atajos o los rodeos que escogieron para esquivar la centralidad borgeana: los que siguieron a Os-

valdo Soriano, los que vieron en Roberto Arlt el Antiborges, los que reivindicaron a Osvaldo Lamborghini. Es decir, muchos escritores que no se mencionan, Ricardo Piglia y César Aira.

Durante los tres o cuatro días que pasé en Santiago decidí, sin duda precipitadamente, que la librería que más me interesaba de la ciudad era Libros Prólogo. Anoté entonces:

> No es tan grande como la Librería Universitaria de la Alameda (con su suelo enmoquetado y su look años setenta) ni como la cadena Feria Chilena del Libro, ni tiene el encanto de las librerías de viejo de la calle San Diego, pero Prólogo posee un buen fondo y se encuentra en la calle Merced, al lado de un cine, teatro y café, y cerca de los anticuarios y las librerías de viejo de la calle Lastarria.

No conservo más apuntes. En mi memoria es un lugar de resistencia, un centro que abonó la vida cultural durante la dictadura, pero no dispongo de modo alguno de comprobarlo ni, por tanto, de saberlo. Ni rastro en los buscadores. Quizá fuera un delirio de viajero seducido por *Nocturno de Chile*, la novela en que Bolaño construye el discurso alucinante del sacerdote Sebastián Urrutia Lacroix, que bajo el seudónimo de Ibacache celebra la poesía reaccionaria y salvaje de Ramírez Hoffman en *Estrella distante*, y que en el tramo final de la ficción evoca las lecciones de teoría política a la Junta Militar y las tertulias literarias en casa de Mariana Callejas. El personaje está inspirado en el sacerdote del Opus Dei José Miguel Ibáñez Langlois, que en *El Mercurio* firmaba con el seudónimo de Ignacio Valente, autor de libros de teoría filosófica y teológica *(El Marxismo: visión crítica, Doctrina social de la Iglesia)*, de crítica literaria *(Rilke, Pound, Neruda: Tres claves de la poesía contemporánea, Para leer a Parra, Josemaría Escrivá, como escritor)* y de poesía con tendencia al oxímoron en el título *(Poemas Dogmáticos)*. No sólo fue el crítico literario más importante durante la dictadura y la transición, también impartió un seminario sobre marxismo a la Junta Militar. Es decir, tuvo a Pinochet como alumno. Pinochet: el lector, el escritor, el amante de las librerías. Ricardo Cuadros ha escrito:

> Ibáñez Langlois nunca ha reconocido ni negado su asistencia a las veladas literarias de Mariana Callejas en el caserón del barrio alto santiaguino que compartía con su marido, el agente de la DINA Michael Townley, aquellas reuniones fueron reales y en los sótanos del caserón fue torturado hasta la muerte, entre otros, Carmelo Soria, funcionario español de la ONU.

Ese sótano de una casa tomada es la antítesis exacta de lo que la gran mayoría de las librerías del mundo han sido y siguen siendo y serán. Hubo y hay librerías con el nombre del cuento de Cortázar en varias ciudades (Bogotá, Lima, Palma de Mallorca...), porque el título se ha emancipado del contenido del texto y ha pasado a significar «espacio tomado por libros». Pero el relato, en cambio, habla de cómo éstos desaparecen. El narrador de «Casa tomada» se lamenta de que desde 1939 no lleguen novedades a las librerías francesas de Buenos Aires, de modo que no puede seguir nutriendo con ellas su biblioteca. Si la interpretación política del relato es correcta y el escritor está creando una metáfora del peronismo como invasión de los reductos íntimos, no es por azar que la primera parte ocupada de la casa incluya la biblioteca. La hermana del protagonista es tejedora; él es lector. Pero a partir de esa primera ocupación la lectura va siendo borrada de su vida. Cuando la casa sea definitivamente tomada y los hermanos cierren la puerta para siempre, sólo se llevarán con ellos la ropa puesta y un reloj, ningún libro, el hilo cortado: «Cuando vio que los ovillos habían quedado del otro lado, soltó el tejido sin mirarlo.»

Cuando, una década después, regresé a Santiago de Chile, me sentí de pronto en un estado de trance, el del sonámbulo que resigue de noche los hilos que dejó, como una trama invisible, en su ruta diurna. Eran las doce del mediodía y lucía un sol rotundo, pero yo caminaba por el barrio de Lastarria al borde de la inconsciencia. Acababa de encontrar por casualidad el hostal en que me había alojado durante mi única estancia anterior: tal vez fuera aquella descarga de recuerdos eróticos la que había provocado ese deambular automático, que de pronto recubría mi piel con la del otro, el que yo fui a los veintitantos. No me extrañó llegar súbitamente a Libros Prólogo, la librería que más me había llamado la atención en aquel entonces, en aquellos días que seguían a las noches del hostal, con sus juegos y sus besos y sus sábanas revueltas. Ni ver tras el mostrador a Walter Zúñiga, como si me hubiera estado esperando con la misma camisa y las mismas arrugas durante diez años.

–¿Qué lee con tanta atención? –le pregunté tras unos minutos merodeando.

–Una biografía de Fellini escrita por Tullio Kezich que compré ayer en la Feria –me respondió, esas orejas tan grandes de los ancianos que sí saben escuchar–. Es curioso, tengo este libro aquí desde hace muchísimo tiempo, dos ejemplares, es extraordinario, y nunca lo he vendido.

–Y si lo tiene, ¿por qué lo compró?

–Es que estaba tan barato...

Hablamos un rato sobre las otras sedes de la librería, que habían cerrado, y me confesó que el negocio que sí le funcionaba era el de sus librerías Karma, «especializadas en adivinación, tarot, new age y artes marciales». Le pedí el libro aquel que se había publicado recientemente sobre un proyecto cibernético pionero, durante el gobierno de Salvador Allende...

–*Revolucionarios cibernéticos* –me cortó, mientras tecleaba–. Ahora mismo no tengo ningún ejemplar, pero te lo consigo para dentro de dos días. –Y ya descolgaba el teléfono y lo estaba pidiendo a la distribuidora.

Minutos más tarde se despidió con un gesto: me ofrecía su tarjeta. Había corregido el número de teléfono con tinta negra. Era exactamente la misma tarjeta que yo tenía en mi archivo de librerías. La misma tipografía en caracteres rojos. «Libros Prólogo. Literatura-Cine-Teatro.» Fue una conexión muy fuerte con quien era yo una década antes, con aquel viajero. Todo había cambiado en la ciudad y en mí menos aquella tarjeta de visita. Tocarla me sacaba del sonambulismo, me arrancaba violentamente del pasado.

Fue natural entonces caminar medio centenar de pasos, cruzar la calle y entrar en Metales Pesados, en la frecuencia del presente. Ni un gramo de madera en el local, meras estanterías de aluminio, la librería como un gigantesco mecano que acoge los libros con la misma contundencia que una ferretería o que un laboratorio informático. Con traje negro y camisa blanca, dandi y nervio, allí estaba Sergio Parra, sentado tras una mesa de terraza de café en una silla plegable y metálica. Le pedí *Leñador,* de Mike Wilson, un libro que llevaba meses persiguiendo por el Cono Sur. Me lo alargó, la mirada escondida tras unas gafas de pasta. Le pregunté por los libros de Pedro Lemebel y entonces sí me miró.

Más tarde descubrí que él había liderado la campaña de apoyo al Premio Nacional de Literatura para Lemebel; y que eran amigos; y que eran poetas; y que eran vecinos. Pero en aquel momento sólo veía un gran póster que mostraba al cronista y performer, y todos sus libros bien expuestos, bien visibles, porque todo librero es un traficante de visibilidad. Me recomendó un par de libros de crónicas que yo no tenía, los compré, los pagué:

—Más que una librería, Metales Pesados es un aeropuerto. De pronto entra Mario Bellatin, o alguien a quien Mario u otra persona le recomendó que pasara por aquí, amigos de amigos de todas partes del mundo, muchos dejan su maleta, porque ya han hecho el check out en el hotel y aún tienen unas horas para subir al cerro o ir al Museo de Bellas Artes. Como yo prácticamente vivo aquí, pues trabajo de lunes a domingo, me he convertido en una especie de punto de referencia.

La librería como aeropuerto. Como lugar de tránsito: de pasajeros y de libros. Puro ir y venir de lecturas. Lolita, en cambio, lejos del centro, en una esquina de barrio residencial, aspiraba a que la gente se quedara. También tenía a un escritor tras el mostrador: el narrador Francisco Mouat, cuya pasión por el fútbol le ha llevado a dedicar un rincón a los libros sobre deporte. Me acompañó a la recién estrenada librería el cronista Juan Pablo Meneses y me mostró que Juan Villoro, Martín Caparrós, Leonardo Faccio y otros amigos comunes estaban allí, fragmentados, mínimamente representados por los volúmenes que han dedicado al pequeño dios redondo. Mouat tiene una mirada líquida y una gestualidad amable, acogedora, pese a su altura intimidante: no me extraña que sus tres grupos de lectura se llenen cada lunes, miércoles y viernes.

—No es mal ritmo de lectura un libro semanal —le digo.

–Ya lo respetábamos antes, en otro local; tengo lectores que me siguen desde hace años, al abrir Lolita me los he traído a esta nueva casa.

La fidelidad está en el lema: «No podemos vivir sin libros.» La fidelidad está en el logo: una perra que perteneció a la familia Mouat y que también nos mira, estampada, desde el lomo de los libros de la editorial Lolita.

Cuando el último día en Santiago visité al fin Ulises, ese local repleto de libros cuyos espejos abismales, que reflejan los anaqueles y los volúmenes hasta el infinito, te sobrevuelan y te multiplican, maravilloso techo de espejo diseñado por el arquitecto Sebastián Gray, tal vez porque me encontraba en una de las librerías más bellas y borgeanas del mundo, el cuarto vértice de un cuadrado invisible, pensé que las otras tres, Libros Prólogo, Metales Pesados y Lolita, materializaban los tres tiempos de toda librería: el pasado del archivo, el presente del tránsito, el futuro de las comunidades unidas por el deseo. Que, sumadas, configuraban la librería perfecta, la librería que me llevaría a una isla desierta.

Y me acordé de pronto de una escena que había olvidado. Una escena repetida y lejana, como eco en extinción o llamada de una caja negra en el fondo del océano y del accidente. Yo debo de tener nueve o diez años, es viernes por la tarde o sábado por la mañana, mi madre está en la carnicería o en la panadería o en el supermercado, y yo mato el tiempo en la papelería de nuestro barrio, Rocafonda, en la periferia de la periferia de Barcelona. Como no hay ninguna librería en el barrio, yo soy un auténtico adicto a los quioscos, con sus cómics de superhéroes y sus revistas de videojuegos, al estanco Ortega, que muestra una considerable colección de libros y revistas de divulgación en su escaparate, y a esta papelería de la misma calle donde viven los hermanos Vázquez y otros compañeros del colegio. No hay más de cien libros, al fondo, tras los expositores de cartulinas, postales de cumpleaños y recortables; yo me he enamorado de un manual del perfecto detective: recuerdo su portada azul, recuerdo (y la fuerza de la evocación me perturba, al salir de Ulises y subir a un taxi y dirigirme al aeropuerto) que cada semana me leía un par de páginas, de pie, cómo conseguir las huellas dactilares, cómo hacer un retrato robot, cada semana hasta que al final llegó Navidad o Sant Jordi y mis padres me regalaron aquel libro que tanto había deseado. En casa, tras leerlo, me di cuenta de que me lo sabía de memoria.

Durante gran parte de mi infancia tuve dos vocaciones, cómo pude olvidarlo: escritor y detective privado. Algo de la segunda quedó en mi obsesión por coleccionar historias y librerías. Quién sabe si los escritores tal vez no seamos, sobre todo, detectives de nosotros mismos, personajes de Roberto Bolaño.

En la terraza del Café Zurich de Barcelona, Natu Poblet, que regenta en Buenos Aires la librería Clásica y Moderna, me contaba que en 1981, cuando ella dejó la arquitectura para dedicarse al negocio familiar, con dos años aún por delante de la última dictadura, se organizaron en su local cursos de literatura, teatro y política, impartidos por quienes tenían vedada la universidad, como David Viñas, Abelardo Castillo, Juan José Sebreli, Liliana Heker, Enrique Pezzoni o Horacio Verbitsky. «Los cursos se convertían en tertulias, mi hermano y yo llevábamos vino y whisky, venía mucha gente y la conversación seguía hasta muy tarde», me dijo mientras daba cuenta de un vaso de Jameson: de ahí nació la idea de hacer convivir la librería con un bar. Significaba someterla a un giro de ciento ochenta grados. Su abuelo, el librero madrileño don Emilio Poblet, fundó en Argentina a principios del siglo XX la cadena Poblet Hnos. Su padre, Francisco, abrió en 1938 junto con su mujer, Rosa Ferreiro, Clásica y Moderna; y los hermanos Natu y Paco se hicieron cargo del negocio tras la muerte paterna en 1980. Ese año la Junta Militar ordenó quemar un millón y medio de libros publicados por el Centro Editor de América Latina. Tras siete años de actividad en las catacumbas y en la reestrenada democracia, encargaron al arquitecto Ricardo Plant la transformación radical del espacio, que desde entonces es un bar y restaurante, además de librería y sala de exposiciones y de conciertos («Los tres primeros años abrimos las veinticuatro horas del día, pero después comenzamos a tener problemas con algunos borrachos noctámbulos y decidimos limitarnos a un horario más convencional»). Desde entonces han acogido actuaciones de actores como José Sacristán o de cantantes como Liza Minnelli. El piano se lo regaló Sandro, un habitual de la Clásica y Moderna de los años locos cuya biografía puede resumirse en los títulos de algunos de sus discos: *Beat Latino, Sandro de América, Sandro... Un ídolo, Clásico, Para mamá.*

«Yo sueño muchísimo con la librería de papá», me confesó Natu Poblet mientras apuraba su vaso e iniciábamos un largo paseo por la noche barcelonesa. En Río de Janeiro, Milena Piraccini enseguida me habló de la importancia que Vanna, su madre, otorgaba al trato personal con cada uno de sus clientes, y qué rasgos de su personalidad podían explicarse según su ascendencia europea. En Caracas, Ulises Milla me resumió la historia de su familia uruguaya y me habló de otros libreros de Montevideo y de Caracas, como Alberto Conte, de quienes tanto había aprendido. Chachi Sanseviero escribe:

Mi maestro fue Eduardo Sanseviero, gran librero y discípulo de don Domingo Maestro, notable librero uruguayo. La debilidad de Eduardo fue el ajedrez, la historia y los libros antiguos. Pero también amaba la poesía y tenía el extraño don de traerlas a la tertulia en forma de chascarrillos. Comunista impenitente, en tiempos de despotismo disfrutaba organizando en su pequeño entorno conciliábulos conspirativos. Pero al final del día, volvía a su plumero y al orden de sus libros.

La tradición de los libreros es una de las tradiciones más secretas. A menudo familiar: Natu, Milena, Ulises, Rómulo, Guillermo y Malena, como tantos otros libreros, son a su vez hijos o incluso nietos de libreros. Casi todos comenzaron como aprendices en las librerías de sus padres o de otros traficantes de papel impreso. Rafael Ramón Castellanos recuerda que, cuando llegó a Caracas desde el interior de Venezuela, trabajó en una librería, la Viejo y

Raro, propiedad de un ex embajador argentino: «Más tarde, en 1962, creé mi propia librería con los conocimientos que había adquirido», la Librería de Historia que precedió a La Gran Pulpería del Libro.

¿No es acaso rara la figura del librero? ¿No es más explicable el escritor, el impresor, el editor, el distribuidor, incluso el agente literario? ¿No será esa rareza la que ha motivado la ausencia de genealogías y de anatomías? Héctor Yánover, en *Memorias de un librero*, alumbró durante lo que dura una cerilla esas paradojas:

> Éste es el libro de un librero pretencioso. Éstas son las primeras líneas de ese libro. Estas palabras constituirán las primeras de la primera página. Y todas las palabras, líneas, páginas, formarán el libro. Ustedes, hipotéticos lectores, ¿tienen idea de lo terrible que es para un librero escribir un libro? Un librero es un hombre que cuando descansa lee; cuando lee, lee catálogos de libros; cuando pasea, se detiene frente a las vidrieras de otras librerías; cuando va a otra ciudad, otro país, visita libreros y editores. Entonces un día, este hombre decide escribir un libro sobre su oficio. Un libro dentro de otro libro que irá a juntarse con los otros en los escaparates o los anaqueles de las librerías. Otro libro para acomodar, marcar, limpiar, reponer, excluir definitivamente. El librero es el ser más consciente de la futilidad del libro, de su importancia. Por eso es un hombre escindido; el libro es una mercancía para comprar y vender y él integra esa mercancía. Se compra y se vende a sí mismo.

Yánover regentó la Librería Norte de Buenos Aires y, según Poblet, fue el gran librero de la ciudad durante el último cuarto del siglo pasado. Su hija Débora lleva ahora las riendas del negocio. Fue también el responsable de una célebre colección de discos en que se podía escuchar cómo recitaban, entre otros, Cortázar y Borges. Cuando el autor de *El perseguidor* viajaba a su país convertía la Librería Norte en su centro de operaciones: pasaba en ella todo su primer día en la ciudad y era allí donde podían dejarle cartas y paquetes con libros sus admiradores. Ignoro si aquellos discos estarán en algún rincón del Archivo Bolaño, si escuchó sus voces muertas como hizo con la ópera o con el jazz. La librería que marcó la vida del autor de *Ficciones* fue no obstante la Librería de la Ciudad, que estaba al lado de su casa, en la otra acera de la calle Maipú, en el interior de ese pasaje que se llama la Galería del Este. La visitaba a diario. Dio en ella decenas de conferencias gratuitas sobre los temas que le interesaban y presentó en sus dependencias los títulos de La Biblioteca de Babel, la colección que dirigía por encargo del editor milanés Franco Maria Ricci y que coeditó parcialmente la propia librería. Borges y Cortázar no se conocieron en una librería, sino en un domicilio particular de Diagonal Norte, adonde el más joven acudió para descubrir que su cuento «Casa tomada» le había gustado tanto al maestro que ya estaba en imprenta. Se reencontraron en París, mucho tiempo después, ambos ya consagrados por la academia francesa. No he conseguido identificar la librería porteña donde en 1932 Cortázar compró *Opio*, de Jean Cocteau, el libro que cambió su obra, quiero decir, su vida. Pero sí he encontrado la entrevista de Hugo Guerrero Marthineitz en que el autor de *Nicaragua, tan violentamente dulce* trata de justificar el comportamiento de Borges durante la dictadura militar, en la que había confiado para restaurar el orden y durante la cual también se había definido como «un anarquista inofensivo» y como «un revolucionado», que estaba «contra el Estado y contra las fronteras de los Estados» (como ha señalado, entre otros, su biógrafo Edwin Williamson). Y que decidió morir en Ginebra. Las dificultades retóricas de Cortázar son similares a las que encontramos en las líneas de Bolaño sobre Neruda: «Ha escrito algunos de los mejores cuentos de la historia universal de la literatura; escribió también una *Historia Universal de la Infamia.*»

Ése es el modelo de *La literatura nazi en América*, un libro escrito desde la distancia europea. No hay nada más difícil que juzgar la complejidad: Ibáñez Langlois defendió a Neruda y a Parra, los dos padres del poeta Bolaño, e impulsó la carrera de Raúl Zurita, en cuyos poemas escritos en el cielo parece haber un modelo de parte de la obra del infame Ramírez Hoffman. No es forzado leer toda la obra de Bolaño como un intento de entender su propia biblioteca herida, perdida, recompuesta, con tantas ausencias como compañeros de viaje, atravesada por la distancia que no le dejaba comprender cabalmente lo que ocurría en Chile al tiempo que le regalaba la lucidez crítica necesaria para una lectura oblicua, biblioteca contradictoria y compleja, diezmada en las mudanzas y reconstruida en librerías europeas. Leemos en uno de los artículos recogidos en *Entre paréntesis*.

Tampoco recuerdo, por otra parte, que mi padre me haya regalado ningún libro, aunque en cierta ocasión pasamos por una librería y, a pedido mío, me compró una revista con un largo artículo sobre los poetas eléctricos franceses. Todos estos libros, incluida la revista, junto con muchos más libros, se perdieron durante mis viajes y traslados, o los presté y no los volví a ver, o los vendí o regalé. Hay un libro, sin embargo, del que recuerdo no sólo cuándo y dónde lo compré, sino también la hora en que lo compré, quién me esperaba fuera de la librería, qué hice aquella noche, la felicidad (completamente irracional) que sentí al tenerlo en mis manos. Fue el primer libro que compré en Europa y aún lo tengo en mi biblioteca. Se trata de la *Obra poética* de Borges, editada por Alianza/Emecé en el año 1972 y que desde hace bastantes años dejó de circular. Lo compré en Madrid en 1977 y, aunque no desconocía la obra poética de Borges, esa misma noche comencé a leerlo, hasta las ocho de la mañana, como si la lectura de esos versos fuera la única lectura posible para mí, la única lectura que me podía distanciar efectivamente de una vida hasta entonces desmesurada, y la única lectura que me podía hacer reflexionar, porque en la naturaleza de la poesía borgeana hay inteligencia y también valentía y desesperanza, es decir lo único que incita a la reflexión y que mantiene viva la poesía.

No hay cuestionamiento ideológico. No hay sospecha moral. Borges, sencillamente, no pertenece a la tradición revolucionaria, pero eso no le resta valor. Es menos problemático que Neruda. En *Consejos de un discípulo de Morrison a un fanático de Joyce*, Bolaño y A. G. Porta hablan insistentemente de las librerías de París: la librería como una trinchera de lectura política (el personaje lee en ella *El Viejo Topo),* la librería como invitación para el voyeur moral («Siempre me han gustado los escaparates de las librerías. La sorpresa de mirar por los cristales y encontrar el último libro del mayor de los hijos de puta o del más cazurro de los desesperados»), la librería como belleza en sí («He estado en las dos o tres librerías más hermosas que he visto jamás»). Una de ellas, aunque no se especifique, debe de ser la falsa Shakespeare and Company. Su remake. De su visita surge la idea de filmar el *Ulises* en Super-8:

> París. Lugares donde habitó Joyce. Restaurantes, Les Trianos, Shakespeare and Company –Left Bank Facing Notre-Dame– (aunque ésta no es la misma. La original estaba en el número 8 de la rue Dupuytren, primero, y después, verano de 1921, en el 12 de la rue de l'Odéon).

En «Vagabundo en Francia y Bélgica», uno de los cuentos de *Putas asesinas*, un personaje llamado B. pasea por las librerías de viejo de París y en una de la rue du Vieux Colombier encuentra «un antiguo número de la revista *Luna Park*» y el nombre de uno de sus colaboradores, Henri Lefebvre, «se ilumina de pronto como una cerilla en un cuarto oscuro», y compra la revista y sale a la calle, a perderse como hicieron Lima y Belano antes que él. Otro nombre, esta vez el de una revista, se ilumina ahora en esta página que escribo: *Berthe Trépat* fue el nombre que Bruno Montané y él escogieron para una revista a mimeógrafo que editaron en Barcelona en 1983. La luz no dura mucho, pero sí lo suficiente para que podamos leer ciertas tradiciones de escritores y de libreros, cierta genética común a la historia de la literatura y de las librerías, es decir de la cultura, siempre debatiéndose –como una falla geológica, como un temblor– entre la vela y la noche, entre el faro y el firmamento nocturno, entre la estrella distante y el oscuro dolor.

Gramsci, Trotsky, Mandel, Lenin y por supuesto Marx. En 1976 cambió el viento, y seguían vendiendo esos libros. ¿Y qué iban a hacer los libreros? ¿Destruir eso que era dinero, dinero que les había costado ganar? Los ponían bajo el mostrador y los vendían a escondidas. Varios desaparecieron por eso.

HÉCTOR YÁNOVER,
El regreso del Librero Establecido

204

9. PARÍS SIN MITOS

> Tennessee Williams se quejaba de la falta
> de fidelidad sexual de los chicos marroquíes, de
> los cuales se enamoraba mientras que junto a
> Truman Capote recorrían las calles, en busca
> de los deleites que ofrecían los bellos adoles-
> centes.
>
> ADRIÁN MELO, *El amor de los muchachos:*
> *homosexualidad y literatura*

En 1996, el director de cine y escritor Edgardo Cozarinsky estrenó la docuficción *Fantasmas de Tánger*, hablada
en francés y en árabe. El protagonista es un escritor en crisis que llega a la orilla africana persiguiendo tanto algunos
de los espectros estadounidenses que ya han aparecido en
este libro, como los franceses que los ayudaron a *mitificar*
la ciudad blanca e internacional. Su reverso lo encarna un
niño que busca el modo de emigrar a España. El Tánger literario convive en la narración con el Tánger de la pobreza, que es el del oprobio. La escritura y el turismo sexual
se interpenetran en la misma membrana, una membrana
pantanosa y empantanada, donde los límites –pese a la
apariencia– están claros: el cliente y el trabajador, el explo-
tador y el explotado, el que tiene francos o dólares y el que
aspira a tenerlos, con el francés como lengua franca entre
ambos bandos, enfrentados pese a la apariencia de diálogo.
El rastro de Foucault y de Barthes se confunde con el de
Burroughs y Ginsberg, convergentes en los burdeles donde
los jóvenes marroquíes se han prostituido desde siempre.

La dimensión documental de la película retrata a los supervivientes de aquella época supuestamente dorada, que de pronto percibimos como turbia. «Todo el mundo ha pasado por aquí», dice Rachel Muyal en la Librairie des Colonnes, «por esta librería.» Y a renglón seguido reproduce una anécdota que seguro que ha contado muchas veces: «Vi a Genet, que estaba tomando un café con Chukri, cuando llegó un limpiabotas preguntando si alguien quería lustrar sus zapatos, entonces Juan Goytisolo sacó un billete de quinientos francos. Sería un par de años antes de su muerte.» Tres mitos contemporáneos en una única estampa que sólo la librera parece querer mantener intacta. «No siento ninguna nostalgia del Tánger Internacional, fue una época miserable», dice Chukri cuando le entrevistan en la película. Y Bowles habla mal de Kerouac y del resto de los beat. Y Juan Goytisolo me contó que él nunca estuvo con Genet en Tánger. Y Rachel Muyal también me insistió años después en que yo estaba equivocado. La película de Cozarinsky está en uno de los baúles de mis viajes, es una copia en VHS que ya no puede verse. Quién sabe quién tendrá la razón, si es que la razón puede tenerse. A todo mito le llega su San Martín.

Me interesa particularmente la lectura que el autor de *El pan desnudo* hace de aquella dorada legión extranjera. Desde su punto de vista, contaminado por su dependencia económica de Paul Bowles –quien le ayudó a escribir su primer libro y lo tradujo al inglés, lanzándolo al mercado internacional–, Genet era poco menos que un impostor, no sólo porque su miseria no era comparable con la miseria real de los marroquíes, que con tanta crudeza narró el propio Chukri en sus libros autobiográficos, sino porque no hablaba ni una palabra de español, de modo que sus relatos sobre malandrismo en Barcelona o en ciertos ambien-

tes de Tánger no podían ser tomados en serio. A Bowles lo
bautizó como «el recluso de Tánger», porque pasó sus últimos años de vida tumbado en la cama y porque jamás se
relacionó realmente, a su parecer, con la cultura árabe cir-
cundante. No hay más que leer las cartas de Bowles para
darse cuenta de que –en efecto– aunque físicamente resi-
diera en Marruecos, su diálogo cultural se centraba en los
Estados Unidos, donde a medida que iba envejeciendo pasaba mentalmente cada vez más tiempo. No obstante, su
inteligencia le permitió en todo momento darse cuenta de
que el tráfico de escritores anglosajones estaba enmascaran-
do la ciudad, la estaba literaturizando sin que existiera una
indagación real de los visitantes en las capas profundas de
la sociedad marroquí, seguramente porque a él mismo no
le interesaba esa penetración total. En un artículo de 1958
titulado «Worlds of Tangier», escribió que «Una ciudad,

como una persona, casi siempre deja de tener un único rostro en cuanto la conoces íntimamente» y para ello se necesita tiempo. En algún momento de los cuarenta años siguientes decidió que tenía suficiente con cierto nivel de intimidad. En 1948, en una carta escrita en el tangerino Hotel Ville de France, Jane le había dicho: «Me sigue gustando Tánger, quizá porque tengo la sensación de estar al borde de algo en lo que entraré algún día.»

Paul Bowles. El recluso de Tánger comienza así: «Qué absurdo. Nada me parece más absurdo que esa nostalgia exagerada por el Tánger de antes y ese suspirar por su pasado como zona internacional»; sin embargo, no puedo dejar de preguntarme por qué Chukri escribe realmente ese libro, o su gemelo *Jean Genet y Tennessee Williams en Tánger*, hasta qué punto su afán desmitificador no se confunde con la certeza de que sólo si habla sobre celebridades anglosajonas o francesas va a seguir siendo leído en *Occidente*. No queda claro, no puede quedar claro. De lo que no hay duda es del dolor que supuran sus palabras, no en vano está matando a su propio padre: «Le gustaba Marruecos, pero no los marroquíes.» La edición en Cabaret Voltaire de su retrato de Bowles fue presentada en Tánger, a mediados de 2012, por su traductora, Rajae Boumediane El Metni, y por Juan Goytisolo: por supuesto, en la Librairie des Colonnes.

En su cuaderno de memorias, Muyal evoca su primer encuentro con Chukri («Cenábamos en la maravillosa perfumada terraza del restaurante Le Parade una noche de verano con primas jóvenes y guapas cuando un joven desconocido nos quiso ofrecer flores. Al ver que no aceptábamos, el chico empezó a deshojarlas y a comerse los pétalos»), el impacto que supuso para ella la lectura de *El pan a secas* porque ignoraba que existiera una pobreza tan tajante, tan cruda en su propia ciudad y cómo se convirtió en un interlocutor frecuente sobre literatura y política en sus asiduas visitas al establecimiento. Fue Tahar Ben Jelloun quien lo tradujo al francés, de modo que en las dos lenguas más importantes del mundo editorial ostentó traductores de excepción; pero en su propia lengua *El pan desnudo* fue pronto uno de esos libros celebrados y prohibidos: «Dos mil ejemplares fueron vendidos en unas semanas, recibí del Ministerio del Interior una nota prohibiendo la venta de este libro en todos los idiomas. Sin embargo, fragmentos de su libro en árabe fueron publicados en la prensa libanesa e iraquí.» Cuando el narrador de *Ciudad abierta* (2011), de Teju Cole, le pide a otro personaje que le recomiende un libro «acorde con su idea de la ficción auténtica», éste no duda en anotar en un papel el título de la obra más famosa de Chukri. Lo opone a Ben Jelloun, más lírico, integrado en los círculos occidentales, *orientalista*, mientras que Chukri «se quedó en Marruecos, viviendo con su gente», sin dejar nunca «la calle». En otra novela publicada un año después y en otro continente, *Calle de los ladrones*, Mathias Enard también hace que su narrador defienda el magnetismo del escritor marroquí: «Su árabe era seco como los golpes que le había dado su padre, duro como el hambre. Una lengua nueva, un modo de escribir que me pareció revolucionario.» Cole, escritor norteamericano de origen nigeriano, da en el clavo cuando defiende la importancia de Edward Said para nuestra comprensión de la cultura *oriental:* «La diferencia no se acepta nunca.» Lo que hizo Chukri toda su vida fue precisamente eso: defender su derecho a la diferencia. Críticamente, acercándose y alejándose de quienes vieron en él lo que era, un gran escritor, como ocurre en toda vida, en toda negociación.

En *París no se acaba nunca*, Enrique Vila-Matas habla

de Cozarinsky, con quien se cruzaba a menudo en los cines de la capital francesa: «Recuerdo que le admiraba porque sabía compaginar dos ciudades y dos dedicaciones artísticas», anota en el fragmento 65 de su libro. Se refiere a Buenos Aires, la ciudad de origen de Cozarinsky, y a París, la de adopción; pero lo cierto es que en toda su obra se establece siempre una tensión entre dos sitios: entre Tánger y París, entre el Oeste y el Este, entre América Latina y Europa. «Admiré muy especialmente», añade Vila-Matas, «su libro *Vudú urbano*, un libro de exiliado, un libro transnacional donde utilizaba una estructura híbrida que en aquellos días era muy innovadora.» Si Bolaño se reencontró con Borges en Madrid, fue en la Librairie Espagnole parisina donde Vila-Matas descubrió, siguiendo las pistas de Cozarinsky, los cuentos de Borges: «Me impresionó mucho sobre todo la idea –hallada en uno de sus cuentos– de que tal vez no existía el futuro.»

Llama la atención que esa idea se la proporcionara el local regentado por Antonio Soriano, exiliado republicano que cultivaba justamente la esperanza en un futuro sin fascismo. En la trastienda de su Librería Española, como en la de Ruedo Ibérico, la diáspora mantuvo viva la actividad cultural de resistencia. El proyecto se emparienta, como ocurre casi siempre que la historia es de una librería, con uno anterior: el de la Librairie Espagnole León Sánchez Cuesta, inaugurada en 1927 en un local de cinco metros cuadrados de la rue Gay Lussac, con dos escaparates: uno dedicado a Juan Ramón Jiménez y el otro a jóvenes poetas como Salinas y Bergamín. La dirigió Juan Vicéns de la Llave, quien llegó a plantearse editar libros en español desde París (el primero iba a ser el *Ulises* en traducción de Dámaso Alonso). Para poder regresar a Madrid en las turbulencias ibéricas de 1934 la dejó en manos de una antigua empleada, Georgette Rucar; pero durante la guerra, como delegado de Propaganda del Gobierno Republicano en la embajada parisina, usó el local a modo de centro de irradiación de las ideas que estaban siendo aplastadas por el ejército de Franco. Fue Rucar quien tras la Segunda Guerra Mundial –como cuenta Ana Martínez Rus en *«San León Librero»: las empresas culturales de Sánchez Cuesta*– contactó con Soriano, que se encontraba establecido en Toulouse como librero, para que se hiciera cargo del fondo de la antigua librería. Este libro, en lugar de *Librerías*, podría titularse *Las metamorfosis*.

Cuando llegó a la buhardilla de Marguerite Duras en 1974, Vila-Matas asistió a los últimos estertores de ese mundo, si no a las fotografías de su autopsia. Desde la madurez, el autor de *Historia abreviada de la literatura portátil* revisa su experiencia iniciática en París, en el París de sus mitos personales, como Hemingway, Guy Debord, Duras o Raymond Roussel, donde todo remite a un pasado de esplendor necesariamente perdido, que paradójicamente no pasa de moda. Porque cada generación revive en su juventud un cierto París, que sólo cuando uno envejece se va progresivamente desmitificando.

En una salida de emergencia de la librería La Hune estaba dibujada en grafiti la silueta de Duras, sentada en el suelo, con su célebre frase a la izquierda: *«Faire d'un mot le bel amant d'une phrase.»* Tardé cinco viajes a París en descubrir que, de sus cientos de librerías, tal vez las tres mejores eran Compagnie, L'Écume des Pages y La Hune. En las visitas anteriores, además de insistir en Shakespeare and Company, entré en todas las que me encontré a mi paso, pero por alguna razón ninguna de esas tres estuvo en mis itinerarios. Así que en la última ocasión, antes de partir pedí asesoría al propio Vila-Matas; y una vez allí, las busqué y las encontré. Encontré el póster de Samuel Beckett (su rostro arbóreo) sobre un fondo de corcho en una pared de Compagnie. Y las estanterías art déco de L'Écume des Pages. Y esa escalera improbable y esa columna blanquísima, en medio del recinto de La Hune, parte de la remodelación de 1992, obra de Sylvain Dubuisson. La primera se encuentra entre la Sorbona, el Musée de Cluny y el Collège de France. La segunda y la tercera, tan cerca del Café de Flore y de Deux Magots, abren cada día hasta medianoche en Saint-Germain-des-Prés, perpetuando la vieja tradición bohemia de unir la librería con el café y la copa.

Cuando Max Ernst (tras casarse con Peggy Guggenheim y convertirse en habitual de Gotham Book Mart),

Henri Michaux (tras despedirse de la literatura para concentrarse en la pintura) o André Breton (tras su exilio americano) regresaron a un París sin las librerías de la rue de l'Odéon, encontraron en La Hune un nuevo espacio para la tertulia y el hojeo. Fundada en 1944 por cuatro amigos, los libreros Bernard Gheerbrant y su futura esposa Jacqueline Lemunier, el escritor y cineasta Pierre Roustang y la escritora surrealista y socióloga búlgara Nora Mitrani, La Hune, en 1949, el mismo año de su traslado al 170 del boulevard Saint-Germain, acogió la exhibición y la subasta de los libros, manuscritos y muebles del piso parisino de Joyce (fallecido en el 41), junto con parte del archivo de Beach sobre el proceso de edición de su obra maestra, a beneficio de la familia del escritor. Poco después Michaux comenzó a investigar con la mescalina y la obra gráfica que produjo condujo a libros de mediados de los cincuenta como *Miserable milagro* y a exposiciones como «Description d'un trouble», en la Librairie-Galerie La Hune. Bernard Gheerbrant, desaparecido en 2010, fue una relevante figura de la vida intelectual parisina y dirigió durante más de una década el Club des Libraires de France. Por la importancia de su trabajo como editor textual y gráfico, sus archivos se conservan en el Centro Pompidou, donde en 1975 comisarió la exposición «James Joyce et Paris». Tras una etapa breve y fallida en otra dirección, La Hune cerró finalmente en junio de 2015. La artista Sophie Calle quiso ser la última en pasar por caja. Ser la última cliente, la última lectora. Su performance inauguró un duelo que todavía dura, que no se limita a sus clientes parisinos, sino a todos los que en algún momento entramos por sus puertas y salimos un poco, casi nada cambiados, pero cambiados finalmente.

Como la mayor parte de las librerías que se han ido

mencionando en este ensayo, esas tres son también fetiches en sí mismas y lugares de exhibición de fetiches. Un fetichismo que trasciende el clásico de la teoría marxista, según la cual todas las mercaderías son fetiches fantasmagóricos, que ocultan su condición de objetos producidos y sostienen la ilusión de ser autónomos respecto a sus productores; un fetichismo promovido por agentes capitalistas (los editores, los distribuidores, los libreros, cada uno de nosotros) que juegan (jugamos) a defender la producción y el consumo culturales como si no estuvieran sujetos a la tiranía del *interés;* un fetichismo que se acerca a lo religioso e incluso a lo sexual (en clave freudiana): la librería como templo donde se albergan ídolos, objetos de culto, como almacén de fetiches eróticos, fuentes de placer. La librería como iglesia parcialmente desacralizada y convertida en sex-shop. Porque la librería se nutre de una energía objetual que seduce por acumulación, por abundancia de oferta, por dificultad de definir la demanda, que se concreta cuando se encuentra al fin el objeto que excita, que reclama una compra urgente y una posible lectura posterior (la excitación no siempre sobrevive, pero atrás quedan los porcentajes del precio del libro, gastos y ganancias, como cenizas).

Dean MacCannell ha diseccionado las estructuras del turismo, estableciendo un esquema básico: la relación del *turista* con la *vista* a través del *marcador.* Es decir: el visitante, la atracción y aquello que la señala como tal. Lo decisivo es el marcador, que indica o crea el valor, la importancia, el interés del lugar y lo convierte en potencialmente turístico. En fetiche. La tienda de supuestas antigüedades de Pekín era un marcador fabuloso. Aunque el valor sea en primer término icónico, acaba por ser también discursivo: la Torre Eiffel es primero una postal, una fotografía, y enseguida la biografía de su autor, la historia de su polémica construcción, el resto de las torres del mundo, la topografía de París en que se insiere y desde cuya cúspide se divisa. Las librerías más significativas del mundo reivindican, con mayor o menor sutileza, los marcadores que las singularizan, que les añaden potencia comercial o que las convierten en lugares turísticos: la antigüedad *(fundada en, la librería más antigua de),* la extensión *(la librería más grande de, tantas millas de estanterías, tantos cientos de miles de libros)* y los capítulos de la historia de la literatura a los que se vinculan *(sede de tal movimiento, frecuentada por, la librería donde compraba X, visitada por, fundada por, como puede verse en la fotografía, librería hermanada con).*

El arte y el turismo se semejan en la necesidad de la existencia de esa señal luminosa, lo que atrae al lector hacia la obra. Difícilmente suscitaría atención el *David* de Miguel Ángel si se encontrara en el museo municipal de Adís Abeba y fuera una obra anónima. En 1981 Doris Lessing, después de haber publicado con mucho éxito *El cuaderno dorado*, envió a varias editoriales su nueva novela, con un seudónimo de escritora inédita, y todas la rechazaron. En el caso de la literatura, son las editoriales las que en primer lugar tratan de generar marcadores, mediante el texto de la contraportada o la nota de prensa;

pero enseguida la crítica, la academia y las librerías crean los suyos, que decidirán la suerte del libro. A veces son los propios autores quienes lo hacen, consciente o inconscientemente, vertebrando un relato alrededor de las condiciones de producción de su obra o de sus condiciones de vida en aquellos años. El suicidio, la pobreza o el contexto de escritura son la clase de elementos que a menudo se incorporan al marcador. Ese relato, su leyenda, es uno de los factores que permite la supervivencia del texto, su persistencia como clásico. La primera parte del *Quijote* supuestamente escrita en la cárcel y la segunda parte como reacción contra la usurpación de Avellaneda; la lectura de *Diario del año de la peste* como si no fuera una novela; los juicios contra *Madame Bovary* y *Las flores del mal;* la lectura radiofónica de *La guerra de los mundos* y el pánico colectivo que provocó la crónica de ese apocalipsis; Kafka en el lecho de muerte ordenándole a Max Brod que quemara su obra; los manuscritos de Malcolm Lowry que ardieron, que desaparecieron; el escándalo de *Trópico de Cáncer* y de *Lolita* y de *Aullido* y de *El pan desnudo* (o *a secas).* El marcador es a veces imprevisible y se construye mucho tiempo después. Es el caso de las novelas rechazadas por muchas editoriales, como *Cien años de soledad* o *La conjura de los necios.* Por supuesto, no se utilizó como argumento de venta en el momento en que –finalmente– se publicaron, pero cuando fueron un éxito se recuperó como parte del relato mítico: de su *predestinación.*

Varios procesos de escritura de libros parisinos como el *Ulises, El almuerzo desnudo* o *Rayuela* han sido claramente fetichizados y hoy constituyen lugares comunes de la historia de la cultura contemporánea. Para la Generación Beat, que se sentía heredera del simbolismo y de la vanguardia francesa, el *Ulises* fue un obvio referente de la idea de ruptura; y su aparatosa y mítica edición, un ejemplo muy próximo durante aquellos meses en París. Escrito en los turbios años tangerinos, ordenado por Ginsberg y Kerouac, finalizado en Francia, *El almuerzo desnudo* fue sometido al juicio de Maurice Girodias, editor de Olympia Press en la Rive Gauche, quien no entendió aquel galimatías y declinó publicarlo; pero un año y medio más tarde, cuando la publicación de algunos fragmentos había alimentado la fama de la novela, fama provocadora y obscena, un marcador, Girodias volvió a interesarse por el manuscrito. Para entonces, el éxito de *Lolita* lo había convertido en un hombre rico, y la novela de Burroughs, de cuya escritura su autor tenía un recuerdo bastante borroso, lo ayudó a enriquecerse todavía más. Él se inscribía en una tradición francesa de abolengo: la del traficante de libros escandalosos, a menudo prohibidos por obscenos o pornográficos, que en el siglo XVIII se publicaban en Suiza y entraban en Francia tras el debido soborno en la frontera, y que en el XX se editaban en París y llegaban hasta los

Estados Unidos a través de los más variopintos subterfugios de la picaresca.

A propósito de *En el camino*, escribió Kerouac: «El *Ulises*, que se consideraba de lectura difícil, hoy se considera un clásico y todo el mundo lo entiende.» La misma idea la encontramos en Cortázar, para quien esa tradición es fundamental y que se vinculó con París no sólo en la ambientación de la primera parte de su obra maestra, sino también mediante una cierta reescritura de *Nadja*, de Breton. En una carta a su editor, Francisco Porrúa, tiene en cuenta la misma referencia como paradigma de dificultad, de ruptura, de resistencia y de distinción entre sus coetáneos: «Supongo que eso debe ocurrir siempre; no conozco las críticas contemporáneas de *Ulysses*, pero por ahí debe haber andado: "Mr. Joyce escribe mal, porque no escribe con el lenguaje de la tribu."» Como *El almuerzo desnudo*, *Rayuela* construye un orden de lectura que trabaja a partir del fragmento, del collage, del azar, con una intención políticamente revolucionaria: destrozar la ordenación burguesa del discurso, hacer detonar las convenciones literarias que tanto se parecen a las sociales. Por eso el autor trata de orientar, en sus cartas al editor, el marcador, el discurso que ha de guiar la lectura del libro. Hay que imaginar la dificultad de un proceso de edición llevado a cabo epistolarmente, las demoras, los malentendidos, los extravíos (en un sobre se perdió, por ejemplo, la maqueta del libro que había confeccionado Cortázar):

No me gustaría nada que pusieran el acento en el lado «novela» de este libro. Sería un poco estafar al lector. Ya sé que también es una novela y que en el fondo, quizá, lo que vale de él es su lado de novela. Pero yo lo he escrito a contranovela, y Morelli se encarga de decirlo y darlo a entender muy claramente en los pasajes que te cito más arriba. En último término, creo que habría que hacer hincapié en los aspectos digamos axiológicos del libro: la continua y exasperada denuncia de la inautenticidad de las vidas humanas [...], la ironía, la irrisión, la auto tomada de pelo cada vez que el autor o los personajes caen en la «seriedad» filosófica. Después de *Sobre héroes y tumbas*, vos comprendés que lo menos que podemos hacer por la Argentina es denunciar a gritos esa «seriedad» de pelotudos ontológicos que pretenden nuestros escritores.

La conexión de *Rayuela* con sus jóvenes contemporáneos fue inmediata. El París que dibuja reactualiza la visión clásica, que es la bohemia, de la ciudad; sus abundantes detalles topográficos la convierten en una posible guía de turismo cultural, como han enfatizado las ediciones que incorporan un mapa o una lista de los cafés favoritos del escritor; su dimensión enciclopédica (literatura, pintura, cine, música, filosofía...) dificulta el agotamiento de sus lecturas. Una obra clásica es una obra de la que siempre se puede extraer una nueva lectura. Un clásico es un autor que nunca pasa de moda. Y París fue precisamente donde nació la moda tal como la entendemos hoy en día, de manera que no es de extrañar que al menos hasta los años sesenta, y gracias al continuo flujo de artistas de todos los rincones del mundo, mantuviera la capacidad de generar un prometedor horizonte de expectativas de ciertos lectores respecto a ciertas obras, un aura fetichista. Escribe Pascale Casanova:

Es, sin duda, Gertrude Stein la que resume, en una sentencia lapidaria, la cuestión de la localización de la modernidad: «París», escribe en *Paris-France*, «estaba allí donde se encontraba el siglo XX.» París, lugar del presente literario y capital de la modernidad, debe, por una parte, su coincidencia con el presente artístico al hecho de que es el lugar donde se produce la moda, aspecto de la modernidad por excelencia. En el famoso *Paris Guide*, editado en 1867, Victor Hugo insistía en la autoridad de la Ciudad Luz, no solamente en materia política e intelectual, sino también en la esfera del gusto y de la elegancia, de la moda y lo moderno.

Se puede decir que la lógica que explica parcialmente la relación entre la cultura romana y la griega en la Antigüedad, en que la continuidad traducida, la imitación, la importación y la usurpación fueron los modos del imperio para asegurarse la hegemonía cultural, en que los mitos originales fueron reformulados (de Zeus a Júpiter) y la épica reescrita (de la *Ilíada* y la *Odisea* de Homero a la *Eneida* de Virgilio), podría ser un modelo de comprensión para leer la relación entre Estados Unidos y Francia durante la época contemporánea. Aunque Londres sea también la capital cultural del siglo XIX, París se erige –como ya se ha visto– en su centro literario y pictórico internacional. Durante los años veinte y treinta, celebridades como Hemingway, Stein, Beach, Dos Passos, Bowles o Scott Fitzgerald encontraron en París la sensación de capitalidad y la exaltación de la bohemia. Para toda una generación de intelectuales norteamericanos –esos nombres espigados son una mínima fracción de todos los que viajaron a París y se llevaron de allí ideas como souvenirs– Francia fue un modelo de *grandeur* cultural y de gestión del patrimonio simbólico. Si Hemingway tenía razón y la capital francesa era *una fiesta portátil*, no es de extrañar que pudiera emigrar durante los años treinta, cuando el nazismo subió al poder en Alemania y estalló finalmente la Segunda Guerra Mundial. Picasso se quedó en París y desde allí creó el sistema del mercado del arte contemporáneo; también se quedó Beach y Hemingway regresó como soldado de la liberación. Pero la gran mayoría de los vanguardistas franceses y de los novelistas norteamericanos se reencontraron o se conocieron en Nueva York, junto con artistas, galeristas, historiadores, periodistas, arquitectos, diseñadores, directores de cine o libreros. La misma ciudad donde el MoMA, después de programar grandes exposiciones sobre Van Gogh o sobre Picasso, fue creando sobre ese sustrato su propio relato del arte contemporáneo, encumbrando primero a los expresionistas abstractos y más tarde el arte pop capitaneado por Warhol y The Factory. Esos años cincuenta y sesenta son fascinantes porque los escritores norteamericanos que sintonizan con más fuerza con su época siguen visitando París. Pero el gesto es distinto. Porque cuando Kerouac o Ginsberg viajan a Francia lo hacen –invirtiendo la ruta de Bowles– haciendo escala en Tánger, como si una ciudad no fuera más importante que la otra. La lengua materna de Kerouac era el francés, Ferlinghetti traduce a surrealistas como Jacques Prévert. Más tarde otros autores estadounidenses que tienen también fuertes vínculos con el imaginario de la librería viajarán a la capital francesa, como Paul Auster –traductor de Mallarmé–, pero los mayores referentes literarios de esas generaciones posteriores son de los Estados Unidos, no europeos. París se ha convertido en una Biblioteca de la Literatura Universal, mientras que en San Francisco, Los Ángeles, Chicago o Nueva York se inauguran constantemente librerías llamadas a ser algunos de los centros culturales más importantes de la segunda mitad del siglo XX. Para bien o para mal, y sin encontrarse en territorio estadounidense, como embajada o como intruso, una de ellas es la segunda Shakespeare and Company.

En el documental *Portrait of a Bookstore as an Old Man*, alguien dice que George Whitman era la persona más americana que él jamás conoció, porque era absolutamente pragmática y ahorradora: los trabajos dentro de la librería tenían que ser hechos por jóvenes letraheridos, sin cobrar un sueldo a cambio, por una cama, un plato de comida y –eso no lo dice– una experiencia prestigiosa: haber trabajado y vivido en Shakespeare and Company, en el corazón de París. Lo que hizo Whitman fue construir el sueño de todo joven lector norteamericano: la librería respondía a un estereotipo, como la de *Harry Potter*, era una atracción turística con un marcador muy fuerte, tan importante para un estudiante de literatura como la Torre Eiffel o *La Gioconda*, pero además se podía *vivir* en ella, permitía –como el mapa de la edición de *Rayuela*– espacializar la literatura, convertirla en cuerpo o en hotel. *Living the Dream*, podría haber sido su lema. Y lo hizo mediante una operación conceptual y comercial respecto al original Shakespeare and Company de Sylvia Beach, que puede verse desde dos perspectivas: la prolongación o la herencia, por un lado; la apropiación o incluso la usurpación, desde el otro. Whitman dijo en una entrevista: «Ella nunca supo nada sobre nosotros. Esperamos hasta que se murió, porque si le hubiera preguntado y me hubiera dicho que no, ni cuando estuviera muerta hubiera yo podido tomar el nombre. Yo creo no obstante que hubiera dicho que sí.» Está claro que si no optó por Maison des Amis des Livres como nombre para su negocio fue tanto por su condición anglosajona como por el potencial comercial de una marca que aseguraba la peregrinación turística. Y su natural confusión.

La película muestra a un librero despótico e inestable, capaz tanto del insulto hiriente como del sentimentalismo poético, utilizando a sus huéspedes como voluntarios de un campo de trabajo de cuyas condiciones laborales nunca fueron debidamente informados. Un librero bohemio y frugal, pese a los considerables ingresos de la librería y a los cinco millones de euros en que se ha tasado su edificio, que no gastaba en ropa ni en comida, que no tenía vida social ni sentimental fuera de su reino pintoresco. Que se quema el pelo con dos velas frente a la cámara, quién sabe si por demencia senil o para ahorrar en peluquería. Y a cuya hija, quien actualmente es la dueña del negocio, llamó Sylvia Beach Whitman.

Para ser justos, el retrato debe completarse con la crónica *La librería más famosa del mundo*, de Jeremy Mercer. En sus páginas Whitman aparece como un ser igual de inestable y envejecido, pero de una gran generosidad, enamoradizo, soñador, dispuesto a compartir con cualquiera que se aloje en sus camas las lecturas esenciales y cierta memoria de París. La memoria de Lawrence Durrell borracho por las noches, tras haber dedicado todo el día a la escritura de *El cuarteto de Alejandría;* la de Anaïs Nin, que tal vez fuera la amante del librero; la de Henry Miller y la Generación Beat y Samuel Beckett, quien por supuesto sólo protagonizaba visitas silenciosas; la de todos los libros y revistas impulsados por su librería; la de Margaux Hemingway, que se dejó guiar por París en busca de la ciudad de su abuelo.

Tras asumir el legado de su padre, lo primero que ha hecho Sylvia Beach Whitman ha sido transportar la librería al siglo XXI. Ha sido limpiada a fondo, tiene nueva iluminación, se han hecho algunas reformas para facilitar el acceso y la circulación y, además, se ha inaugurado en la misma planta baja la cafetería que proyectó pero nunca abrió George Whitman. Uno de los primeros gestos de la nueva propietaria fue editar una pequeña publicación en color que rescataba parte del archivo documental y gráfico que había permanecido en baúles y cajones durante décadas. Por primera vez, que yo sepa, se menciona a Cortázar como uno de los clientes habituales durante los años sesenta y setenta, junto con los ilustres sospechosos habituales franceses y anglosajones. Un paso decidido hacia el gran libro o la gran exposición que mostrará rotundamente la importancia de la legendaria librería en la vida cultural del París de la segunda mitad del siglo XX. Así, tras su primera vida en la rue de l'Odéon y su segunda vida beat, ha comenzado la tercera vida de Shakespeare and Company.

¿Qué fue y qué es Shakespeare and Company?, nos preguntamos después de ver esa película y de leer ese libro. ¿Una utopía comunista o el negocio de un tacaño? ¿Un icono turístico o una librería realmente importante? ¿Fue su dueño un genio o un loco? No creo que existan respuestas para semejantes preguntas y, si las hay, no serán ni blancas ni negras, sino un abanico de grises. Lo que está claro es que L'Écume des Pages y La Hune no son librerías *míticas* en el mismo sentido en que sí lo es Shakespeare and Company, ni internacionalmente conocidas como ésta, lo que nos obliga a preguntarnos una vez más: ¿de qué pasta están hechos los mitos? Y, sobre todo, ¿cómo los podemos desmitificar?

Yo mismo soy cómplice en esos procesos de mitificación (que es una mistificación). Todos los viajes y todas las lecturas son parciales: cuando finalmente visite Le Divan, cuyos orígenes se remontan a los años veinte en Saint-Germain-des-Près, que fue resucitada por la editorial Gallimard en 1947 y que desde 1996 se encuentra en el XV Arrondissement, y estudie su historia; cuando descubra Tschann, fundada en Montparnasse en 1929 por dos amigos de los protagonistas de la vida artística del famosísimo barrio, entonces bohemio, los señores Tschann, cuya hija Marie-Madeleine fue una impulsora decisiva de la obra de Beckett en Francia, podré satisfacer al fin la insistencia del traductor Xavier Nueno, quien espero que me presente al encargado actual, Fernando Barros, que en entrevistas demuestra estar pensando tanto el pasado como el futuro de la librería; cuando –al cabo– las lecturas o los viajes o los amigos me conduzcan hacia otros barrios y nuevas librerías, mi topografía cultural de París cambiará y, con ella, mi discurso. Mientras tanto acepto los límites de esta enciclopedia imposible y futura, claroscura como todas, incompleta, en reescritura perpetua.

> Mirando atrás, tras medio siglo como librero en París, todo me parece como una obra de Shakespeare que nunca termina, en que los Romeos y las Julietas son eternamente jóvenes mientras yo me he convertido en un octogenario que, como el Rey Lear, está perdiendo lentamente sus luces.
>
> GEORGE WHITMAN,
> *The Rag and Bone Shop of the Heart*

10. CADENAS DE LIBROS

> La velocidad acarrea una fluidez y una re-
> ducción del contenido de los objetos. Éstos se
> tornan panoramas, imágenes. Nada une los in-
> tervalos existentes de una ruta, a no ser la vista
> panorámica de lo que se divisa allá fuera, lejos
> de los sentidos, todavía relacionados con un
> sistema técnico que mantenía contacto estre-
> cho con la tierra firme. El tren sólo conoce el
> tiempo de salida y el de llegada; como el tran-
> seúnte imaginado por los urbanistas, el viajero
> es una pieza dentro de este sistema circulatorio.
>
> RENATO ORTIZ,
> *Modernidad y espacio. Benjamin en París*

Desde 1981 Shakespeare and Company es también una cadena de librerías *independientes*, con cuatro sedes en Nueva York, todas ellas cercanas a universidades. Aunque muchas poseen su propia librería, donde se venden tanto manuales, libros de consulta y de lectura obligatoria como —sobre todo— camisetas, sudaderas, tazas, pósters, mapas, postales y otros objetos turísticos vinculados con la experiencia universitaria, Barnes & Noble ha colonizado ese mercado con más de seiscientas librerías en *colleges* de los Estados Unidos, que han de sumarse a las más de setecientas sucursales urbanas, cada una con su cafetería Starbucks en el interior (hay que ver cómo afecta a esa cifra el anuncio de 2013 de que un tercio de los establecimientos se cerrarán en los próximos diez años).

Aunque la primera librería con tal nombre se abriera

en Nueva York en 1917, la familia Barnes poseía intereses en la industria de la imprenta desde los años setenta del siglo anterior. Cien años más tarde se convirtió en la primera librería en publicitarse en televisión. Y en el siglo XXI, en la amenaza principal para la supervivencia de pequeñas librerías autónomas. Lo que no deja de ser una paradoja, porque la tendencia de muchos negocios que nacen con una única sede es precisamente multiplicarse, volverse eslabones de una misma marca o cadena. Las cadenas históricas también comenzaron siendo librerías únicas e independientes. Mucho antes de tener decenas de sucursales por todo México, Gandhi fue en primer lugar una librería al sur del D. F., abierta en 1971 por Mauricio Achar. Las mayores cadenas de librerías brasileñas nacieron de proyectos de inmigrantes: Joaquim Ignácio da Fonseca Saraiva, procedente de la región portuguesa de Trás-os-Montes, abrió en 1914 la primera Saraiva, aunque entonces se llamaba Livraria Académica; la primera Nobel fue fundada en 1943 por el italiano Cláudio Milano (en 1992 su nieto adoptó el sistema de franquiciado y se multiplicaron las sedes); la Livraria Cultura surgió de la idea de una inmigrante judeo-alemana, Eva Herz, de abrir un servicio de préstamo de libros en el salón de su casa, en 1950, y hasta 1969 no se convirtió en librería. Los tres imperios nacieron en la misma ciudad, Sâo Paulo, y se expandieron por todo el país. Family Christian Stores tiene ahora cerca de trescientos locales y en 2012 donó un millón de biblias para que fueran repartidas por misioneros de todo el mundo, pero los hermanos Zondervan comenzaron con restos de tiradas descatalogadas en una granja de los años treinta. Su expansión se debió al éxito de sus ediciones baratas de bibliografía religiosa libre de derechos, como diversas traducciones de la Biblia al inglés.

Gracias a su condición de refugio de calvinistas y a la ausencia de censura religiosa y política, Holanda se convirtió durante los siglos XVI y XVII en uno de los grandes centros mundiales del libro. Entre sus impresores destacó la familia Elzevir, que entre 1622 y 1652 editó auténticos clásicos de bolsillo anotados por eruditos de la época. Como nos recuerda Martyn Lyons: «La edición de 1636 de las obras completas de Virgilio tuvo tal éxito que se reeditó quince veces. Los clásicos de bolsillo enseguida comenzaron a llamarse "ediciones elzevir" aunque ellos no fueran los editores.» No obstante su éxito, ese tipo de producción estaba pensado para la élite letrada. Hay que entender que la *Enciclopedia*, un auténtico bestseller que vendió cerca de 25.000 copias, fue adquirida sobre todo por la nobleza y el clero, las clases sociales cuyos pilares estaba socavando. El pueblo llano y lector consumía sobre todo los *chapbooks* de pocas páginas, los pliegos sueltos con muchos dibujos o la *bibliothèque bleue* encuadernada con el papel azul de los paquetes de azúcar, cuya distribución estaba en manos de los vendedores ambulantes, conocidos como *colporteur* en Francia, como *Jahrmarkttrödler* en Alemania y como *leggendaio* en Italia. Vidas de santos, ficciones disparatadas, farsas, parodias, canciones de taberna y trasnoche, cuentos y leyendas, relatos caballerescos, calendarios de la cosecha, horóscopos, instrucciones para juegos de azar, recetarios y hasta resúmenes de clásicos universales: ésos eran los auténticos bestsellers antes de la eclosión de la novela romántica y realista durante el siglo XIX y su producción folletinesca de literatura en cadena.

El libro como éxito comercial nace con Walter Scott y se consolida con Charles Dickens y William Makepeace Thackeray. Fue tal el volumen de ventas del novelista romántico en Europa que a partir de 1822 sus novelas aparecieron simultáneamente en inglés y en francés; y en 1824 se publicó en Alemania una parodia de sus ficciones, *Walladmor*, con el propio Scott como personaje, pues se sabe que no hay mayor garantía de éxito que la imitación y la burla. A mediados del mismo siglo los hermanos Lévy lanzaron en París una colección de obras a un franco. Michel y Calmann se habían enriquecido con la comercialización de libretos de ópera y obras de teatro y abrieron una de las grandes librerías decimonónicas en el Boulevard des Italiens, donde había una sección de libros de saldo. Además de invertir en librería, los hermanos lo hicieron en ferrocarril, compañías de seguros y servicios públicos en las colonias. En la misma época Baedeker y Murray popularizaron las guías de viaje, que como tantos otros tipos de libro se podían conseguir en infinidad de puntos de venta: colmados, quioscos, vendedores ambulantes, librerías independientes y en red. Eileen S. DeMarco ha estudiado, en *Reading and Riding*, el caso de

DE PARIS

EN SUISSE.	EN SAVOIE ET EN ITALIE.

D'ITALIE ET DE SAVOIE

A PARIS.	A LYON ET MARSEILLE.	EN SUISSE.

DE LYON

EN SUISSE.	EN SAVOIE ET EN ITALIE.	A BOURG ET MACON.

DE MACON

A BOURG ET LYON.

DE GENÈVE

A BOURG, MACON ET PARIS.	A LYON, AVIGNON ET MARSEILLE.	A COPPET, MORGES, LAUSANNE, YVERDON ET TOUTE LA SUISSE.	A AIX-LES-BAINS, CHAMBÉRY, TURIN ET MILAN.

la red de librerías de Hachette en estaciones de tren francesas, un proyecto que duró casi un siglo, desde los primeros esbozos de 1826 hasta el estallido de la Primera Guerra Mundial en 1914, pasando por la inauguración del primer establecimiento parisino en 1853. Los trenes se convirtieron rápidamente en el vehículo por excelencia del libro: en sus vagones viajaba el papel, las imprentas, sus piezas de recambio, los operarios, los escritores, los libros de una ciudad a otra y, sobre todo, los lectores. La cadena basó su eficacia, por primera vez en la historia, en la contratación de dependientas mujeres, *femmes bibliothécaires*, pues la iniciativa se llamó Bibliothèque de Chemins du Fer. En la carta que Louis Hachette dirigió a los responsables de las principales compañías ferroviarias de Francia para convencerlos de la pertinencia de su propuesta se insistía en su carácter pedagógico, pues los libros portátiles, ligeros, que se ofrecerían, además de pasatiempos para el viaje, tendrían un cariz educativo. En julio de 1853 ya habían abierto sus puertas cuarenta y tres sucursales, que ofrecían cerca de quinientos títulos. Al año siguiente comenzaron a disponer de prensa diaria, que se convertiría con el tiempo en la principal fuente de ingresos. Y tres años más tarde se incorporó a la oferta parte del catálogo de otras editoriales, manteniendo el monopolio de venta en estaciones. A finales de siglo se extendió a la red de metro.

Hasta 2004, la cadena de librerías A. H. Wheeler & Co. tuvo el monopolio de venta en estaciones de tren de la India. Como la de Hachette –que ahora es un grupo editorial multinacional que mueve doscientos cincuenta millones de libros al año–, su historia ferroviaria es fascinante. La primera sucursal abrió sus puertas en 1877 en la estación de Allahabad, después de que el escritor francés Émile Moreau y su socio T. K. Banerjee tomaran prestada la marca de alguien que probablemente jamás pisó suelo asiático, Arthur Henry Wheeler, quien poseía una cadena de librerías en el Londres victoriano. Un acuerdo con el gobierno indio les dio el monopolio de la distribución de libros y prensa, con una clara intención social y educativa: durante más de un siglo ha sido el principal modo de circulación de la cultura en las zonas más remotas del país, donde a menudo la A. H. Wheeler & Co. era la única librería en muchos kilómetros a la redonda. Con la independencia en el horizonte, en 1937 Moreau transfirió su parte de la propiedad a su amigo y socio indio, cuya familia la ha dirigido hasta ahora. La compañía llegó al siglo XXI con unos seiscientos puntos de venta en casi trescientas estaciones, pero en 2004 perdió el monopolio, en un arrebato nacionalista del ministro de Ferrocarriles Lalu Prasad Yadav, quien cargó contra la sonoridad británica del nombre de la empresa india. Pero la decisión fue revocada siete años más tarde: la cadena de librerías es demasiado emblemática del paisaje como para no tratarla como patrimonio cultural.

Según explica Shekhar Krishnan en el artículo de *The Indian Express* de donde he tomado esa información, «Nos vemos en Wheeler» es una expresión común en Bombay. Hasta ese punto la marca forma parte de la cotidianidad del país. En sus librerías y quioscos es frecuente darse cita para comprar el diario y subirse al tren, compartiendo con amigos o conocidos el largo viaje de regreso a casa; y en muchos de esos puntos de venta se han organizado durante décadas tertulias sobre literatura y sobre política, de pie, al calor de un *chai tea*.

En Mumbai fue donde nació Rudyard Kipling, cuyo destino estuvo ligado al nombre «Wheeler», pues así se apellidaba el editor de la *Civil and Military Gazette*, el primer diario donde –a los diecisiete años– trabajó el futuro escritor. Dos tercios del día los pasaba en la redacción, incluso durante el verano con sus temperaturas infernales: el sudor y la tinta convertían su traje en la piel «de un perro dálmata», en palabras de uno de su compañeros. Sus desplazamientos en tren para cubrir eventos del imperio en territorios musulmanes e hindúes, con estancias de hasta seis meses que prefiguraron sus célebres viajes a Japón o a su Sudáfrica, proporcionaron anécdotas y atmósferas a sus primeros relatos, que publicó en 1888 en «The Railway Library», la colección de *paperbacks* que editaba A. H. Wheeler & Co., que se convirtieron así en sus primeros editores. Con el tiempo la memoria disfrazaría de exotismo onírico y legendario aquellas experiencias coloniales, en novelas como *Kim* o *El libro de la selva*.

Tanto la red librera de Hachette como la de Moreau y Banerjee seguían al cabo modelos británicos, pues en 1848, cinco años antes del primer local francés, ya existía uno similar en la estación Euston de Londres, propiedad de WHSmith, probablemente la primera gran cadena de librerías de la historia. El vínculo entre el señor Smith y el *boom* ferroviario fue tan estrecho que fue nombrado ministro por varios gobiernos conservadores. En paralelo su librería se fue clonando por toda la isla a medida que lo fueron haciendo las estaciones modernas, con sus grandes halls para dar cabida a limpiabotas y floristas; y la progresiva sofisticación del viaje en tren, que fue ofreciendo los mismos lujos y ventajas que habían asimilado previamente los barcos y los hoteles. A finales del siglo XVIII y principios del XIX –como explica Frédéric Barbier en *Historia del libro*–, las librerías londinenses ya se habían abierto a la calle, mediante escaparates, carteles, rótulos y hasta pregoneros u hombres anuncios que invitaban a entrar a los distraídos transeúntes. El propio libro, de hecho, fue asumiendo entonces su naturaleza de mercancía: comenzó a publicitarse en las últimas páginas el resto de títulos de la misma colección o de la misma editorial; las portadas uniformizaron su diseño para reforzar la identidad del sello e incorporaron los avances de la ilustración; el precio empezó a estamparse para ser utilizado como reclamo o anzuelo. La *biblioteca de los caminos de hierro* vendía libros a un precio que oscilaba entre los 0,75 y los 2,50 francos. El precio medio del libro en Francia pasó de 6,65 francos en 1840 a 3,45 en 1870. Se crearon colecciones a un franco, porque el consumo de medios impresos se multiplicaba, como lo hacían los puntos de venta. Y los de préstamo. Y las bibliotecas y las librerías ambulantes, que conectan como los trenes con la médula inquieta de la Revolución Industrial. Y los lectores profesionales: en el siglo XIX había quien vivía de leerte las noticias en voz alta o de recitarte con aspavientos pasajes de Shakespeare (en su infancia, anacrónico, histrión, a eso se dedicó en Stratford-upon-Avon Bruce Chatwin).

El gran invento del siglo XIX es *la movilidad*. El tren cambia la percepción del espacio y del tiempo: no sólo acelera la vida humana, sino que convierte la idea de red, de una estructura en red, en algo que se puede recorrer entero en unos pocos días, pese a su vastedad. Todo un sistema a la medida de un cuerpo. Los viajeros, que sólo sabían leer en la quietud, tras un periodo de adaptación aprenden a hacerlo también en movimiento. No sólo eso: podrán incluso ir levantando la vista de la página, hilvanar los fragmentos leídos y por tanto imaginados con los fragmentos percibidos, vistos a través de la ventana (preparándose para la llegada del cine). Surge el ascensor, que permite que las ciudades crezcan verticalmente, después de demasiados siglos de crecimiento horizontal. Los pesados muebles de la aristocracia y de la alta burguesía se adelgazan en mobiliarios ligeros que permitan las mudanzas. «La dominación de la calle sobre la habitación»: traduce en términos espaciales Renato Ortiz. Se producen las migraciones más rápidas y masivas de la historia de la humanidad. Las Exposiciones Universales de París y de Londres, frutos del crecimiento industrial y de la expansión imperial, son la respuesta a la necesidad de hacer pública –mundialmente– su supremacía. Son amplificadores, monstruosos escaparates del Mito del Progreso. Nace la moda, que es el ritmo vertiginoso que necesita la producción en serie, la nueva sociedad de consumo, basada en la necesidad de que todo, absolutamente todo, tenga fecha de caducidad. La moda y la levedad llegan también a los libros: ediciones de bolsillo, miniaturas baratas, títulos de oferta, cajas de saldo, tablas donde se exponen los libros de segunda mano. Todo eso ocurre en Inglaterra y en Francia, en Londres y en París, los mismos ámbitos donde se configuran las librerías modernas y, con ellas, las cadenas de librerías.

El primer Hudson News, con su oferta de prensa y libros comerciales tal como lo conocemos ahora, se abrió en el aeropuerto de LaGuardia en 1987, tras una experiencia anterior en el de Newark. Ahora tiene seiscientos puntos de venta en los Estados Unidos. Pertenecía al Hudson Group hasta que en 2008 fue adquirido por Dufry, un grupo suizo especializado en tiendas duty free. Hasta su muerte en 2012, la cara visible de la empresa fue Robert Benjamin Cohen, quien durante décadas se había dedicado principalmente a la distribución de diarios y revistas. Según indica su necrológica en *The New York Times*, en 1981 fue condenado por soborno a los sindicatos de repartidores de prensa para obtener un trato favorable. El Hudson Group no sólo abrió centenares de librerías y quioscos en aeropuertos, estaciones de tren y terminales de autocar de todo el mundo, también se hizo cargo de los correspondientes restaurantes de comida rápida. Porque si en el siglo XIX se acelera el mundo, tras las dos guerras mundiales son los Estados Unidos los encargados de darle un segundo acelerón. Y si las librerías, independientes y en cadena –si esa polarización es del todo válida y no queda parcialmente desmentida por un sinfín de estadios intermedios–, dibujan su topografía en el siglo XIX, a partir de los años cincuenta van incorporando los grandes cambios en el consumo del tiempo y del espacio que introduce la cultura de masas estadounidense. El centro comercial, que en un principio imita el modelo europeo (y *Arcade),* se instala en el centro de las ciudades, progresivamente se vuelve suburbano. Y el parque temático se va fundiendo con el restaurante de comida rápida: el mismo año en que se inaugura Disneyland se abre la primera franquicia de McDonald's y, como el motel, ambos se conectan con la red de carreteras de los Estados Unidos, una maraña imperial que tiene su doble en la de autopistas aéreas, el equivalente en el siglo XX de la maraña ferroviaria europea del XIX.

La librería de la segunda mitad del siglo XX tendrá el carácter aglutinador de ese local de *shopping mall,* donde conviven –estrictamente o en relación de vecindad– la exposición de libros, la guardería, el parque infantil, el local de espectáculos, la restauración y, progresivamente, los discos, los vídeos, los cedés, los deuvedés, los videojuegos y los souvenirs. El modelo urbano, vital y por tanto libresco estadounidense será seguido en gran medida por otras potencias, como Japón, India, China o Brasil, y por extensión por el resto de países. Y los viejos imperios no tendrán más remedio que adaptarse a esa tendencia hegemónica de oferta masiva de ocio, que asegure una venta indiscriminada de consumos culturales. Así, WHSmith y los supermercados Coles se unirán para crear Chapters. Y Fnac, que nació en 1954 como una suerte de club literario de espíritu socialista, acabará vendiendo televisores y poseyendo unos ochenta establecimientos en Francia y más de sesenta en el resto del mundo. Todas las cadenas tienen algo en común: la oferta está dominada por la producción cultural estadounidense.

En *Atlas de la novela europea. 1800-1900*, Franco Moretti ha dibujado en mapas la influencia de autores como Scott, Dickens, Dumas, Hugo, Stendhal o Balzac, y la expansión viral en el Viejo Continente de subgéneros como la novela sentimental, la náutica, la religiosa, la oriental o la *silver-fork* (que a veces no eran leídas más que regionalmente). Eso le permite entender la lógica de la forma de la novela durante el siglo XIX como traducción de los dos modelos predominantes:

> Formas diversas, Europas diversas. Cada género literario tiene su geografía y hasta su geometría: *pero son todas figuras carentes de centro*. Fijaos en lo extraña que es, y nada obvia, la geografía de la novela. Y extraña dos ve-

ces. Porque, en primer lugar, la novela cierra la literatura europea a toda influencia extranjera: refuerza y hasta incluso inventa su carácter peculiarmente *europeo*. Pero esta forma tan profundamente europea priva después a casi toda Europa de toda libertad creativa: dos ciudades, Londres y París, la dominan durante todo un siglo, publicando la mitad (y tal vez más) de todas las novelas europeas en una despiadada e inflexible centralización cultural. Centralización: el centro, el hecho sabido, pero visto por lo que es: no un dato, sino un proceso. [...] Las bibliotecas inglesas y las bibliografías europeas nos envían, pues, el mismo mensaje: con la novela nace en Europa un *mercado literario común*. Un mercado único: a través de su centralización. Y un mercado *desigual:* por la misma razón. Porque en los cien años decisivos entre 1750 y 1850, la peculiar trama geográfica de la centralización hace que en casi toda Europa las novelas sean, muy simplemente, libros extranjeros. Los lectores húngaros, italianos, daneses, griegos, se familiarizan con la nueva forma leyendo novelas inglesas y francesas; y así, inevitablemente, las novelas inglesas y francesas y se convierten en *modelos dignos de imitación*.

Si aplicáramos el método analítico de Moretti a los catálogos de Barnes & Noble, Borders, Chapters, Amazon o Fnac, como él hace con los de las *circulating libraries* y los *cabinets de lecture* decimonónicos, más allá del correspondiente porcentaje de títulos locales, veríamos que el consumo global de ficción es sobre todo de productos norteamericanos o inspirados por ellos. La misma estrategia que Inglaterra y Francia siguieron en el siglo XIX en la forma de la novela fue aprendida por los Estados Unidos, que en el cine de Hollywood y más tarde en las series de televisión hizo de la ficción audiovisual *el modelo digno de imitación*, imponiendo –de igual modo a como Londres y París impusieron su idea de librería– un modo de espacializar la experiencia familiar (con el televisor en el centro), la experiencia cinematográfica (en el cine multisala) y la experiencia lectora (fusionando la librería, la tienda de souvenirs y la cafetería al estilo de Starbucks).

Por esa razón las grandes cadenas de librerías norteamericanas son el epítome de esa forma de concebir la distribución y venta de cultura que llamamos *cadena de librerías* y que a menudo distinguimos con un «gran» delante. Porque la pequeña cadena, la media docena de librerías con el mismo dueño y la misma marca, puede continuar teniendo el capital localizado que caracteriza al negocio independiente, mientras que las grandes cadenas constituyen conglomerados casi siempre multinacionales, en que el librero ha dejado de serlo, porque ha perdido la relación directa –artesanal– con el libro y con el cliente. El librero es un dependiente o el director ejecutivo o responsable de pedidos o jefe de personal. Las cadenas de librerías, inmersas en esa dinámica de accionariado y consejeros delegados, provocan las concatenaciones de acontecimientos que son propias de las grandes empresas: Waterstones fue creada en 1982 por Tim Waterstone tras su despido de WHSmith, que a su vez la compró en 1999, para venderla unos años más tarde a la compañía que había ya adquirido la principal cadena de la competencia, Dillons, cuyos establecimientos fueron convertidos en Waterstones. Bajo la nueva dirección, en 2008, el Waterstones de Cardiff canceló una lectura del poeta Patrick Jones, tras la amenaza de la asociación Christian Voice de boicotear el acto, por ser un libro «blasfemo y obsceno». Los círculos y las piruetas, por tanto, no son sólo neoliberales, sino también kafkianos.

Cuando visité Londres a principios de 2016 tuve la oportunidad de entrevistar a James Daunt, consejero delegado de sus trescientas librerías y dueño de las ocho de Daunt Books. Me sorprendió, cuando nos encontramos en la cafetería de la Waterstones de Piccadilly, que lo primero que hiciera fuera preguntarme qué quería tomar, ir a la barra, pedir un café con leche y servírmelo con una sonrisa. A sus 52 años, James Daunt me pareció alto y elegante, de gestos cordiales que inspiraban mucha calma, en contraste con una mirada puntiaguda, incisiva. Fue fichado en 2011 por el multimillonario ruso Alexander Mamut, que acababa de comprar la cadena, prácticamente en bancarrota, a HMV Group por 67 millones de euros. Es decir: entrevisté al hombre que salvó Waterstones.

–Cuando en 2011 le pusieron al frente del proyecto de Waterstones, ¿qué panorama se encontró?

–La cadena estaba en bancarrota. Kindle había entrado muy fuerte, el mercado había bajado un 25 %. ¿Qué hacía? Lo primero que me planteé fue motivar a los libreros, pero antes desgraciadamente tuve que despedir a un tercio de la plantilla. Me propuse convertir Waterstones en una compañía donde yo mismo hubiera trabajado sintiéndome a gusto. Nada fácil, si se tiene en cuenta que aquí dejó de haber precio fijo y Amazon puede vender los libros con un precio hasta un 40 % más barato que el tuyo. Por eso el librero tiene que suplir esa diferencia de precio con su calidad humana, con su compromiso y su disfrute de esa energía que hay entre el lector, el libro y él. Esa energía no puede estar en Amazon.

–¿Cuáles fueron los principales cambios que introdujo, además de ese recorte de plantilla?

–Es un proceso lento, cambiar una librería. Hatchards fue una gran librería, muy importante, pero decayó, y hemos tardado tres años en recuperarla, en el marco de Waterstones. También lo estamos consiguiendo con el resto de librerías de la cadena: hemos pasado de ganar 9 millones de libras a ganar 13 el año pasado. Lo primero que hice fue darles a los libreros una gran confianza, total autonomía para decidir qué libros venden y cuáles no. Para ello tuve que convertir Waterstones en la única cadena que no acepta la compra de espacio expositivo por parte de las editoriales, ni mesas ni escaparates. Hasta mi llegada Waterstones había ganado unos 27 millones de libras de esa forma. Pero aceptar ese dinero significa que el editor puede presionarte y que el librero no puede seleccionar, no puede ser el curador de su propia librería, de modo que el trabajo deja de ser estimulante. La compra de espacio expositivo crea librerías uniformes, iguales. Mi otro gran cambio tuvo que ver con las devoluciones. Hemos pasado del 27 % al 3 % actual y mi objetivo es que no se devuelva nada.

–El sistema entero se basa en esa entrega de novedades en depósito y en las periódicas devoluciones. Debió de ser dura la negociación con los editores...

–Los editores odiaron esas medidas. Tienes que ser valiente si quieres cambiar el sistema editorial. Yo me reuní con ellos y les pregunté lo siguiente: «¿Tienen una idea mejor? Porque si no hacemos cambios, el negocio se acaba.» Poco a poco lo fueron comprendiendo. Si eres un gran editor, si estás construyendo un gran catálogo, sobrevivirás con nosotros; pero si no, si sólo te interesa la novedad, los títulos mediocres que tal vez puedas vender mediante artimañas, te hundirás.

–¿Cómo se posicionan respecto a los clientes, a los lectores?

–Nuestro reto es satisfacer al cliente más intelectual y no intimidar al cliente menos intelectual. En todas mis librerías los taxistas tienen que sentirse cómodos. Son personas que leen mucho, tanto prensa como libros, quiero que entren en mis locales y que encuentren ahí lo que quieren leer. No soy ingenuo, sé que las de Waterstones son librerías de clase media y que mis clientes de Daunt Books tienen caché. Cada librería debe conocer a su público y no tratar de competir con supermercados u otro tipo de establecimiento que también venda libros.

—¿Cómo es el librero de Waterstones? ¿Y el de Daunt Books?

—Mi intención es que acaben pareciéndose. Un buen librero tiene que ser amistoso, estar interesado en la cultura, ser capaz de contagiar ese interés, estar comprometido intelectualmente con los libros y, además, ser enérgico (no hay que olvidar que es un trabajo muy físico). Queremos que la gente joven y lectora quiera trabajar aquí, porque no van a sentir que esto es una cadena donde prima la eficiencia y la estandarización, sino donde se encuentra un cierto espíritu de curiosidad y amor por los libros. Por eso también estamos cambiando el diseño del espacio. Siempre que voy a España me fijo en La Central, es uno de mis modelos, como lo es también la cadena de las librerías Feltrinelli de Italia...

—Se nota en esta primera planta, con esa madera cálida que recuerda a La Central de Callao de Madrid. ¿Sabe que tras esos proyectos está el mismo diseñador: el argentino Miguel Sal?...

—¡En efecto! Comía con Miguel siempre que visitaba Londres. Era un hombre inteligente, divertido y provocador... Además de un excelente cliente, siempre me acababa comprando libros como loco. Qué lástima su reciente e inesperada desaparición.

—¿Qué opina de que la gran nueva idea de Amazon sea abrir librerías físicas?

–Acabo de regresar de Seattle. La librería es alucinante. Los libros no están puestos de lado, sino de cara, mostrando la portada. Sólo tienen unos cinco mil y están colocados según un cálculo matemático, sin curación, sin jerarquías, sin que puedas experimentar el sentimiento de que estés descubriendo nada. Han deconstruido la idea de librería: con otro nombre sería ridícula, pero como se llama Amazon, es brillante. Porque hay que recordar que WHSmith no es una librería, pero Amazon sí lo es.

«¿Quién mejor para ir a la guerra contra Amazon que una amazona?», se preguntaba Jan Hoffman en una crónica sobre McNally Jackson Books publicada en el *New York Times*. La guerrera sería Sarah McNally, que en un rincón emblemático de una librería famosa por su generosidad con los escritores iberoamericanos (gestionada por Javier Molea), por su agenda de actividades y por su fondo de obras literarias organizado geográficamente ha situado la Espresso Book Machine, una máquina capaz de imprimir y encuadernar en cuestión de minutos cualquiera de los siete millones de títulos de la librería-nube que depende de la librería palpable de Manhattan.

En una escena liderada físicamente por Barnes & Noble y virtualmente por Amazon, tras el cierre de los cientos de librerías de Borders, la American Booksellers Association lanzó las campañas Book Sense e IndieBound, cuyos dos principales caballos de batalla son un premio literario y una lista de libros más vendidos que sólo tiene en cuenta las adquisiciones en librerías independientes (al contrario que la de *The New York Times*, que contabiliza las de quioscos, cadenas de librerías, supermercados, tiendas de regalos y drugstores, además de tener en cuenta los registros de los propios editores, duplicando a menudo las cifras de un mismo libro). Escribía sobre ese panorama en 2010 André Schiffrin en *El dinero y las palabras:*

En Nueva York, donde en los años de posguerra había 330 librerías, ya sólo quedan actualmente 30, incluidas las cadenas. Gran Bretaña experimentó el mismo proceso, la cadena Waterstones, tras haber eliminado numerosas librerías independientes al aplicar enormes descuentos, fue comprada por WHSmith, una cadena de quioscos de periódicos y revistas conocida por su política puramente comercial y su conservadurismo político.

El editor utiliza en su texto varias etiquetas para diferenciar las librerías de calidad de las cadenas de librerías: «librerías con función cultural», «librería intelectual», «librería de referencia», y comenta las estrategias proteccionistas que se han llevado a cabo en Francia para asegurar su pervivencia. Años después el gobierno de Hollande ideó otras. A diferencia del Videoclub, pero sin llegar al extremo de la Biblioteca, la Librería posee un aura de prestigio, una importancia tradicional comparable a la del Teatro o el Cine, como espacios que deben preservarse y potenciar mediante los presupuestos del Estado. Esa conciencia no existe en los Estados Unidos, pero no sería de extrañar que el vacío dejado por Borders, en lugar de ser invadido por otras cadenas, lo ocupen localmente nuevos establecimientos con ambición intelectual, que ofrezcan trato personalizado, con voluntad de devenir centros culturales y en un futuro: de referencia. Locales con intensa actividad en las redes sociales, con buenas páginas web y que ofrezcan la impresión bajo demanda o que estén cerca de centros de impresión. Pequeñas tiendas que sirvan café y pastel casero o que ofrezcan talleres de escritura, como esas vinaterías exquisitas que organizan cursos de degustación. Librerías en que el polvo no sea eliminado por anónimos servicios de limpieza, sino por los propios libreros, con la intención de recordar el lugar exacto en que se encuentra cada uno de esos volúmenes raros, minoritarios, artesanales, pasados de moda, que no tienen lugar en las grandes cadenas de libros y que sólo libreros de la familia de Beach, Monnier, Yánover, Steloff, Sanseviero, Ferlinghetti, Milla, Montroni o McNally sabrán acomodar en estanterías o mesas de novedades: hacerlos visibles.

La Primera Guerra Mundial interrumpió los planes de Wallace. En octubre de 1918 fue gravemente herido durante una batalla en Francia. Durante los meses de recuperación, se centró en la lectura de muchas revistas, destilando los artículos hasta lo esencial. Al regresar a su casa en St. Paul, continuó trabajando en la *digestión* de otros artículos de prensa, juntando treinta y un artículos resumidos en una prueba del tipo de *revista digerida* que quería vender. La primera edición de *Reader's Digest* está fechada en febrero de 1922.

www.referenceforbusiness.com

11. LIBROS Y LIBRERÍAS DEL FIN DEL MUNDO

> Este comentario del Apocalipsis, que pongo en manos del lector, no pretende ser fruto de la erudición.
>
> CRISTÓBAL SERRA (ed.), *Apocalipsis*

¿Qué fue lo primero que hice al llegar a Sídney? Buscar una librería y comprarme una edición de bolsillo de *The Songlines* de Chatwin, cuya traducción al castellano había leído tiempo atrás, y otra de *Austerlitz* de Sebald, que acababa de publicarse en inglés. Al día siguiente visité Gleebooks y estampé uno de los primeros sellos de mi pasaporte invisible, que en aquella época (mediados de 2002) tenía un sentido, digamos, *trascendente* para mí, peregrinaba a las librerías, a los cementerios, a los cafés, a los museos, templos de la cultura moderna que adoraba todavía. Como se habrá adivinado ya a estas alturas del ensayo, hace tiempo que asumí mi condición de turista cultural o de metaviajero y que dejé de creer en pasaportes invisibles. La metáfora, no obstante, me parece bastante adecuada y, en el caso de los amantes de las librerías, serviría para enmascarar una pulsión fetichista y sobre todo consumista, un vicio que a veces se parece demasiado al síndrome de Diógenes. De aquel viaje de dos meses por Australia regresé con veinte libros en la mochila, algunos de los cuales desaparecieron en la criba de mis mudanzas sin haber sido leídos, hojeados, ni siquiera abiertos.

Como digo: al día siguiente fui a Gleebooks, pero los dos libros fundamentales del viaje los compré en una librería cualquiera. Hay que distinguir entre las grandes librerías del mundo y las librerías de urgencia. Por supuesto son éstas las que nos nutren de las lecturas más necesarias, las que no pueden esperar, las que nos entretendrán durante un vuelo o un viaje en tren, las que te permiten comprar un regalo en el último momento, las que te proporcionan –el mismo día en que ha sido distribuido– el libro que estabas esperando. Sin las librerías de urgencia no existirían las otras, no tendrían sentido. Una ciudad tiene que ser una trama de comercios de libros: desde el quiosco hasta la librería principal, se abre una gama de librerías modestas y medianas, de cadenas de libros, de secciones de bestsellers en supermercados, de establecimientos de libros de ocasión, de librerías especializadas en cine, en cómic, en novela policial, en libros universitarios, en medios de comunicación, en fotografía, en viaje.

Llegué al número 49 de la Glebe Point Road, a aquella casa de estilo colonial con su porche de uralita sostenido por columnas metálicas, porque mi guía la destacaba como la librería australiana por antonomasia, ganadora en varias ocasiones del premio al mejor establecimiento del país. Era julio de 2002 y este libro, sólo un proyecto entre tantos otros. Los apuntes de aquella visita, anclados en el tiempo, contrastan ahora con la página web de la librería, constantemente actualizada. «Fundada en 1975», leo en mi caligrafía de entonces. «Estanterías de madera», leo:

> Aparentemente caótica (incluso hay libros en el suelo). La parte trasera da a un patio rudimentario y arbolado. Gran cantidad de literatura australiana, anglosajona y traducida. Venden libretas Moleskine. Mural con portadas de libros dedicados por sus autores. Buhardilla encantadora, enmoquetada como el piso de abajo, con mucha luz natural, ventiladores y vigas de madera, con el techo a la vista. Edición de la novela de Carey sobre los Kelly, imitando papel y tipografía antiguos. Revistero al día. En la buhardilla realizan los actos literarios. Hojeo *Carrion Colony*, una novela de humor absurdo sobre una penitenciaría del siglo XIX.

La verdadera historia de la banda de Kelly de Peter Carey se publicó en traducción de Enrique de Hériz pocos meses antes de mi viaje. Haciendo una vez más alarde de su capacidad para impostar voces, el escritor australiano asume la primera persona de Ned Kelly, huérfano, ladrón de caballos, pionero, reformista, atracador y policía, Edipo, reencarnación de Robin Hood en el fin del mundo. Es decir: traducción de mitos europeos en un país que, para inventarse como nación, ignoró la cultura local, milenaria y compleja, al tiempo que trataba de exterminar o de asimilar a los nativos. Como todas las librerías australianas, Gleebooks evidencia en su distribución física la herida sin cicatrizar que recorre como un reguero de pólvora la isla continente: una sección se llama «Aboriginal Studies» y otra «Australian Studies», porque son dos las Australias que se superponen en un solo mapa y cada una de ellas defiende sus propios límites.

No hay en mi archivo de aquel viaje más librerías australianas: ninguna de las que visité en Brisbane, Cairns, Darwin o Perth me parecieron particularmente seductoras. Los principales títulos para mi investigación sobre la emigración española a la otra punta del planeta los conseguí en tiendas de museos. Diez años más tarde visité Melbourne y tuve ocasión de conocer sus dos librerías principales, que sí me parecieron memorables: Reader's Feast Bookstore, en cuyas butacas descubrí la literatura aborigen contemporánea a través de Tara June Winch, y Hill of Content, sin duda mi favorita, tanto por su texto como por su contexto. Toda la ciudad se articula ahora a través del culto al café, de modo que las librerías parecen apéndices de ese ritual, cuyos tiempos son completamente afines a los de la lectura. A menos de cien metros de Hill of Content se encuentran Pellegrinis, una vieja cafetería y restaurante italiano que es una auténtica institución en Melbourne, y Madame Brussels, un sofisticado local en el tercer piso del edificio de enfrente. Entre la antigüedad vintage (en la cocina la dueña hablaba en dialecto con su ayudante) y la modernidad retro (sólo la vajilla de Madame Brussels es realmente vieja): allí fue donde empecé a leer *Under the Sun*, las cartas de Chatwin, y *Travels*, la antología de crónicas de viaje de Bowles, ambas recién editadas y todavía invisibles en mis librerías de Barcelona, y en cambio expuestas en el escaparate de una de las librerías del fin del mundo.

Los capuchinos que sirven en Melbourne y su empeña-
da persistencia de la hora del té, el cultivo de vinos excelentes y las casetas de baño de sus playas, la vida en la calle y
las restauradas Arcades: todo puede leerse como un vaivén
entre un estilo de vida mediterráneo, europeo, si se quiere
internacional, y cierta resistencia a abandonar el pasado colonial británico, la herencia de la Commonwealth. Lo mismo ocurre en Sudáfrica: los mismos capuchinos, la misma
hora del té, vinos igual de buenos, las mismas casetas mul-
ticolores, esa vida de terraza que comparten ahora la mayoría de las ciudades del mundo, los mismos pasajes (y, de
fondo, idéntico exterminio). En el más pintoresco de Ciudad del Cabo, The Long Street Antique Arcade, la librería
y el café son vecinos de los bazares anticuarios y las tiendas
de objetos militares, en una mezcolanza que encuentras en
todas las galerías urbanas del viejo imperio británico.

¿Qué fue lo primero que hice al aterrizar en Johannes-
burgo en septiembre de 2011? Por supuesto, preguntar

251

por la mejor librería de la ciudad. No pude visitarla hasta mi último día, cuando de camino al aeropuerto le pedí al taxista que parara el tiempo suficiente para que pudiera conocerla. Se trataba de Boekehuis, especializada en literatura en afrikáans, la única librería que conozco que ocupa una villa entera, rodeada de jardines y protegida por un muro y una caseta de vigilancia. Centenario, de estilo colonial, el edificio fue la residencia de la hija de Bram Fischer, un destacado activista antiapartheid. Las chimeneas han sido cegadas, pero el ambiente sigue siendo hogareño, la cafetería es una suerte de oasis y las alfombras de la sección infantil acogen a cuentacuentos los fines de semana. Ahora que ya poseo la biblioteca que necesito, y que puedo llevar libros almacenados en mi tableta, sólo compro durante mis viajes aquellos títulos que me pueden ser realmente útiles, aquellos libros que no se encuentran fácilmente en mi ciudad y que de verdad deseo leer. De modo que en Boekehuis no compré nada. Y tampoco lo hice en The Book Lounge, la mejor librería de Ciudad del Cabo.

Llevaba en la maleta *Mantis religiosa*, de André Brink. La novela es una reescritura de una historia real situada en el nebuloso amanecer del país, la del pendenciero Cupido Cucaracha, que se transformó en un ferviente misionero y experimentó en sus negras carnes los conflictos que azotarían el futuro de Sudáfrica. Tanto *La verdadera historia de la banda de Kelly* como varios libros de J. M. Coetzee trabajan con esa misma estrategia: la del manuscrito encontrado y reescrito, la del diálogo con la materia textual del pasado. La revisión de los turbios orígenes de la patria se encuentra en los propios orígenes de Coetzee como novelista: desde su primer libro, *Tierras de poniente*, cuya primera parte, «El proyecto Vietnam», comienza así: «Me llamo Eugene Dawn. No puedo hacer nada al respecto. Empiezo, pues»; y cuya segunda parte, «La narración de Jacobus Coetzee», en que J. M. Coetzee figura como traductor, se inicia de este modo: «Hace cinco años Adam Wijnand, bastardo, no hay vergüenza en ello, hizo su equipaje y viajó a pie al territorio de los korana.» *Disgrace* se podría traducir como *Vergüenza*. Poco antes de mi viaje a Sudáfrica había leído *Estética de laboratorio,* de Reinaldo Laddaga, uno de esos escasos buenos libros de ensayo, como *La República mundial de las Letras* o *Atlas de la novela europea,* en que su autor no se centra en una lengua o en un área geográfica concretas, sino que trata de dibujar un mapamundi porque la literatura no puede entenderse desde una fe anacrónica en las fronteras. A diferencia de sus libros anteriores, donde Laddaga hablaba de literatura latinoamericana, en su nuevo título relacionaba el espectro de la literatura actual que siento en una frecuencia parecida a la mía (Sebald, César Aira, Sergio Chejfec, Joan Didion, Mario Levrero, Mario Bellatin), con autores de otros ámbitos de la creación contemporánea, como la música o las artes visuales. Un capítulo versa sobre un aspecto de *Desgracia* que, pese a mis reiteradas lecturas, me había pasado desapercibido. David, el protagonista, trata de componer una ópera durante toda la novela, la historia de Byron en Italia, y la ficción concluye con una imagen desoladora: la del personaje afinando acordes en un viejo banjo de su hija, pensando en si un perro moribundo podría aportar con su garganta el lamento que la obra necesita, sentado en un sillón viejo, al amparo de una sombrilla de playa, con una África negrísima e incomprensible que se expande hasta donde alcanza su mirada, que no se expresa en inglés ni conoce los mitos y las lenguas de la Vieja Europa. En esa composición que obsesiona a David durante toda la novela, sostiene Laddaga, se encuentra la semilla de todos los libros posteriores de Coetzee: páginas escritas a partir de materiales pobres, como apuntes, diarios, entrevistas y cartas, sin el prestigio de *lo literario*, ensayos frustrados, intentos de afinar una música que no puede ser sublime, donde los álter ego del escritor aparecen en escena expresando su incapacidad de enunciar en el siglo XXI un relato acabado y perfecto.

Tan parecida a Hill of Content, Livraria da Travessa o Eterna Cadencia que podrían ser hermanas, The Book Lounge es una librería encantadora, de grandes mesas de madera y sofás y un sótano con alfombras en que te dan ganas de quedarte a vivir. Su estética es absolutamente clásica y por tanto familiar; pero recorrerla significó enfrentarme a un enigma. Porque observando los libros, anaquel por anaquel, me fui encontrando con vacíos. El primero fue el de Paulo Coelho: sus novelas y libros de autoayuda no estaban y un cartelito avisaba de ello. El segundo fue Gabriel García Márquez. El tercero, Coetzee. En los tres casos, el mismo cartelito con el mismo mensaje: «Pedir sus libros en el mostrador.» ¿Qué tendrían en común Coelho, García Márquez y Coetzee? La librera charlaba con un amigo y me dio vergüenza interrumpirlos, de modo que hice tiempo fotografiando el local y hojeando libros. Al fin quedó desocupada y le pedí que me resolviera el enigma. Y eso hizo: son los tres autores más robados. Los únicos que roban. De modo que los tenemos aquí, me dijo, señalando hacia unos pilones de libros que había a sus espaldas. Le pedí los de Coetzee. No había ninguno que yo no tuviera en casa, pero volví a ojear su discurso del Premio Nobel, bellamente encuadernado en tela por Penguin y que adquirí años atrás en Seminary Co-op. Y busqué en la edición que acababa de publicar Penguin Classics de *Disgrace*, con notas y dirigida a estudiantes universitarios, alguna referencia a la estética de la precariedad, a la ópera que compone David como semilla de su ficción futura, a la pobreza de su ejecución con un banjo desafinado en un solar solamente habitado por perros. Fue en vano.

Verano es el libro donde cuajan más rotundamente las intuiciones de Laddaga. Su análisis llega hasta *Diario de un mal año*, pero es en la última obra maestra de Coetzee, hasta el momento, donde hubiera alcanzado su esplendor epifánico. Durísima autobiografía ficcionalizada, es una novela sin centro, sin clímax. Y sin embargo recuerdo con peculiar intensidad la noche que John pasa con su prima en el interior de una camioneta, escena poderosa como el centrifugado del Maelstrom pese a su aparente indolencia, su pátina de inacción. En ese momento el lector se siente en el fin del mundo. Es un sentimiento fuerte: como atravesar Australia o Sudáfrica o los Estados Unidos o el norte mexicano o Argentina, detener de pronto el avance de horas por el paisaje monocorde, pararte en una gasolinera o en una aldea y estar de pronto en medio de ninguna parte, ese vértigo, en un puesto fronterizo desde el que otear el horizonte a la espera de los bárbaros que nunca acaban de llegar, esa angustia, que conduce a una pregunta inevitable: ¿qué diablos hago yo aquí?

En la Patagonia seguí el rastro de Chatwin como en ningún otro lugar del planeta Tierra. Durante aquellas semanas mi ejemplar de Muchnik Editores de su ópera prima engordó hasta convertirse en una carpeta: a la rugosidad de los subrayados a lápiz se le sumaron tickets de autocar, postales y folletos turísticos, como los de la Estancia Harberton o el de la Cueva del Milodón. Dos fueron los momentos en que estuve más cerca del autor de *Anatomía de la inquietud:* cuando entrevisté al nieto de Hermann Eberhard («Por la mañana salí a caminar con Eberhard bajo una lluvia torrencial. Usaba un abrigo forrado en piel y miraba ferozmente la borrasca desde debajo de un gorro de cosaco») en Punta Arenas, quien me contó la extraña visita que le hizo el escritor y biógrafo Nicholas Shakespeare, quien en cierto momento de la entrevista comenzó a obsesionarse con comprarle una antigua nevera, pues las coleccionaba, de modo que la conversación fue derivando hacia el electrodoméstico hasta monopolizarla; y cuando hice una caminata por Puerto Consuelo hacia la cueva legendaria y acabé perseguido por una jauría canina y saltando cercas, porque el camino era interrumpido una y otra vez por la propiedad privada, y finalmente, muerto de miedo, de una autocaravana oxidada convertida en hogar estable, salió un hombre sucio y rudo a calmar a aquellos perros del infierno. Chatwin, mitómano: es imposible que hicieras todo lo que sostienes en tu libro y sin embargo qué intenso efecto de verdad irradia todo lo que escribiste.

¿Qué fue lo primero que hice al llegar a Ushuaia en primavera de 2003? Visitar el Museo del Presidio y comprar en su tienda de recuerdos *El último confín de la tierra*, de E. Lucas Bridges, la historia de su vida en el fin del mundo, entre los yaganes (indios caoneros), los onas (cazadores nómadas) y su familia de emigrantes británicos (dueños de la hacienda Harberton, la primera de Tierra del Fuego). Es uno de los mejores libros de viaje que he leído y la antítesis del relato de Chatwin. A su fragmentación, Bridges le opone unidad. A su superficialidad –propia de la velocidad de la mayoría de viajes memorables–, una profundidad que pocas veces se ha visto en la Tradición Inquieta: su autor estudió el idioma de los aborígenes, se hizo amigo de ellos, estableció un puente entre ambas culturas que *En la Patagonia* ni siquiera se plantea tender entre la anglosajona y la hispánica. La verdad de Bridges es superior a la verdad de Chatwin. Puede parecer raro pero es así: la verdad literaria tiene sus grados y la honestidad, incontrastable a medida que los hechos se alejan en el tiempo, puede lograr que un libro ingrese en lo más hondo de tu intimidad. A menudo el viajero ve lo que el nativo no es capaz de apreciar, pero no es lo mismo ser un turista en el fin del mundo que haberlo habitado.

Supongo que lo que yo sentí en mis fugaces estancias en Tierra de Fuego, el Cabo de Buena Esperanza o Australia Occidental, ese latido de lo remoto y de la finitud, es lo que los viajeros romanos y los peregrinos medievales sentían al divisar las distintas *finis terrae* de resonancias celtas en que la Europa Occidental se despeña en el mar. Tras llegar a Santiago de Compostela, ciudad universitaria y por tanto de comercio librero y por tanto de empeño de libros cada final de curso desde 1495, los peregrinos continuaban tres o cuatro días más hasta alcanzar Finisterre, en cuya playa quemaban las ropas de meses enteros de errancia antes de iniciar el lento regreso a casa, también a pie. Si algo comparten todas las religiones es la necesidad del libro, la

idea de que caminar acerca a los dioses y la convicción de que el mundo se acabará. Para los antiguos esa certeza tenía una traducción física: en efecto, llegado a cierto punto, alcanzada cierta frontera, no era posible ir más allá. A nosotros, que hemos mapeado hasta el último rincón del globo, que hemos acabado con el misterio del espacio, sólo nos queda certificar la extinción de los tiempos.

Nos ha tocado vivir el lentísimo fin del libro de papel, tan lento que quizá nunca llegue a ocurrir del todo. Y sin embargo en Bécherel, en la misma Bretaña en que nació el material novelesco que moldeó Chrétien de Troyes y que tan digno fue de imitación, a pocos kilómetros del departamento francés de Finistère, visito en compañía del traductor François Monti diecisiete librerías y galerías de arte vinculadas con la tinta y la caligrafía en una única tarde. Forma parte de una telaraña de pueblos libreros que puede parecer anacrónica, pero que es impresionante. El primero fue Hay-on-Wye, en Gales, fundado por Richard Booth en 1962, que hoy cuenta con treinta y cinco librerías. Los hay en Escocia, Bélgica, Luxemburgo, Alemania, Finlandia, Francia, España. En Bécherel, antes de 1989, no existía ni un solo establecimiento de libros. Su viejo esplendor textil ha quedado fijado en la toponimia: rue de la Chanvrerie (o del Cáñamo), rue de la Filanderie (o del Hilado). Las presumidas residencias de los mercaderes hablan de los siglos XV, XVI y XVII, cuando desde esta zona se exportaba el mejor lino de Bretaña. En la casa de huéspedes donde nos alojamos hay una rueca y una estantería llena de libros. Nunca había visto tantas librerías de suelos cubiertos de alfombras.

Las casas son antiguas, pero las librerías de libros viejos son nuevas y el desorden está perfectamente calibrado: puesta en escena retro en una arquitectura vintage. Con su invernadero decorado con esculturas metálicas y sus dos pisos junto al jardín del presbiterio, la Librairie du Donjon es una de las más hermosas que he visitado en toda mi vida. Sin embargo, es difícil olvidar que me encuentro en la realización de una operación turística. Que Bécherel es un parque temático del libro. La inversión de una vieja dinámica: la biblioteca, en plena crisis económica, con sus ludotecas y sus videotecas, está más viva que nunca; y la librería, en cambio, se convierte en museo como estrategia para sobrevivir.

O desaparece: acabo de descubrir en la red que Boekehuis cerró en enero de 2012.

Algunas librerías, remotas si el radio se mide desde Barcelona, se encuentran en el fin del mundo. Pero todas, absolutamente todas, se encuentran en un mundo que tal vez llegue muy, muy lentamente, a su fin.

> Después de todo, Riegal, debe usted considerar que cuando las autoridades marítimas solicitaron guardianes para el Faro del Fin del Mundo, la cantidad de aspirantes era tan numerosa que la elección no resultó fácil.
>
> JULES VERNE, *El Faro del Fin del Mundo*

12. EL ESPECTÁCULO DEBE CONTINUAR

> Pero la mayor ambición de lo espectacular integrado sigue siendo que los agentes secretos se hagan revolucionarios y que los revolucionarios se hagan agentes secretos.
>
> GUY DEBORD,
> *Comentarios sobre la sociedad del espectáculo*

También en Venecia sentí que se terminaba uno de los tantos mundos que llamamos *mundo*. Estábamos a principios de diciembre y la marea alta convertía a diario la Piazza San Marco en un estanque de columnas duplicadas, en una laguna atravesada por turistas con botas de agua, en un naufragio de mesas metálicas de patas largas que el reflejo líquido convertía en patas de garza metalizadas. Era el momento adecuado para visitar Acqua Alta, el local que Luigi Frizzo ha convertido en una de las librerías más fotogénicas del mundo, con su larga góndola en el medio de la nave central, saturada de volúmenes de segunda mano, y con esa estancia lateral que se inunda varias veces al año. Unos tablones me permitieron fotografiar aquel suelo invadido por la marea, parte de una ciudad a la deriva; y la escalera de libros que Frizzo ha construido en la terraza, acceder a una bella panorámica sobre el canal. Acqua Alta no es sólo una librería: es una tienda de postales; es una comunidad de gatos; es un almacén de barcas y bañeras llenas de libros y revistas; es un lugar donde puedes conversar con venecianos simpáticos que acuden cotidianamente para conocer a turistas; es –finalmente y sobre todo– una atracción turística. En la puerta un letrero te da la bienvenida a la *«most beautiful Bookshop in the World»*. A la salida, con la memoria llena de fotos, compras un punto de libro, un calendario, una postal, a lo sumo alguna historia de la ciudad o una colección de crónicas de viaje de sus ilustres visitantes, y de ese modo pagas la entrada del museo.

Son muchas las librerías tradicionales y bellas que no han entrado en los circuitos del turismo o que han sabido esquivar sus cantos de sirena. John Sandoe Books, de Londres, por ejemplo, tiene todo lo que desea un fotógrafo aficionado: su fachada une tres edificios del siglo XVIII en una única imagen pintoresca, con esos escaparates de madera oscura y esos cristales que reflejan las nubes; y su interior en tres niveles –con veinte mil volúmenes apilados en las mesas o dispuestos en las estanterías corredizas, con escaleras que suben y bajan conectando el sótano poético e infantil con el resto de las estancias– está lleno de rincones idóneos para ser acribillados con los megapíxeles de tu cámara. Pero ese cuerpo precioso tiene alma. Me di cuenta de ello cuando ya me disponía a salir, tras haber hojeado varios libros sin decidirme por ninguno. Como hago siempre, pregunté en la caja si tenían alguna publicación que contara la historia de la librería. Entonces Johnny de Falbe –que, según leí más tarde, trabaja allí desde 1986 y es también novelista– comenzó a generar magia. Como si de un anzuelo se tratara, primero me regaló un librito exquisito, *The Sandoe Bag. A Miscellany to Celebrate 50 Years.* Mientras le echaba un vistazo me fijé en una plaquette en la que no había reparado, expuesta a sus espaldas: *The Protocols of Used Bookstores* de David Mason, que compré por cinco libras. Seguimos charlando sobre el autor, un librero canadiense, y de pronto De Falbe desapareció –como hace en algún momento todo mago que se precie– para reaparecer con *The Pope's Bookbinder* en las manos, las memorias de Mason, recién importadas desde Ontario, donde cuenta que antes de convertirse en uno de los grandes libreros de América del Norte, vivió en el Beat Hotel, con Burroughs tecleando furiosamente en la habitación de al lado, y que se refugió más de una vez en la Shakespeare and Company de Whitman; cuando regresó a Canadá, fue viendo germinar en su interior su vocación librera. Compré gustosamente ese libro que no sabía que deseaba por otras veinticinco libras. De Acqua Alta, en cambio, me fui sin comprar nada.

En la cafetería de la librería Laie, en la calle Pau Claris de Barcelona, hay dos fotografías de la Shakespeare and Company original: una de la fachada y la otra del interior, con Joyce conversando con sus editoras alrededor de una mesa. A la derecha se ven decenas de retratos de escritores que cuelgan de la pared, por encima de la chimenea extinta. Es una pinacoteca en miniatura, un resumen de la historia de la literatura, un altar de idolatría. Monnier dice de La Maison des Amis des Livres: «Era una librería sin pinta alguna de tienda, sin que fuese nuestra intención; no podíamos ni imaginar que con el tiempo nos alabarían tanto por lo que a nosotras nos parecía precariedad e improvisación.» Sylvia Beach compró los sofás de su librería en el mercado de las pulgas, donde presumiblemente también adquirió Whitman después los suyos (quién sabe si serían los mismos). Steloff llevó en un carro tirado por caballos los cuatro muebles y los pocos libros con que nutrió por primera vez su librería. Cuando ese aspecto supuestamente descuidado dura décadas, se convierte en un rasgo de estilo y en parte del marcador. Porque la esencia del turismo es el eco y una librería clásica, con su pátina de antigüedad, debe aparentar cierto desorden, la acumulación de estratos que la vincula con lo que el tópico identifica con la Gran Tradición del Saber: ese caos aparente que va revelando su orden. También en la entrada de Acqua Alta encuentras los productos de ámbito local y a medida que penetras en las diferentes habitaciones, pese al abigarramiento y el polvo, vas descifrando el sistema de clasificación del que no puede emanciparse ninguna librería.

Como ella, la Bertrand original, Lello, la Librería de Ávila, City Lights, la Librairie des Colonnes o Shakespeare and Company se han convertido en museos de sí mismas y del fragmento de la historia de la cultura que representan, siempre con más fotografías de escritores –como iconos representativos de la letra impresa– que de filósofos o historiadores. Por eso se habla, injustamente, de *librerías literarias.* A excepción de la lisboeta, son también museos de la librería única, sin sucursales, sin clones. La transformación de City Lights en atracción turística ocurre prácticamente en tiempo real, en el marco de una cultura obsesionada con *la distinción* y con el ritmo acelerado de mitificación propio del pop. La primera Shakespeare and Company formaba parte del circuito de American Express y el autobús cargado de turistas se paraba unos minutos en la rue de l'Odéon para que tomaran fotos del lugar donde Joyce publicó su celebrada novela, frecuentado por Hemingway y por el glamouroso matrimonio Fitzgerald. En las listas que han proliferado durante los últimos años en diarios y páginas web, de las librerías más bellas del mundo, o de las mejores, acostumbran a aparecer todas ellas junto con otras que imitan ese desaliño, esa imagen bohemia, esa importancia histórica. Es el caso de Another Country, de Berlín, club de lectura y librería de segunda mano de títulos en inglés. Autorenbuchhandlung, con su gusto exquisito por las colecciones de poesía o su café literario, y la vecina Bücherbogen, cinco silos paralelos consagrados a los libros sobre arte y cine contemporáneos, ambas en Savignyplatz y ambas bajo las vías del tren, son las mejores librerías de la ciudad y las más bellas. *La Librería de los Autores* materializa un ideal clásico de librería contemporánea. *Préstamo de Libros*, un ideal *espectacular:* su interiorismo sintoniza a la perfección con el contenido de los volúmenes que constituyen su fondo. *Otro País*, en cambio, se limita a reproducir en pequeña escala el imaginario de la librería de viejo, polvorienta y convertida en albergue, que tanto rédito le dio a Whitman, con una nevera llena de cervezas y estudiantes norteamericanos, trasnochados o con resaca, que leen tumbados en los sofás. Su presencia en las listas se debe a dos razones: a que puede ser conocida (y reconocida) en inglés (y los periodistas que confeccionan esos cánones son por lo general anglosajones); y a que puede ser condensada en una única imagen (es *pintoresca*, responde a aquello que reconocemos de la pintura, de las estampas, de las fotografías que circulan globalmente y que tienden a repetirse, es decir, a perpetuarse mediante el mecanismo básico que regula el turismo y la cultura: la imitación).

Esas listas acostumbran a estar encabezadas por una librería que todavía no he podido visitar, la Boekhandel Selexyz Dominicanen de Maastricht, cuyos anaqueles y cuyas mesas de novedades son acogidas por una *espectacular* estructura gótica, la de una *auténtica* iglesia dominica, reconvertida en 2007 por los arquitectos Merkx y Girod en un templo de lo que en nuestra época se entiende por *cultura*. Para aprovechar la altura de la nave dispusieron tres plantas metálicas, con sus correspondientes escaleras, que ascienden junto con las columnas hacia lo alto: el lugar de la luz y del viejo Dios. La ironía dispone en el extremo de la nave una mesa en forma de cruz, en el espacio del altar vacío, como si el ritual de la comunión fuera sólo lectura (la ingestión se desplaza a la cercana cafetería). Cuatro años más tarde los mismos arquitectos intervinieron la fachada, que es la original, con una puerta color óxido que abierta parece un tríptico y cerrada, una caja o un armario. No hay duda de que se trata de una obra maestra de la arquitectura y del interiorismo, pero no está tan claro que sea una librería extraordinaria. Cierra a las seis de la tarde y el fondo es casi exclusivamente en neerlandés. Pero no importa: en la circulación global de la imagen el continente es mucho más relevante que el contenido. Lo pintoresco es más importante que el idioma que conduce a la lectura. El *divorcio* entre la comunidad de lectores que permite la existencia de la librería, por un lado, y la de los turistas que la visitan puntualmente solamente para fotografiarla, por el otro, constituye uno de los rasgos fundamentales de la librería del siglo XXI. Porque hasta ahora la librería se convertía en atracción turística cuando se ponía en valor su relevancia histórica y su condición pintoresca; pero en los últimos años la apuesta arquitectónica, su capacidad de seducción mediática, casi siempre vinculada con la grandeza y el exceso, se han convertido en un marcador tal vez más decisivo que los dos tradicionales.

Espero que se me perdone el abuso de la cursiva al comienzo del párrafo anterior, pero quiero enfatizar esos tres conceptos: el de espectáculo, el de autenticidad y el de cultura. Si durante el siglo XX la construcción de óperas, teatros, auditorios, complejos culturales, museos, estadios deportivos, centros comerciales y bibliotecas aspiró al modelo de catedral contemporánea, ha sido en el siglo XXI cuando esa tendencia ha entrado con fuerza en el ámbito de las librerías. La primera –en segunda posición en la mayoría de las listas, tras perder su primacía cuando se inauguró Selexyz– fue la Ateneo Grand Splendid, que remodeló en el año 2000 el interior de un cine-teatro de la avenida Santa Fe de Buenos Aires, inaugurado en 1919, conservando su cúpula pintada al óleo, sus balcones y palcos y barandas y su escenario con telón granate. La iluminación es portentosa, esos tres pisos de bombillas en círculo comunican la sensación de estar al mismo tiempo en el interior de un monumento y en plena ejecución de un espectáculo. Un espectáculo ininterrumpido, en que el protagonismo no recae en los clientes ni en los libreros, sino en el propio contenedor que los acoge. Forma parte de la cadena Yenny y no posee un fondo particularmente destacable, pero asegura una experiencia turística, tanto para los visitantes ocasionales como para los vecinos y lectores asiduos. Proporciona la experiencia de estar en un lugar único, pese a que la oferta sea idéntica a la del resto de locales de la cadena. Mientras que Fnac se clona en el interior de cualquier edificio histórico, convirtiendo el Palacio de la Bolsa de Nantes en un espacio idéntico al del subterráneo del Centro Comercial Arenas de Barcelona, en el exterior continúan pareciendo –respectivamente– un edificio neoclásico y una plaza de toros, el Ateneo Grand Splendid demuestra que la singularidad está más cotizada en el mercado simbólico del turismo virtual (la imagen) o físico (la visita).

No tengo duda alguna de que, en uno de los extremos del barrio de Palermo, en la misma ciudad de Buenos Aires, Eterna Cadencia es mejor librería, y probablemente también sea más bella que Ateneo Grand Splendid. Suelos de madera, mesas y butacas señoriales, excelente fondo repartido en estanterías que cubren las paredes por completo, un encantador café en un patio remodelado donde se realizan todo tipo de eventos literarios, la actividad editorial del sello homónimo, esas lámparas que te transportan a las librerías de las películas. Clásica y Moderna, como la librería con ese mismo nombre de la avenida Callao, como Guadalquivir, a cuatro pasos y especializada en editoriales españoles, de estilos similares al que Eterna Cadencia ha reeditado en pleno siglo XXI. En las tres encontramos el mismo estilo sobrio, cuidadoso con los detalles, tradicional, de algunas de las grandes librerías nacidas en los ochenta y los noventa, como Laie, Robinson Crusoe 389 o Autorenbuchhandlung. Y de otras que abrieron sus puertas la década pasada, como The Book Lounge, porque sobre gustos hay mucho escrito y nuestra época se caracteriza por su multiplicidad.

El proyecto de la librería La Central de Barcelona se puede observar como una migración posible de las tendencias principales del último cuarto del siglo XX a las del XXI, siempre y cuando no nos olvidemos de la importancia de la *singularidad*. Su primera sede abrió sus puertas en la calle Mallorca en 1996 y su diseño es parecido al de las que acabo de citar, intimista, a la medida del ser humano (el cuerpo del lector). La segunda, La Central del Raval, inaugurada en 2003, sintoniza en cambio con Selexyz y Ateneo Grand Splendid, al reconvertir la Capilla de la Misericordia del siglo XVIII en ámbito libresco, respetando la arquitectura original y, por tanto, su monumentalidad, sus techos altos que empequeñecen al hombre. Pero hay en ella una sobriedad monacal, una mesura que ha desaparecido en la que podría verse como la tercera fase de un proyecto impremeditado: La Central de Callao, en Madrid, inaugurada en 2012, que ha reformado completamente una finca palaciega de principios del siglo pasado, conservando su escalera de madera, sus muros de carga de ladrillo, sus techos de cerámica y madera, sus suelos de baldosa hidráulica y hasta su capilla ilustrada, y les ha añadido, además de los anaqueles y los miles de libros, un restaurante, un bar y una exposición permanente de todo tipo de objetos vinculados directa o indirectamente con la lectura, como cuadernos, lámparas, bolsos o tazas. Aunque los techos de cada uno de los tres pisos sean relativamente bajos, el altísimo patio interior, con su monumental sopa de letras, inserta el espacio en una de las tendencias principales de nuestro siglo: una grandeza que permite que la librería compita con el resto de iconos culturales de la arquitectura contemporánea.

Tras la apertura, uno de sus propietarios –junto con Marta Ramoneda y Maribel Guirao–, el librero Antonio Ramírez, que encarna la tradición del librero nómada (su recorrido vital recuerda al de Bolaño: colombiano de origen, se inició en el oficio en los establecimientos de México D. F., se perfeccionó en La Hune de París y en Laie de Barcelona antes de iniciar su propio negocio), publicó un artículo titulado «Imaginar la librería futura» donde afirmaba:

Tal vez sólo sea posible si precisamente nos situamos en su dimensión irremplazable: la densidad cultural que encierra la materialidad del libro de papel; mejor dicho, pensando la librería como el espacio real para el encuentro efectivo de personas de carne y hueso con objetos materiales dotados de un aspecto singular, de un peso y una forma única, en un momento preciso.

Y a continuación enumeraba las características de ese espacio del futuro que tiene que ser ya, aunque parcialmente, presente. Ramírez habla de una arquitectura para el placer y la emoción, que anula cualquier barrera entre el lector y el libro y jerarquiza convenientemente la oferta, en la cual el librero actúa como coreógrafo, meteorólogo, hiperlector o mediador, y dispone los elementos afectiva y efectivamente para estimular la memoria del lector y catalizar su elección –la compra– hacia la dirección que más placer pueda inyectarle. El énfasis en la librería como suma de experiencias físicas concretas es coherente con una arquitectura y un interiorismo como el de La Central de Callao, donde el espectáculo dialoga con la intimidad,

donde la novedad se complementa con el fondo, donde el tacto físico del papel o del cartón se comunica con el apetito en el restaurante o en el bar. A diferencia de las otras grandes librerías de nuestra época, se insiere en pleno centro urbano, en el lugar de paso de la multitud, y compite directamente con Fnac o con El Corte Inglés, consciente de que –al contrario de ellas, sin singularidad arquitectónica– puede convertirse en una atracción turística si su monumentalidad y su condición pintoresca se incorporan a los circuitos mundiales de la imagen.

La división de las cadenas de librerías entre las que respetan la idiosincrasia del espacio que las acoge y las que imponen un único diseño en todas sus sucursales se vuelve problemática en dos casos mexicanos: las librerías del Fondo de Cultura Económica y las de El Péndulo. La primera es una cadena latinoamericana, con sedes tan meridianamente espectaculares como la del Centro Cultural Gabriel García Márquez de Bogotá, inaugurada en 2008 y con mil doscientos metros cuadrados de espacio, o la del Centro Cultural Bella Época del D. F., dos años más joven y unos pocos metros más pequeña. Mientras que la primera y el complejo del que forma parte fueron creados desde cero por el arquitecto Rogelio Salmona en pleno centro histórico de la capital colombiana, la Librería Rosario Castellanos es parte de la remodelación del Lido, un cine emblemático de los años cuarenta, llevada a cabo por Teodoro González de León. Se trata de una nave catedralicia, de una blancura extrema, en que las estanterías y los sofás han sido dispuestos como un jeroglífico faraónico. El cielo de la librería fue diseñado por el artista holandés Jan Hendrix y representa una escritura vegetal. Por supuesto también hay un café en su interior, pero ocupa un espacio mínimo.

La primera librería El Péndulo, en cambio, abrió sus puertas en el barrio de La Condesa en los años noventa dejando clara la fusión de librería y café, que iría acompañada de la hibridación de la sala de conciertos con la escuela literaria, en sintonía con los centros culturales que fueron proliferando en el mundo occidental durante esa época, prefiguración de la respuesta principal que la librería dará a la amenaza digital. Una palabra deviene emblema de la mezcla: *cafebrería.* La librería como lugar de encuentro, de reuniones de negocios, de clases particulares, de eventos, en un contexto sutilmente mexicano (los manteles, la vegetación). Con los años se han ido abriendo hasta seis locales, que conservan un único estilo aunque se hayan adaptado a las características de cada espacio. En el de Polanco, por ejemplo, el restaurante, la librería y el bar tienen prácticamente la misma importancia en términos de metros cuadrados, aunque sean las estanterías de libros las encargadas de crear un hilo conductor, de dar *el tono*, de crear la armonía entre las distintas secciones de productos culturales diversos: música, cine, series de televisión, libros de arte... En el de la Colonia Roma esa función de interconexión la cumple la pared del fondo de la librería, convertida en una hiperbólica estantería llena de libros que acompaña las escaleras hacia el primer piso y la terraza, y que evoca los jardines verticales de Patrick Blanc. En el Péndulo del Sur es un enorme plafón violeta el que juega con el eco del arte contemporáneo. En el de Santa Fe encontramos, en su lugar, unos murales que recuerdan a Miró y al arte precolombino. Hay una imagen corporativa común, pero coquetea con los rasgos de la identidad del diseño particular, no en vano memorables además de *cool*.

No hay duda de que la librería de grandes dimensiones es una tendencia importante en nuestra época, en interacción con la instalación y otros dispositivos propios del diseño y el arte contemporáneos, que se hacen visibles principalmente en las superficies mayores: ciertas paredes y sobre todo los techos. Además de en Buenos Aires,

Maastricht, Madrid o México D. F., encontramos proyectos similares nacidos también en nuestro siglo en los Estados Unidos, Portugal, Italia, Bélgica y China. The Last Bookstore ocupa la antigua sede de un banco del *downtown* de Los Ángeles y conserva la gigantesca columnata original: el mostrador ha sido hecho exclusivamente de libros y todo el espacio está presidido por la escultura de un gran pez, también elaborado con centenares de volúmenes. La vieja nave industrial del barrio lisboeta de Alcántara que alberga Ler Devagar, que conserva –intacta y oxidada– la imprenta industrial de los viejos tiempos y que también tiene al fondo una pared mayúscula saturada de libros, es continuamente sobrevolada por una bicicleta con alas que se abren y se cierran como un lento aplauso. Se aplaude un proyecto sin parangón en el mundo librero. Tras dos sedes anteriores, una en Barrio Alto y la otra en una antigua fábrica de armas, Ler Devagar es actualmente la librería con más libros de Portugal, una sociedad anónima con ciento cuarenta socios que no reciben beneficios de su inversión, que invierten a fondo casi perdido en libros, porque todos los libros de la sede principal y de las que hay en otros puntos del país son comprados. Es una gran biblioteca con libros en venta, que invita a leer lentamente. Es, también, un centro cultural de primera magnitud, un lugar donde siempre pasan cosas: no se me ocurre mejor definición de la librería ideal. Las plataformas blancas que conforman el techo de Bookàbar, la librería y café del Palazzo delle Esposizioni de Roma, han sido inclinadas y agujereadas como si se tratara de esculturas suprematistas. Una instalación de libros que, sujetos con hilos, penden del techo preside la vista de Cook & Book, de Bruselas. En el caso de The Bookworm, en Pekín, es un gigantesco toldo naranja el que combate el *horror vacui*. Porque se trata, en realidad, de humanizar el espacio, de reducir el vértigo de esos metros cúbicos que separan las paredes, de disimular la altura de unos techos que remiten a una escala que no es humana, sino fabril.

La mayoría de esas librerías del siglo XXI poseen una o dos cafeterías, cuando no un restaurante, que se inscriben armónicamente en ese conjunto variado en que los libros actúan a modo de hilo de Ariadna. La decoración, el mobiliario, la sección infantil disfrazada de ludoteca o la conversación entre colores y texturas distintos remiten a un interiorismo emocional cuya finalidad es prolongar la estancia del cliente en la librería, hasta convertirla en una vivencia que implique todos los sentidos y las relaciones humanas. Me parece que el minimalismo es más que un recurso estilístico: se puede leer como una declaración de intenciones. Se establece una jerarquía en tres niveles. En el superior se encuentra la arquitectura, casi siempre dominada por las líneas rectas, en un espacio tan amplio que se acaba por imponer sobre aquello que lo puebla, pero no lo llena, minúsculo como una letra. En un nivel intermedio encontramos el protagonismo de las escaleras, de los ventanales, de los escaparates, de los murales, de las esculturas, de los muebles de época, de las lámparas, con el que se intenta rebajar la intensidad de un espacio que a menudo fue concebido para otro tipo de funciones sociales y ha sido reciclado, reconvertido. En el nivel inferior, pequeños, mínimos, se exhiben los libros, que son la razón de ser de toda la estructura, pero que en ella, por su magnificencia, por su iluminación, por su condición de galería de arte o de almacén vintage, no pueden poseer la importancia que tuvieron durante todo el siglo XX, cuando las librerías estaban hechas a su medida, que es la de nuestras manos y nuestros ojos.

La librería, entonces, deviene una metáfora posible de Internet: como en la red, los textos ocupan un ámbito significativo pero limitado, pequeño en comparación con el que invaden lo visual y sobre todo lo indefinido y lo vacío. Como en el ciberespacio, donde siempre ocurren cosas, la inmensa mayoría de las cuales son invisibles, el visitante de esas librerías multiespaciales es consciente de que en la zona de libros para niños se están contando cuentos, que en la cafetería está tocando un cantautor, que esa mañana han cambiado la mesa de novedades o el escaparate, que en un rato comenzará la presentación de un libro, que en el restaurante hay nueva carta de postres o que están a punto de finalizar los talleres literarios del primer trimestre. Como en lo virtual, asistimos a nuevas formas de sociabilización, de redes sociales; pero las librescas insisten en el contacto personal, en la plenitud de los sentidos, en lo único que Internet no puede ofrecernos.

La propuesta de 10 Corso Como deja claras estas intenciones, mediante la etiqueta del *slow shopping*, que es la clave de la librería espectacular. Mientras más tiempo estás físicamente o mentalmente en el ámbito de la tienda, más compras y más consumes. Aunque la cadena italiana tiene sedes en Seúl y en Tokio, sólo en el *original* de Milán a la fusión de hotel, café-restaurante, jardín, galería de arte, tienda de ropa y de diseño se le añade una librería. Si en el complejo Trasnocho Cultural de Caracas, inaugurado en 2001, el centro de gravedad todavía recae en un cine, alrededor del cual se articulan los espacios gastronómicos, artísticos o librescos (la librería El Buscón), como prolongación de una tendencia del siglo XX que era no obstante minoritaria, porque en los centros comerciales las salas multicines acostumbran a estar en el último piso y las librerías son uno más de los comercios, sin ningún tipo de singularidad o de prestigio; en 10 Corso Como el núcleo lo conforman la restauración y la hostelería, alrededor de las cuales encontramos un par de satélites culturales que con su presencia legitiman la intención de actividad cultural del conjunto. Ler Devagar forma parte del LX Factory, un centro comercial alternativo y al aire libre, en un polígono industrial reconvertido, donde también las galerías de arte conviven con los bares y los restaurantes. La librería de 10 Corso Como ni siquiera tiene otro nombre que ése: *librería* («Book and Design Shop»); porque no se puede entender fuera de ese conjunto glamouroso. En la época en que la gastronomía ha alcanzado un reconocimiento artístico, la experiencia cultural ve ampliados sus confines, que se desdibujan en una experiencia turística que engloba todas las formas del consumo cultural. Algo similar ha ocurrido desde el origen de la modernidad: cuando Goethe viajaba por Italia sus visitas de las librerías formaban parte del *conti-*

nuum espacial que configura todo desplazamiento, junto con las iglesias, las ruinas, las casas de eruditos, los restaurantes o los hoteles. Tanto el viaje como las librerías han estimulado la agorafilia desde siempre.

El placer intelectual se confunde con el voluptuoso. Más que nunca en la librería actual, que aprende del éxito de las tiendas de los museos de arte contemporáneo, donde los catálogos son solamente una parte de la oferta, a menudo ni siquiera la más significativa, junto con la joyería, los juguetes, la ropa y, en general, el diseño industrial. Lo objetual condensa un atractivo que se intensifica gracias a ese contexto minimalista que resalta cada pieza en sus virtudes singulares. A menudo nos encontramos, como me ocurrió con aquella tetera de Pekín, la misma camiseta o la misma taza en otro comercio, a un precio inferior, pero entonces ha sido desnudado del prestigio que inocula el Pompidou o el MoMA. Ya no es *exactamente* el mismo objeto. Si estuviera tan sólo unos metros más allá, en el marco de la exposición, no podríamos tocarlo, pero en la tienda sí podemos hacerlo. Al contrario que en el museo o en las bibliotecas más importantes, en la librería todo se puede tocar. Y comprar. El margen de beneficio con los objetos de regalo es mucho mayor que en el caso de los libros. Las nuevas librerías tienen muy claro que lo táctil es un valor añadido en su oferta: el local no puede justificar su existencia solamente como sede física de la venta electrónica, tiene el deber de ofrecer en ella todo aquello que no puede satisfacer su página web.

Y ello pasa necesariamente por el lujo. Porque la visita a una librería marcada por su historia o por su arquitectura o por su interiorismo o por su fondo editorial nos señala como sujetos lujosos, miembros de una comunidad distinta de la que consume cultura en los centros comerciales y en las cadenas mayoritarias. Paul Otlet, en su *Tratado de documentación* de 1934, ya escribía: «El confort rivaliza con el lujo y la belleza en las salas de venta. Ambiente refinado, cómodos salones, flores frescas. Algunas librerías como las de Brentano's, Scribner's o Macmillan son verdaderos palacios.» Al menos desde el ochocentista Templo de las Musas han existido las librerías megalómanas. La política de los salones dieciochescos estaba regulada precisamente por el refinamiento, por un gusto aristocráticamente refinado. En la democracia se multiplica exponencialmente aquel sueño de los trovadores: que la pertenencia del lector a las comunidades de mayor excelencia de su época dependa de su cultura, de su formación, de su capacidad artística, y no de su poder adquisitivo o de su sangre. Sin embargo, lo cierto es que para poder valorar e interpretar la arquitectura, el diseño o la oferta de las librerías espectaculares es necesaria una educación que se paga con dinero, y no puede cualquiera costearse los viajes que permiten conocer esas librerías que disfrutan de un lugar destacado en las guías de turismo. De modo que, como en todos los escenarios turísticos, en ellas conviven distintos grados de conciencia o de profundización y varias ficciones de clase, tantos como cerebros y miradas en ese momento las recorren.

En otro viejo libro, *A Life of Books*, Joyce Thorpe Nicholson y Daniel Wrixon Thorpe dejan claro que los libreros australianos de los años setenta eran conscientes de la importancia de que sus locales conectaran con aquello que los autores llaman una *«trendy appearance»*. Mencionan la librería Angus & Robertson de Sídney, que al mudarse a una nueva sede decide pintar cada piso de un color diferente; la Angus & Robertson, de Australia Occidental, que se ha trasladado a un hotel y taberna de época y ha iniciado una campaña a partir del binomio «libros y cerveza»; y la Abbey's Henry Lawson's Bookshop, en los bajos

del Hotel Hilton de Sídney, con sus estanterías de madera negra y su impresionante oferta de «cualquier libro publicado en Australia». Muchísimos otros son los precedentes de la librería espectacular, a la espera de ser desenterrados en bibliotecas, hemerotecas y recuerdos personales. Entre los que todavía existen destacan dos estaciones de tren victorianas reconvertidas en tiendas de libros: en 1991 abrió sus puertas Barter Books, en Alnwick (costa este de Inglaterra), y cuatro años más tarde lo hizo Walk A Crooked Mile Books en Filadelfia.

La resignificación de hoteles, estaciones de tren, cines, iglesias, palacios, bancos, imprentas, galerías de arte o museos en librerías es, por tanto, una constante de las últimas décadas que se ha intensificado con fuerza en el siglo XXI. En un nuevo contexto histórico, en que el reciclaje ha cobrado un nuevo sentido, en que la cultura se ha digitalizado y, sobre todo, en que la existencia de todo lo real es –simultáneamente– física y virtual, esas catedrales de la cultura escrita adquieren un significado entre religioso y apocalíptico, profundamente capitalista pero también con una ambición artística con escasos precedentes. En ambos planos la impronta de lo espectacular es decisiva. En la página web de El Péndulo puedes hacer visitas virtuales por cada una de sus seis cafebrerías. Google Imágenes y otras plataformas están plagadas de fotografías de las librerías más bellas, más interesantes, más espectaculares del mundo. Por primera vez en la historia de la cultura esas librerías ingresan inmediatamente en el circuito internacional del turismo, los marcadores se aceleran, se produce un contagio inmediato –al ritmo del corta y pega– en páginas web, redes sociales, blogs y microblogging, se impone el deseo de conocer, de visitar, de viajar, de fotografiar, sin que sea necesaria la Historia ni la participación de escritores famosos ni de libros míticos. La fotografía de una iglesia, de una estación de ferrocarril, de un teatro convertido en librería: en la nueva lógica del turismo esa imagen vale más que los cien mil libros que retrata y sus diez mil millones de palabras.

Luego de una década de colaboración en la Gandhi de Elvio Vitali, Luis del Mármol comenzó su experiencia entrepreneur, con «Un gallo para Esculapio», ubicada en una esquina de Palermo Soho. Ahí funcionó, desde el año 2001, como bar con librería. Su segundo domicilio fue Gorriti 3538, también en pleno Palermo, donde tuvo diferentes salones en los que se organizaban presentaciones de libros y muestras de fotografía y arte. Contaba allí con una barra que hoy funciona como mostrador en su actual ubicación. De igual modo, el altillo sobre el que hoy funcionan las oficinas es un viejo puente de tren que también fue mudado junto con los libros. Siguiendo la onda del reciclaje, la actual vidriera está armada con lo que fueron los ventanales del segundo bar, y las pesadas cortinas que sirvieron de telón de aquel escenario dividen hoy el salón de ventas del depósito.

www.tangocity.com

13. LAS LIBRERÍAS COTIDIANAS

> Prefería los kioscos de la Ronda y los lu-
> juriosos montones de tebeos de los Encantes
> de San Antonio, y las novelas de alquiler de la
> librería Torrades, y de la pequeña, intransita-
> ble librería de Príncipe de Viana, que estaba
> más cerca, con pilas de libros como precarias
> torres babilónicas.
>
> MARCOS ORDÓÑEZ,
> *Un jardín abandonado por los pájaros*

J. R. R. Tolkien publicó su primer poema, «Pies de duende», en la colección de poesía de la librería Black-well's de Oxford, que le canceló la deuda pendiente a cambio del avance en los derechos de autor. Porque era un cliente habitual de ese establecimiento fundado en 1879 por Benjamin Henry Blackwell y convertido en un proyecto cultural y editorial por su hijo Basil, el primer universitario de la familia y el primer editor del autor de *El Señor de los Anillos*. A medida que la librería fue ampliando sus embajadas y convirtiéndose en una cadena, en cada una de las nuevas sedes fueron proliferando los parroquianos, los sospechosos habituales, los feligreses, aquellos que escogieron las Blackwell's de Edimburgo, Cambridge, Liverpool o Belfast como sus librerías cotidianas.

En la sede principal de Oxford todavía es posible imaginar, mirando y palpando, cómo los pocos metros cuadrados en que se creó el negocio fueron comiéndose todos los circundantes hasta convertir varios hogares en un único, monstruoso hogar. Según entras, a mano izquierda, una chimenea decimonónica y las vigas de madera son los vestigios arqueológicos del establecimiento original. Al lado de la chimenea del piso superior, si preguntas por él, puedes visitar la reconstrucción del despacho de los fundadores, con las pipas, los anteojos y los abrecartas dispuestos sobre la mesa como si hubieran sido dejados allí hace apenas unas horas, y no un siglo entero. A partir de esas dos pequeñas dependencias, los sucesivos dueños de Blackwell's fueron comprando todos los apartamentos del edificio y expandiendo el negocio. La última expansión, la definitiva, fue el grandísimo sótano de la parte de atrás, que ocupa el subsuelo del jardín de Trinity College. Tiene nombre propio: The Norrington Room. Es una piscina olímpica llena de estanterías y de libros. En los años sesenta y setenta, durante los frecuentes apagones, contaba con lámparas de queroseno que aseguraban la lectura pese a cualquier adversidad. Imagino a aquellos lectores náufragos como en un búnker posnuclear. Desde lo alto, pese a su geometría rectangular, parece un ágora ovalada o un cerebro gigantesco. Sí: el cerebro de una inteligencia colectiva, como sus ochenta empleados, la mayor parte libreros; como la universidad de Oxford, que también se expande exponencial e intelectualmente, igual que lo hace su mejor librería.

La última vez que estuve en Berlín, antes de ir a fotografiar los restos en descomposición de la librería Karl Marx, me crucé por casualidad con César Aira. Entramos en la cafetería más cercana y charlamos un rato sobre las últimas novedades de la literatura argentina. «Nos reunimos a diario», me dijo mediada la conversación, «en La Internacional Argentina, la librería de Francisco Garamona, con Raúl Escari, Fernanda Laguna, Ezequiel Alemián,

Pablo Katchadjian, Sergio Bizzio y otros amigos, casi todos los días.» Presidida por un sofá y una mesita donde apoyar las copas de vino, la sede de la editorial Mansalva probablemente sea la única librería del mundo donde puedes comprar la gran mayoría de los libros de Aira, incluso en traducciones, aunque por supuesto siempre habrá diez o veinte que ni Garamona te podrá conseguir. Uno de esos lugares nuevos donde se han implantado hábitos de otra época. Como la Ballena Blanca, el local de Alejandro Padrón en Mérida, Venezuela, donde se reúnen a diario profesores universitarios como Diómedes Cordero y escritores como Ednodio Quintero, para hablar de los grandes poetas del país, de literatura japonesa o de polémicas españolas y argentinas, mientras preparan la próxima edición de la famosa Bienal de Literatura Mariano Picón Salas, que precisamente inspiró las aventuras de Aira y de un ejército de clones de Carlos Fuentes en *El congreso de literatura*. Porque la literatura es polémica y futuro y textos donde fabular.

«Por la tarde, nuestra librería más bien parecía un club adonde científicos, literatos y artistas acudían para verse, para conversar, para aliviar el alma del prosaísmo de la vida cotidiana», escribió Mijaíl Osorguín sobre la mítica cooperativa moscovita La Librería de los Escritores. Aunque la conversación sobre literatura en las sedes editoriales y libreras es tan vieja como la cultura occidental, es por supuesto a partir de los siglos XVII y XVIII cuando se institucionaliza como *tertulia*. No es de extrañar, pues, que sea entonces cuando se empieza a fusionar la librería y el café en un único ser, como ha estudiado Adrian Johns en *The Nature of the Book*. Los aprendices formaban parte de la familia y los límites entre espacio privado y negocio público no estaban nada claros; de modo que la presencia de butacas, sillones y sofás, donde disfrutar de la lectura y tomar una bebida, a menudo se debía a que pertenecían a la casa del dueño de la librería. Desde entonces muchos libreros devienen los centros de los salones y las tertulias, que son tanto encuentros culturales como sesiones de compraventa: «El más emblemático ejemplo de "Amphibious Mortal" seguramente era Jacob Tonson», que entre los aristócratas era percibido como un «librero; y entre los libreros, como un aristócrata». La confusión entre vida privada y pública es paralela a la confusión entre librería y biblioteca. Samuel Pepys habla en sus diarios de librerías donde «se disponían asientos para que los clientes pudieran leer durante tanto tiempo como desearan». Y fueron los propios libreros quienes impulsaron en el siglo XVIII las bibliotecas de préstamo, mucho más democráticas que las sociedades literarias y la única forma en que los aprendices de artesanos, los estudiantes o las mujeres podían acceder a la lectura sin la necesidad de invertir la elevada suma que costaba un libro. Se diría que la librería, pese a las apariencias, nunca ha tenido claros sus propios límites.

Durante mis viajes convertí muchas en refugios, hogares fugitivos lejos de un hogar que en verdad no poseía, amparándome en su naturaleza ambigua. Recuerdo acudir a diario al sótano de Leonardo da Vinci durante los días que pasé en Río de Janeiro; y a Seminary Co-op cuando vivía en Chicago; y al Bazar de los Libros de Estambul durante lo que duró mi estúpida negociación para conseguir el libro sobre los viajeros turcos; y a la librería Ross de Rosario durante cada una de mis estancias en la ciudad del río sin orillas, aunque fuera en la cercana sede de El Ateneo donde encontré la obra completa de Edgardo Cozarinsky y, en su café, donde leí *Rinconete y Cortadillo* y *El licenciado Vidriera*. Desde que me radiqué de nuevo en Barcelona, cada vez que me escapo a Madrid, además de visitar La Central del Reina Sofía y la de Callao, trato de tomarme un café en Tipos Infames, un bar y galería de arte en sintonía con las últimas tendencias de librería internacional; paso a saludar a Lola Larumbe, que dirige con precisión y encanto la Rafael Alberti, que fue diseñada por el poeta y pintor en 1975, y por cuyo subsuelo al parecer fluye el agua; intento acercarme a La Buena Vida para saludar a David García Martín, con quien comparto la pasión por la crónica; y visito la Antonio Machado, en los bajos del Círculo de Bellas Artes, cuya selección de pequeñas editoriales españolas es siempre exquisita y al lado de cuya caja registradora he ido encontrando, durante años, los principales libros sobre librerías que he utilizado en este ensayo. Voy un par de veces al año a Nápoles y las visitas obligatorias son siempre la Feltrinelli de la Estación Central y la Libreria Colonnese, en la Via S. Pietro a Majella, rodeada de iglesias, artesanos de pesebres, restos de muralla y altares consagrados a San Diego Maradona.

Sin duda una librería es mucho más hospitalaria cuando, a copia de visitas o de azares, trabas amistad con algu-

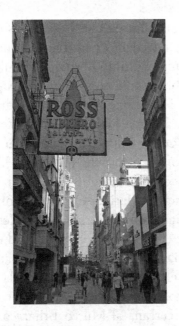

no de sus libreros. Cuando vivía en Buenos Aires y Rosario, y tenía que salir cada tres meses del país, aprovechaba
para recorrer fragmentos de Uruguay en viajes por mar, río
y tierra. Todos mis itinerarios terminaban en la librería La
Lupa, donde uno de sus propietarios, Gustavo Guarino,
me fue dando pistas sobre literatura uruguaya en cada una
de mis visitas, porque sólo viajando al lugar de los hechos
tienes acceso a todo aquello que se resiste a ser visible en
Internet. Uno de los placeres que me esperan en Palma de
Mallorca es entrar en La Biblioteca de Babel, para perderme en su sección de narrativa y de ensayo; en Los Oficios
Terrestres, para admirar una vez más la convivencia de la
peluquería con la poesía y el ensayo político; y en Literanta, tras cuyo mostrador se encuentra la crítica y agitadora
cultural Marina P. De Cabo, quien me descubrió cuando
nos conocimos la obra de Cristóbal Serra. Durante años
visité cada viernes por la tarde La Central del Raval, en

Barcelona, a sabiendas de que César Solís estaría allí para recomendarme novedades editoriales latinoamericanas, o para conseguirme el último libro que se hubiera publicado de Sebald o sobre Sebald en algunas de las principales lenguas europeas. Desde que se mudó a Madrid, es a Damià Gallardo, en la librería Laie del Centro de Cultura Contemporánea, a quien acudo para solucionar mis problemas como lector. Porque algo tiene todo buen librero de médico, farmacéutico o psicólogo. O de barman. Francisco, Alejandro, Gustavo, Marina, César o Damià forman parte de mi propia tradición de libreros, la tradición inquieta de los hábitos que uno recupera con facilidad en cuanto llega a ciudades lejanas donde vivió cierta cotidianidad.

Austerlitz, el protagonista de la novela de W. G. Sebald, vive el momento más decisivo de su vida en una librería de viejo cercana al Museo Británico, propiedad de una bella mujer cuyo nombre es puro remanso de hogar: Penelope Peaceful. Mientras ella resuelve un crucigrama y él hojea distraído grabados de arquitectura, dos mujeres hablan en la radio «de cómo en el verano de 1939, siendo niñas, les habían enviado a Inglaterra en un transporte especial». Una especie de trance invade el cuerpo y la mente de Austerlitz: «Me quedé inmóvil, como si no pudiera perderme ni una de las sílabas que salían de aquel aparato.» Porque aquel lenguaje le permite recuperar de golpe su propia infancia, su propio viaje, su propia llegada a Inglaterra proveniente de una Europa en llamas, su propio exilio: unos años que su memoria había borrado por completo. En una librería recuerda de pronto quién es, de qué Ítaca proviene.

La infancia y, sobre todo, la adolescencia son las épocas en que uno se vuelve amante de las librerías. Pasé tantísimas tardes de sábado curioseando en los anaqueles de Rogés Llibres, aquella planta baja de la Ciudad Jardín de Mataró transformada en librería de ocasión, que soy incapaz de ordenarlas en una cronología o de encajonarlas entre dos fechas. Eso sí: aquellas sesiones sólo existieron durante los fines de semana y las vacaciones, porque durante los periodos escolares la ruta me llevaba en sentido inverso, hacia el centro de la ciudad. De camino a la Biblioteca de la Caixa Laietana, donde me leí todos los cómics de Astérix y Obélix y de Tintín y donde cogí en préstamo todas las novelas de *Alfred Hitchcock y los tres investigadores* y de Sherlock Holmes, o de regreso a casa a la hora de la cena, pasaba por Robafaves, que mucho después descubrí que era una cooperativa y una de las librerías más importantes de Cataluña, donde casi cada tarde se presentaba un libro y yo escuchaba como en misa o como en clase aquellas palabras que, aunque estuvieran allí, entre la boca y el micro, objetos casi tan palpables como los propios volúmenes que las rodeaban, me sonaban muy lejanas, un balbuceo incomprensible, totalmente desvinculado de mi firme intención de ser escritor.

Cuando tenía catorce o quince años acompañaba a mi padre en sus visitas a domicilio por otro barrio de Mataró, vecino del Parque Central, el Velódromo y la Piscina Municipal, donde de pequeño vi pavos reales, carreras y ciclistas y a mí mismo lanzándome al agua como si no me dieran miedo aquellos metros cúbicos de cloro azul. Después de su jornada laboral de ocho horas en Telefónica trabajaba como agente de Círculo de Lectores. Primero repartíamos las nuevas revistas y recogíamos las tarjetas de todos los socios de la zona, con sus respectivos pedidos; después procesábamos la información; al cabo de unas semanas llegaban a casa todos aquellos libros y mi madre nos ayudaba a ordenarlos por calles; y finalmente había que llevarlos a sus nuevos dueños y cobrarles. Algunos clientes nos hacían volver dos y hasta tres o cuatro veces, porque nunca disponían de las novecientas cincuenta o de las dos mil ciento quince pesetas que costaba su pedido. Pero otros, en cambio, compraban cinco, siete, nueve libros cada dos meses, y tenían preparadas las diez mil trescientas o las doce mil quinientas pesetas, porque nos estaban esperando, con muchísimas ganas de leer. Supongo que fue en algunos de aquellos pisos de familias o de ancianas o de solteros desconocidos donde vi por primera vez nutridas bibliotecas privadas y decidí que algún día, cuando fuera escritor, yo también tendría una. Lo primero era demasiado abstracto como para ser más que un balbuceo indescifrable; lo segundo, en cambio, se concretaba en estructuras palpables que, como los cuerpos de las chicas, eran puro deseo.

«En cuanto un niño aprende a caminar y deletrear, queda a merced tanto del pavimento de una calle mal asfaltada, como de la mercadería de cualquier pobre infeliz que —el diablo sabrá por qué— se dedicó a vender libros», escribe Elias Canetti en *Auto de fe:* «Los niños pequeños deberían crecer en grandes bibliotecas particulares...» Es muy probable que tenga razón, porque soy incapaz de recordar un libro comprado en Rogés Llibres o en Robafaves que me cambiara la vida: todas mis grandes lecturas llegaron más tarde (o simplemente: tarde), cuando ya me había alejado de Mataró. No obstante: Robafaves es la librería más importante de mi vida, porque en ella experimenté algo que había entrevisto en aquellos domicilios particulares: la posibilidad de convivir con libros. «Probablemente este libro llegó a mis manos en Laie», piensa Amalfitano en *2666*, «o en La Central.» Eso mismo podría yo decir acerca de gran parte de mi biblioteca, un tercio, quizá, al que se añadirían títulos inquietos comprados en Altaïr y cómics adquiridos en Arkham. Los otros dos proceden de los envíos de prensa de las editoriales y de los viajes. Desde Rosario, Buenos Aires y Chicago envié decenas de cajas: no concibo la idea de biblioteca sin la de nomadismo. Mi propia experiencia urbana se configura a partir de la intersección entre paseo y librerías, de modo que la mayoría de mis itinerarios habituales tienen a ciertos locales como nodos o paradas. La calle, la librería, la plaza y el café configuran las rutas de la modernidad como ámbitos de dos acciones fundamentales: la conversación y la lectura. Mientras que la escritura literaria, que hasta hace algunas décadas todavía era visible en las mesas de café, se iba confinando al espacio privado, o a lo sumo a la biblioteca, la charla y la lectura, el encuentro premeditado o fortuito, y el diario o la novela o la revista, persistían en su articulación de la esfera social de la existencia metropolitana. Porque los blogs y las redes sociales te permiten el intercambio de datos y de ideas en Cosmópolis, pero tu cuerpo sigue pisando una topografía doméstica y local.

Para Bolaño las librerías de Buenos Aires tienen vida: los libros se pierden «en el limbo de las últimas estanterías o en las mesas sobrecargadas de las librerías de viejo» o «vagaban por las librerías porteñas», leemos en «El viaje de Álvaro Rousselot», uno de los relatos de *El gaucho insufrible*. Es decir: no sólo los cuerpos de los lectores que enhebran con su movimiento las distintas librerías de las ciudades, también los libros son móviles y errantes, abren líneas de fuga, crean itinerarios. Ésa es la idea que guió al director de teatro barcelonés Marc Caellas cuando se propuso adaptar *El paseo* de Robert Walser a un recorrido por la capital argentina. Las páginas se encarnaron de pronto en un actor, un paseante, que como en la novela va divagando por diversos espacios emblemáticos de la ciudad moderna. Uno de ellos es, por supuesto, la librería:

> Como una librería en extremo airosa y bien surtida se mostrara alegremente ante mis ojos, y sintiera el instinto y el deseo de hacerle una breve y fugaz visita, no dudé en entrar a la tienda con visiblemente buenos modales, permitiéndome pensar en todo caso que quizá estuviera mejor como inspector y revisor de libros, como

recopilador de informaciones y fino conocedor, que como querido y bien visto rico comprador y buen cliente. Con voz cortés, en extremo cautelosa, y las expresiones, comprensiblemente, más escogidas, me informé acerca de lo último y lo mejor en el campo de las bellas letras. [...]

–Con mucho gusto –dijo el librero. Desapareció como una flecha para volver al instante siguiente con el ansioso comprador e interesado, y llevando en la mano el libro más comprado y más leído, de valor en verdad perdurable. Llevaba el valioso producto intelectual tan cuidadosa y solemnemente como si portara una milagrosa reliquia. Su rostro mostraba arrobo; su gesto irradiaba el máximo respeto, y con una sonrisa en los labios como sólo pueden tener los creyentes e íntimamente convencidos, me enseñó del modo más favorable lo que traía consigo. Yo contemplé el libro y pregunté:

–¿Podría usted jurar que éste es el libro más difundido del año?

–Sin duda.

–¿Podría afirmar que éste es el libro que hay que haber leído?

–A toda costa.

–¿Y es realmente bueno?

–¡Qué pregunta tan superflua e inadmisible!

–Se lo agradezco mucho –dije con sangre fría; preferí dejar tranquilamente donde estaba el libro que había tenido la más absoluta difusión, porque había que haberlo leído a toda costa, y me alejé sin ruido, sin perder una sola palabra más.

–¡Hombre maleducado e ignorante! –me gritó, naturalmente, el vendedor, en su justificado y profundo disgusto...

El paseante del suizo Walser, en una librería cualquiera de Boedo y con acento argentino, burlándose de los consensos, de la literatura supeditada a criterios de venta, de los absurdos del mundo cultural, según las indicaciones de un director catalán. Centros periféricos y periferias centrales, fronteras abolidas, traducciones, cambios de ciudad, saltos cuánticos, interacciones transculturales: bienvenidos a cualquier librería.

La misma relación entre la periferia y el centro que experimenté, sin darme cuenta, cuando como si fueran acertijos visitaba Rogés Llibres y Robafaves, la librería de libros usados y antiguos y la librería de novedades, se puede establecer entre las librerías centrales de Barcelona y las que configuran su extrarradio. El primer local barcelonés en que entré fue Gigamesh y pronto iría explorando las tiendas de cómic y de ciencia ficción y fantasía heroica que la rodeaban y la siguen rodeando, como una plaga alienígena que se ha ido extendiendo con los años por las proximidades del Paseo de San Juan. La órbita de ese centro imposible que ocupan Laie, Documenta, Altaïr, Alibri y La Central, entre tantas otras, es cercano, caminable. Hasta finales de 2015 no había más que atravesar el Born, barrio sin librerías, para llegar a Negra y Criminal, que durante casi quince años regentó Paco Camarasa en un rincón de la Barceloneta. Las librerías se mimetizan con los barrios que las acogen: ese local sólo podía existir entre casas de pescadores, y en Gràcia, también a quince minutos a pie desde el Arco de Triunfo, Taifa y las treinta librerías de Gràcia sólo son imaginables en el contexto de una *vila*, en un ámbito de proximidades. Camarasa y el fallecido José Batlló, *alma mater* de Taifa (ahora en manos de sus herederos, Jordi Duarte y Roberto García), son dos de las principales personalidades del mundo libresco de Barcelona, ese mundo cuyo mito de origen son las páginas que Cervantes le dedica en el *Quijote* y que siempre ha negociado con el bilingüismo literario de la ciudad. Desde 1993, Taifa es la librería por excelencia al norte de la Diagonal, como Negra y Criminal lo era al sur de la Ronda Litoral. Batlló era poeta, editor y mito. Era famosa su cultura, lo muy amigo que era de sus amigos y sus escaramuzas con clientes, a los que era capaz de regañar si se decidían a comprar según qué títulos. Los que más vendió durante las dos últimas décadas fueron *Rayuela* y *La ciudad de los prodigios*. Los libros de ocasión están en las celdas del fondo, para recordarnos que lo normal es que las novelas y los ensayos dejen de distribuirse, que las editoriales cierren, que seamos olvidados.

En un segundo círculo –órbita de la órbita–, otras librerías barcelonesas han reclamado ser tenidas en cuenta en los últimos años. Pienso, por ejemplo, en +Bernat, la librería y restaurante de la calle Buenos Aires, junto a la plaza Francesc Macià, que dirige Montse Serrano y que se define a sí misma como un «almacén cultural», guarida de Enrique Vila-Matas desde que se mudó al barrio. O en la Llibreria Calders, en la calle Parlament del barrio de Sant Antoni, con su piano y su agenda siempre en llamas. O en Nollegiu, en Poblenou, que Xavi Vidal ha convertido también en un importante centro cultural. O en Malpaso, tan cerca del restaurante mexicano y de la editorial del mismo nombre, que te recibe con un lema que es una invitación: pasen y lean. No son, por suerte, las únicas librerías que han ido consolidándose lejos del centro urbano y generando tejido ciudadano. Porque, aunque supone un valioso patrimonio que se conserven ejes urbanos donde se concentran librerías, como la popular calle Port'Alba, que Massimo

Gatta ha llamado «la Charing Cross Road de Nápoles», o la elegante Het Spui de Ámsterdam y sus calles adyacentes, una ciudad democrática es una red de bibliotecas, públicas y privadas, y grandes y pequeñas librerías: un diálogo entre lectores que viven en centros múltiples y diversas periferias.

El paseo me lleva a veces a la calle Llibreteria, el antiguo Decumanus de Barcino, donde se encuentra la tienda de artesanías Papirvm y La Central del Museo de Historia de la Ciudad, uno de esos lugares –como la librería del sótano del Colegio de Arquitectos– donde Barcelona archiva su propia memoria. En 1553 se fundó la cofradía de Sant Jeroni dels Llibreters. Si San Lorenzo, uno de los primeros tesoreros de la Iglesia, por su labor de clasificación de documentos es considerado el patrón de los bibliotecarios, el severo San Jerónimo, uno de los primeros negros literarios de la Iglesia (escribía las cartas del papa Dámaso I), es considerado patrón de los traductores y de los libreros. San Lorenzo, que algunas leyendas identifican como el misterioso personaje que ocultó el Santo Grial para protegerlo de la ola de violencia que acabó también con su vida, murió martirizado mediante fuego en una parrilla a las afueras de Roma: el 10 de agosto de cada año el relicario que contiene su cabeza es expuesto en el Vaticano, para ser venerado, no sé si sólo por los bibliotecarios. San Jerónimo, en cambio, después de sobresalir como traductor se exilió a Belén, donde vivió en una gruta y se dedicó a atacar textualmente los vicios europeos y a golpearse con una piedra como señal de penitencia. En la iconografía acostumbra a aparecer con la *Vulgata*, la Biblia que tradujo del hebreo –pese a ser experto en griego antiguo y latín–, abierta sobre el escritorio, la calavera símbolo de *vanitas* y esa piedra, que las malas lenguas dicen que utilizaba a modo del diccionario de traducción que todavía nadie había escrito: se golpeaba y Dios le revelaba *ipso facto* el equivalente latino del original hebreo.

Tu ciudad penetra en las librerías que la pueblan a través de los escaparates y de los pasos de los clientes, espacio centauro, ni del todo privado ni público del todo. La ciudad entra y sale de la librería, porque una no se entiende sin la otra, de modo que los pasajes donde se encuentran Nollegiu y La Calders se llenan de gente, los sábados a la hora del vermut, para seguir con un vaso en la mano la conversación que ha comenzado durante la presentación de una novedad, y los libros sobre Barcelona entran en todas las librerías de la ciudad, porque es el lugar que por naturaleza les pertenece. Y cuando comienzan a envejecer, las novelas y los ensayos y las biografías y los libros de poemas que los ciudadanos manosearon y poseyeron regresan a los puestos de la ciudad, en el Mercado de San Antonio, en las librerías de viejo o en ese pasaje de libros con techo de uralita que había al fondo de los Encantes, donde el paseante se revelaba como coleccionista, como anticuario, como trapero.

Si los domingos del Mercado de San Antonio o los días en que abren los Encantes la metrópoli intensifica su dimensión libresca, hay un día al año en que reproduce en todos sus rincones aquella sensación que se llevó de aquí don Quijote: la ciudad respira letra impresa. El impulsor de la celebración del Día del Libro Español fue el valenciano Vicente Clavel, afincado desde joven en Barcelona como propietario de la editorial Cervantes, que desde la

Cámara del Libro y con la complicidad del ministro de Trabajo, el catalán Eduard Aunós, consiguió que su proyecto se convirtiera en real decreto en 1926, en plena dictadura de Primo de Rivera. Aunque la intención era potenciar en todos los niveles de la administración la cultura libresca hispánica, de modo que todas las bibliotecas y todas las ciudades de España participaran de una forma u otra en el festejo, desde un primer momento se polarizó entre la celebración popular de Barcelona y la celebración institucional y académica de Madrid. Guillermo Díaz Plaja, en un artículo tras la muerte de Clavel, escribió:

> Casi medio siglo después, el decreto sigue vigente, sin otra modificación importante que la producida en 1930 (decreto de 7 de septiembre), por la que la fecha inicialmente fijada de 7 de octubre (dos días antes de la que ostenta la partida de bautismo de Cervantes) se traslada al 23 de abril, fecha fidedigna de su muerte. Esta razón de precisión histórica hace coincidir, en Barcelona, el Día del Libro con la celebración de San Jorge. Al advertirlo don Gustavo Gili, hubo de replicarle Clavel: «No importa. Las rosas de San Jorge florecerán siempre. Lo que corremos riesgo de que se pierda es la memoria de Cervantes.» Los años transcurridos han hecho manifiesto el maridaje feliz de ambas memoraciones, en el calendario festival barcelonés. La ciudad de los Condes va, sin disputa, a la cabeza de la geografía peninsular en amplitud y arraigo popular del Día del Libro.

Fue en 1930 cuando los editores comenzaron a lanzar novedades en catalán para el Día de Sant Jordi y el público comenzó a vivir intensamente esa jornada, mientras que Madrid daba los primeros pasos para organizar su Feria del Libro en otras fechas y en el resto del país se iban también olvidando del Día de Cervantes. La guerra civil paralizó la producción editorial y el franquismo prohibió el catalán y eliminó las cámaras del libro, unificándolas en el Instituto Nacional del Libro Español. No es hasta los años cincuenta cuando el Día del Libro vuelve a ser importante en Cataluña. En 1963 el pregón corrió a cargo de Manuel Fraga Iribarne, ministro de Información y Turismo, que defendió la necesidad de promover la literatura en lengua catalana (*sic*). La portada de *La Vanguardia Española* del 23 de abril de 1977 (15 pesetas), junto a la fotografía de una calle inundada de gente reproducía en catalán estos versos de Josep Maria de Sagarra: «*La rosa li ha donat gaudis i penes / i ell se l'estima fins qui sap a on; / i amb ella té més sang a dins les venes / per poder vèncer tots els dracs del món.*» Desde 1964, gracias al impulso del Primer Congreso Latinoamericano de Asociaciones y Cámaras del Libro, el 23 de abril se convirtió en el Día del Libro en todos los países de lengua castellana y portuguesa; y desde 1996 es también el Día Internacional del Libro y de los Derechos de Autor. Tal vez porque un 23 de abril no sólo murieron Cervantes y Shakespeare, también lo hicieron otros escritores universales como el Inca Garcilaso de la Vega, Eugenio Noel, Jules Barbey d'Aurevilly y Teresa de la Parra.

Me encanta visitar mis librerías favoritas en los días previos a Sant Jordi: hacer todas mis compras entonces y, durante *la diada*, limitarme a pasear y a observar, «como un buen haragán, fino vagabundo y holgazán o derrochador de tiempo y trotamundos», como dice Walser. Al igual que todos los escritores y todos los editores que se precian de serlo, aprovecho esos garbeos y cualquier otra oportunidad para comprobar si están o no están mis libros y para colocarlos correctamente en los anaqueles de mis librerías cotidianas. Y en las que no lo son. Hasta en la sección de libros de El Corte Inglés. Hasta en la segunda planta de Fnac, en pleno centro de la ciudad, donde imagino que muchos de esos jóvenes dependientes, licenciados en letras, másters o doctores en letras, hubieran sido grandes libreros en otro mundo –sin duda mejor– o que tal vez ya lo sean en éste, que aunque esté en crisis es el único que tenemos.

Fnacs y Corte Inglés y Casas del Libro donde solo venden libros de Manuel Vilas en el centro neurálgico de Ciudad Vilas.

MANUEL VILAS, *Gran Vilas*

14. EPÍLOGO: LAS LIBRERÍAS VIRTUALES

> Nadie, ni siquiera el dueño de ochenta
> y nueve años, tercera generación, Mr. L.,
> nadie conoce las dimensiones reales de la li-
> brería.
>
> LO CHIH CHENG, *Bookstore in a Dream*

Durante los primeros meses de 2013 he visto cómo una librería casi centenaria se convertía en un McDonald's. La metáfora es obvia, por supuesto, pero no por ello resulta menos contundente. Muy probablemente la Catalònia, que abrió sus puertas en las inmediaciones de la plaza de Cataluña en 1924, no haya sido la primera librería que se convierte en un local de comida rápida; pero sí es la única de esas metamorfosis que he presenciado. Durante unos tres años, por las mañanas pasaba por la puerta de vidrio y a veces entraba a echar un vistazo, a comprar algún libro, a realizar alguna consulta, hasta que de pronto las persianas ya no volvieron a ser levantadas y alguien colgó un cartel precario, un folio apenas, donde se leía:

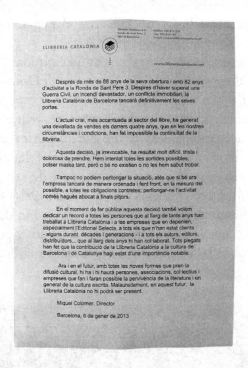

Día a día fui testigo de la desaparición de los libros,
las estanterías vacías, el polvo, ese polvo que es el gran
enemigo de los libros, unos libros que ya no estaban,
que sólo eran el fantasma, el recuerdo, cada vez más el
olvido de unos libros que un miércoles ni siquiera tenían ya anaqueles en que existir, porque el local fue va-
ciado, se llenó de obreros que desarticularon los estantes
y las góndolas y lo llenaron todo de taladros y de ruido,
ese ruido que tanto me sorprendió durante semanas,
porque durante años, cuando pasaba por la misma puerta, lo que emanaba de ella era silencio y limpieza, y ahora una polvareda surgía de ella, carretas cargadas de escombro, de ruina, la progresiva transformación de la
promesa de la lectura, del negocio de la lectura, en la in-

gestión de proteínas y de azúcares, el negocio de la comida rápida.

No tengo nada contra la comida rápida. Me gusta McDonald's. Sobre todo, me interesa McDonald's: en la mayoría de mis viajes he buscado uno, para probar los platos locales, porque siempre hay un desayuno o una fajita o una hamburguesa o un dulce que es la versión McDonald's de uno de los platos favoritos de los nativos. Pero no por ello esa suplantación deja de ser dolorosa. Por eso durante esos meses por la mañana asistía a la destrucción de un pequeño mundo, la ocupación de ese mismo espacio por la embajada de otro mundo, y por las tardes leía sobre la lectura e iba terminando la escritura de este libro.

En Turín hay una librería tradicional y multicolor que se llama La Bussola. Todas las librerías son brújulas: estudiarlas te brinda interpretaciones del mundo contemporáneo más afinadas que las facilitadas por otros iconos o espacios. Si tuviera que escoger otra librería que explique –parcialmente, no hay explicaciones totales– la escisión en que se encuentra el negocio librero de nuestra época sería Pandora de Estambul. Se trata de dos locales, frente a frente, muy bien surtidos: uno vende exclusivamente libros en turco; el otro, títulos en inglés. Las etiquetas de uno marcan precios en liras turcas; las del otro, en dólares. Pandora hace explícita una realidad simbólica: todas las librerías están entre dos mundos, el local y el que ha impuesto los Estados Unidos, el del comercio tradicional *(de proximidad)* y el de los grandes centros comerciales (las cadenas), el físico y el virtual. Esa metáfora no es tan obvia como la de una vieja librería, una librería clásica y con solera, una librería que fue fundada por Josep López, Manuel Borràs y Josep Maria Cruzet, que sobrevivió al invierno búnker de una dictadura y al metódico acoso de una inmobiliaria, que tras tanta encendida resistencia política y moral, sucumbió ante la implacable y fría y abstracta economía, cerró la Catalònia, y el local, a dos pasos de Apple Store, a doscientos metros de Fnac, frente al Corte Inglés, se convirtió en un McDonald's. En efecto: la de Pandora es una metáfora menos obvia, pero más esperanzadora, porque en vez de al cierre conduce a la supervivencia. Todas las librerías están divididas al menos entre dos mundos y se ven obligadas a pensar, dicho sea sin un ápice de candidez, en otros mundos posibles.

Green Apple Books –como ha recordado Dave Eggers en su capítulo de la antología *My Bookstore*– se aloja en un edificio que ha sobrevivido a dos terremotos, los que desestabilizaron San Francisco en 1906 y 1989; tal vez por eso entre sus anaqueles uno experimenta esa «sensación de que si una librería es tan poco ortodoxa y tan extraña como lo son los libros, los escritores y el propio lenguaje, todo parece estar bien». Compré allí un librito en edición bilingüe, publicado por un festival de poesía de Hong Kong, cuyo título en inglés era *Bookstore in a Dream*. Me llamaron intensamente la atención cuatro versos sobre la librería como ficción cuántica: su multiplicación en el espacio, su entidad mental, su existencia en los universos paralelos de Internet, superviviente compulsiva de todos los sismos. Si la narradora de Danilo Kiš sueña con una biblioteca imposible en que se encuentra la infinita *Enciclopedia de los muertos*, Lo Chih Cheng sueña con una librería que no puede ser topografiada. Una librería, como todas, tranquilizadoramente física y terriblemente virtual. Virtuales porque son digitales; o porque son mentales; o porque dejaron de ser. Librerías que nacen, como Lolita, en Santiago de Chile, como Bartleby & Co. en Berlín o la Librería Bartleby en Valencia, como Librerío de la Plata, en la periférica Sabadell, como Dòria Llibres, que ha ocupado el vacío dejado por Robafaves en otra pequeña ciudad catalana, mi Mataró: ¿en qué momento los proyectos son del todo realidad? Librerías en la memoria, progresivamente invadidas por la ficción.

Como la del sabio catalán, de *Cien años de soledad*, que llegó a Macondo durante el esplendor de la Compañía Bananera, abrió su negocio y comenzó a tratar tanto a los clásicos como a sus clientes como si fueran miembros de su propia familia. La llegada de Aureliano Buendía a aquella madriguera del conocimiento es descrita por Gabriel García Márquez en términos de epifanía:

La tarde en que fue a la librería del sabio catalán encontró a cuatro muchachos despotricadores, encarnizados en una discusión sobre los métodos de matar cucarachas en la Edad Media. El viejo librero, conociendo la afición de Aureliano por libros que sólo había leído Beda el Venerable, lo instó con una cierta malignidad paternal a que terciara en la controversia, y él ni siquiera tomó aliento para explicar que las cucarachas, el insecto alado más antiguo sobre la tierra, era ya la víctima favorita de los chancletazos en el Antiguo Testamento, pero que como especie era definitivamente refractaria a cualquier método de exterminio, desde las rebanadas de tomate con bórax hasta la harina con azúcar, pues sus mil seiscientas tres variedades habían resistido a la más remota, tenaz y despiadada persecución que el hombre había desatado desde sus orígenes contra ser viviente alguno, inclusive el propio hombre, hasta el extremo de que así como se atribuía al género humano un instinto de reproducción, debía atribuírsele otro más definido y apremiante, que era el instinto de matar cucarachas, y que si éstas habían logrado escapar a la ferocidad humana era porque se habían refugiado en las tinieblas, donde se hicieron invulnerables por el miedo congénito del hombre a la oscuridad, pero en cambio se volvieron susceptibles al esplendor del mediodía, de modo que ya en la Edad Media, en la actualidad y por los siglos de los siglos, el único método eficaz para matar cucarachas era el deslumbramiento solar. Aquel fatalismo enciclopédico fue el principio de una gran amistad. Aureliano siguió reuniéndose todas las tardes con los cuatro discutidores, que se llamaban Álvaro, Germán, Alfonso y Gabriel, los primeros y últimos amigos que tuvo en la vida. Para un hombre como él, encastillado en la realidad escrita, aquellas sesiones tormentosas que empezaban en la librería a las seis de la tarde y terminaban en los burdeles al amanecer, fueron una revelación.

Aquel sabio catalán era en realidad Ramon Vinyes, librero barranquillero y agitador cultural, fundador de la revista *Voces* (1917-1920), primero emigrante español, después exiliado español, profesor, dramaturgo, cuentista. Su librería R. Viñas & Co., un centro cultural de primera magnitud, se incendió en 1923 y todavía es recordada en Barranquilla como una de las librerías míticas del Caribe colombiano. Cuando, después de pasar por Francia, se exilió en el país de América del Sur como intelectual republicano, se dedicó a la docencia y al articulismo y se convirtió en el maestro de toda una joven generación, conocida como «El Grupo de Barranquilla» (Alfonso Fuenmayor, Álvaro Cepeda Samudio, Germán Vargas, Alejandro Obregón, Orlando Rivera *Figurita*, Julio Mario Santo Domingo y García Márquez). Durante una de las mañanas más extrañas de mi vida, le di a un taxista de la estación de autocares de Barranquilla la siguiente dirección:

calle San Blas, entre Progreso y 20 de Julio. Librería Mundo. Ya de camino, me informó que la nomenclatura había cambiado tiempo atrás, hizo sus consultas y averiguó que me refería a la calle 35 entre la carrera 41 y la 43. Allí fuimos. La Librería Mundo de Jorge Rondón Hederich, donde en los años cuarenta se reunía el legendario grupo de intelectuales, heredera espiritual de R. Viñas & Co., reducida a cenizas dos décadas antes. Al llegar descubrí que también había dejado de existir. Era obvio, pero no se nos había ocurrido ni a Juan Gabriel Vásquez (que me había dado el dato) ni a mí. Allí debía estar la librería, pero no estaba, porque hacía mucho tiempo que ya sólo existía en los libros:

En todo caso, el eje de nuestras vidas era la librería Mundo, a las doce del día y las seis de la tarde, en la cuadra más concurrida de la calle San Blas. Germán Vargas, amigo íntimo del propietario, don Jorge Rondón, fue quien lo convenció de instalar aquel negocio que en poco tiempo se convirtió en el centro de reunión de periodistas, escritores y políticos jóvenes. Rondón carecía de experiencia en el negocio, pero aprendió pronto, y con un entusiasmo y una generosidad que lo convirtieron en un mecenas inolvidable. Germán, Álvaro y Alfonso fueron sus asesores en los pedidos de libros, sobre todo en las novedades de Buenos Aires, cuyos editores habían empezado a traducir, imprimir y distribuir en masa las novedades literarias de todo el mundo después de la guerra mundial. Gracias a ellos podíamos leer a tiempo los libros que de otro modo no habrían llegado a la ciudad. Ellos mismos entusiasmaban a la clientela y lograron que Barranquilla volviera a ser el centro de lectura que había decaído años antes, cuando dejó de existir la librería histórica de don Ramón. No pasó mucho tiempo desde mi llegada cuando ingresé en aquella cofradía que esperaba como enviados del cielo a los vendedores viajeros de las editoriales argentinas. Gracias a ellos fuimos admiradores precoces de Jorge Luis Borges, de Julio Cortázar, de Felisberto Hernández y de los novelistas ingleses y norteamericanos bien traducidos por la cuadrilla de Victoria Ocampo. *La forja de un rebelde*, de Arturo Barea, fue el primer mensaje esperanzador de una España remota silenciada por dos guerras.

Así habló García Márquez en *Vivir para contarla* sobre aquellas dos librerías, la que no conoció y la que sí pudo frecuentar, fundidas ambas en una sola en la virtualidad de su obra maestra. No he encontrado en la red fotografía alguna de la Ramon Vinyes y Co. ni de la Mundo y me doy cuenta ahora de que el ritmo de este libro ha sido el de las búsquedas en la materia de los libros y en la inmateria de la pantalla, una sintaxis de ida y vuelta, continua y discontinua como la propia vida, cómo disfrutaría Montaigne en los extravíos de los buscadores, en su capacidad de generar asociaciones, vínculos, extravíos fértiles, analogías. Cuánto aprendería también en ellos su heredero Alfonso Reyes, de quien el narrador de la primera parte de *Los detectives salvajes* dice: «Reyes podría ser mi casita. Leyéndolo sólo a él o a quienes él quería uno podría ser inmensamente feliz.» En *Libros y libreros en la Antigüedad* anotó el sabio mexicano:

El pergamino era más resistente y más barato que el papiro, pero no fue adoptado fácilmente en el comercio del libro. [...] Toda la antigua producción de librería prefería esta forma ligera y elegante, y había cierta aversión contra la pesadez y la rudeza del pergamino. Galeno, el gran médico del siglo II d. C., opinaba, por razones higiénicas, que el pergamino, debido a su brillo, lastima y fatiga los ojos más que el opaco y suave papiro, el cual no refleja a la luz. El jurista Ulpiano (fallecido el 229 d. C.) examinó como problema legal el punto de si los códices de vitela o pergamino debían ser considerados como libros en los legados de bibliotecas, punto que ni siquiera merecía discutirse para los papiros.

Casi dos milenios más tarde, el lento tránsito entre la lectura en papel y la lectura digital actualiza esos debates periódicos. Ahora nos preguntamos si la pantalla y su emanación de luz son más perjudiciales para la vista que la tinta electrónica, que no nos permite leer a oscuras. O si tras la muerte de una persona es de ley que sus herederos reciban, junto con los libros y los discos de vinilo y los cedés y los discos duros, las canciones y los textos que compraron sus padres sin una asociación directa con soportes materiales. O si la televisión o los videojuegos son nocivos para la imaginación del niño y del adolescente, porque estimulan sus reflejos pero maltratan su actividad cerebral y son tan violentos. Como ha estudiado Roger Chartier en *Inscribir y borrar. Cultura escrita y literatura (siglos XI-XVIII)*, es en la Castilla del Siglo de Oro donde se formaliza el peligro que supone la ficción para el lector, con el *Quijote* como máxima expresión literaria de ese temor social: «En el siglo XVIII, el discurso se medicaliza y construye una patología del exceso de lectura considerado una enfermedad individual o una epidemia colectiva.» En esa época el mal del lector se relaciona tanto con la excitación de la imaginación como con la inmovilidad del cuerpo: la amenaza es tanto mental como fisiológica. Siguiendo ese hilo, Chartier analiza también el debate dieciochesco entre la lectura tradicional, llamada *intensiva*, y la lectura moderna, que es calificada como *extensiva*:

> Según esta dicotomía, propuesta por Rolf Engelsing, el lector *intensivo* era enfrentado a un conjunto limitado de textos, leídos y releídos, memorizados y recitados, oídos y sabidos de memoria, transmitidos de generación en generación. Tal manera de leer estaba fuertemente impregnada de sacralidad, y sometía al lector a la autoridad del texto. El lector *extensivo*, que aparece en la segunda mitad del siglo XVIII, es muy diferente: lee numerosos impresos, nuevos, efímeros, los consume con avidez y rapidez. Su mirada es distanciada y crítica. Así, una relación comunitaria y respetuosa con el escrito sería reemplazada por una lectura irreverente y desenvuelta.

Nuestro modo de leer, inextricable de las pantallas y los teclados, sería la intensificación, tras cientos de años de textualidades multiplicadas y cada vez más aceleradas, en plataformas de información y de conocimiento progresivamente audiovisuales, de esa *extensión* con implicaciones políticas. Perder la capacidad de concentración en un único texto implica ganar espectro luminoso, distancia irónica y crítica, capacidad de relación y de interpretación de fenómenos simultáneos. Significa, por tanto, emanciparse de las autoridades que constriñen las lecturas, desacralizar una actividad que a estas alturas de la evolución humana ya debería ser casi *natural:* leer es como caminar, como respirar, algo que hacemos sin que sea preciso pensarlo antes.

Mientras los apocalípticos renovaban gastados argumentos de mundos que ya no existen, en vez de aceptar el cambio perpetuo como motor invariable de la Historia, las librerías Fnac se llenaban de videojuegos y de series de televisión y las librerías de prestigio comenzaban a vender ensayos sobre videojuegos y sobre series de televisión, además de e-readers e e-books. Porque en el momento en que un lenguaje pasa de ser moda o tendencia y se convierte en corriente principal, lo más probable es que experimente un proceso de sofisticación artística que lo acabe ubicando en los anaqueles de las librerías y de las bibliotecas y en las salas de los museos. Como producto cultural. Como obra artística. Como mercancía. El desprecio por los lenguajes emergentes y *mainstream* está bastante extendido en el mundo de la cultura, que es un campo —como todos— dominado por la moda, por el ego y por la economía. La mayoría de las librerías de las que hablo en este libro, en cuyo circuito internacional me he insertado como turista y como viajero, cultivan una ficción de clase a la que cada vez más millones de seres humanos tienen —por fortuna— acceso;

pero que sigue siendo minoritaria. Somos la ampliación de la *gente escogida* que encontró Goethe en su librería italiana. Una ficción de clase, como todas, eminentemente económica, aunque se recubra con la pátina de la educación más o menos exquisita. Porque no nos engañemos: las librerías son centros culturales, mitos, espacios de conversación y de debate y de amistades e incluso de amoríos, causados en parte por sus parafernalias pseudo-románticas, muchas veces lideradas por lectores artesanos que aman su trabajo, e incluso por intelectuales y editores y escritores que se saben parte de la historia de la cultura; pero ante todo son negocios. Y sus dueños, a menudo libreros carismáticos, son también jefes, responsables de los salarios de sus empleados y de que se respeten sus derechos laborales, patronos, encargados, negociantes, expertos en las triquiñuelas de la legislación laboral. Uno de los textos más emocionantes y sinceros de los recogidos en *Rue de l'Odéon* es precisamente el que vincula la libertad con la compra de un libro:

> Para nosotras el comercio tiene un sentido conmovedor y profundo. A nuestro entender una tienda es una auténtica cámara mágica: en el momento en que el transeúnte franquea el umbral de una puerta que cualquiera puede abrir, en que penetra en este lugar impersonal, se diría que nada demuda el gesto de su rostro ni el tono de sus palabras; realiza con un sentimiento de total libertad un acto que cree sin consecuencias imprevistas.

Pero que justamente se define por esas consecuencias: James Boswell conocerá a Samuel Johnson en la librería de Tom Davies en Russell Street; Joyce encontrará editora para el *Ulises;* Ferlinghetti decidirá abrir su propia librería en San Francisco; Josep Pla entrará durante la infancia en la librería Canet de Figueras y sellará su pacto con la literatura; William Faulkner trabajará en una como librero; Vargas Llosa comprará *Madame Bovary* en una librería del Barrio Latino de París mucho tiempo después de haber visto la película en Lima; Jane Bowles encontrará a su mejor amiga de Tánger; Jorge Camacho comprará *Celestino antes del alba* en una librería de La Habana y se convertirá en el mayor defensor de Reinaldo Arenas en Francia; un psiquiatra le aconsejará a un joven delincuente de apellido Limónov que se acerque a la Librería 41 de una ciudad rusa de provincias y eso lo convertirá en escritor; entre los libros de segunda mano de la Delamain de París, François Truffaut encontró una novela de Henri-Pierre Roché titulada *Jules et Jim;* el 23 de abril de 1971, Iain Sinclair comprará en Compendium de Camden el libro de William Blake que le cambiará la vida (su arte); una noche de 1976 Bolaño recitará en la librería Gandhi de Ciudad de México el «Primer Manifiesto Infrarrealista»; Cortázar descubrirá la obra de Cocteau; Vila-Matas encontrará la de Borges. Tal vez sólo una vez en la historia de la cultura el hecho de que alguien no entrara en una librería tuvo consecuencias positivas: un día de 1923 Akira Kurosawa se dirigió a la famosa librería Maruzen de Tokio, conocida por su edificio erigido por Riki Sano en 1909 y por su importación de títulos internacionales para la élite cultural japonesa, con la intención de comprarle un libro a su hermana, pero se la encontró cerrada y se fue; al cabo de dos horas el edificio fue destruido por un terremoto y todo el barrio fue consumido por las llamas. La literatura es magia y es intercambio y durante siglos ha compartido con el dinero el soporte del papel, por eso ha sido víctima de tantos incendios. Las librerías son negocios en un doble nivel, simultáneo e indesligable: económico y simbólico, venta de ejemplares y creación y destrucción de famas, reafirmación del gusto dominante o invención de uno nuevo, depósitos y créditos. Las librerías, desde siempre, han sido aquelarres del canon y por tanto puntos clave de la geopolítica cultural. El lugar donde la literatura se vuelve más física y, por tanto, más manipulable. El espacio donde, barrio a barrio, pueblo a pueblo, ciudad a ciudad, se decide a qué lecturas va a tener acceso la gente, cuáles se van a difundir y por tanto van a tener la posibilidad de ser absorbidas, desechadas, recicladas, copiadas, plagiadas, parodiadas, admiradas, adaptadas, traducidas. En ellas se decide gran parte de la posibilidad de que *influyan*. No en vano, el primer título que le dio Diderot a su *Carta sobre el comercio de libros* fue: «Carta histórica y política dirigida a un magistrado sobre la Librería, su estado antiguo y actual, sus reglamentos, sus privilegios, los permisos tácitos, los censores, los vendedores ambulantes, el cruce de puentes y otros asuntos relativos al control literario».

Internet está variando esa democracia –o dictadura, según cómo se mire– de la distribución y de la selección. A menudo compro en Amazon o en otras páginas web títulos publicados en ciudades que he visitado y que allí no me fue posible adquirir. El año pasado, al regresar de Ciudad de México, donde *fatigué* una decena de librerías en busca de un ensayo de Luis Felipe Fabre publicado por una pequeña editorial mexicana, se me ocurrió mirar en la web de Casa del Libro y ahí estaba, más barato que en su lugar de origen. Si Google es El Buscador y Barnes & Noble es La Cadena de Librerías, ni que decir tiene que Amazon es la Librería Virtual por excelencia. Lo que no deja de ser de una gran imprecisión: aunque naciera como librería en 1994 con el nombre de Cadabra.com y poco después se transformara en Amazon para subir puestos en la ordenación alfabética que imperaba en Internet antes de Google, lo cierto es que ya hace tiempo que se convirtió en unos grandes almacenes en que los libros tienen la misma importancia que las cámaras de fotos, los juguetes, los zapatos, los ordenadores o las bicicletas, aunque la marca base su capacidad de convocatoria en aparatos emblema, como el Kindle, un *lector* o libro electrónico que fideliza las compras de textos en la propia Amazon. De hecho, en 1997 Barnes & Noble la denunció por publicidad engañosa (esa tautología): el eslogan «La mayor librería del mundo» era falso, porque no se trata de un *«bookstore»*, sino de un *«book broker»*. Ahora es un traficante de cualquier objeto que se tercie, menos los e-readers que no sean Kindle.

Los que somos buscadores natos en el mundo físico –la persecución de la inexistente librería de Barranquilla ha sido sólo un ejemplo entre mil– no podemos evitar serlo también en el virtual: la historia del libro electrónico es absorbente como un thriller. Comenzó en los años cuarenta; se aceleró en los sesenta con los sistemas de edición hipertextual; encontró su formato gracias a Michael S. Hart en los setenta y un modo de ser nombrado *(«electronic book»)* gracias al profesor Andries van Dam, de la Universidad de Brown, a mediados de la década siguiente. Cuando en 1992 Sony lanzó al mercado su lector de libros con cedé Data Discman, lo hizo junto con el reclamo «La biblioteca del futuro». Kim Blagg obtuvo el primer ISBN para un libro electrónico en 1998. Ésos son los datos, las cronologías posibles, las pistas que sumadas comunican la sensación de que estamos entre dos mundos, como lo estaban los contemporáneos de Cervantes durante el siglo XVI, los de Stefan Zweig a principios del XX o los habitantes de la Europa del Este a finales de los ochenta. En un lento apocalipsis en el que las librerías son al mismo tiempo oráculos y observatorios privilegiados y campos de batalla y horizontes crepusculares en irremediable mutación. Como dice Alessandro Baricco en *Los bárbaros:*

> Se trata de una mutación. De algo que nos concierne a todos, nadie está excluido. Incluso los ingenieros, allá, en los torreones de la muralla, tienen ya los rasgos somáticos de los nómadas contra los que, en teoría, están luchando: y tienen en el bolsillo dinero bárbaro, y polvo de la estepa en sus cuellos almidonados. Se trata de una mutación. No de un ligero cambio, ni de una degeneración inexplicable, ni de una enfermedad misteriosa: es una mutación llevada a cabo para sobrevivir. La elección colectiva de un hábitat mental distinto y salvífico. ¿Sabemos, siquiera vagamente, qué ha podido generarla? Se me vienen a la cabeza algunas innovaciones tecnológicas, sin lugar a dudas decisivas: las que han comprimido espacio y tiempo, comprimiendo el mundo. Pero proba-

blemente no habría sido suficiente si no hubieran coincidido con un acontecimiento que abrió de par en par las puertas del escenario social: la caída de barreras que hasta entonces habían mantenido alejada a una buena parte de los seres humanos de la praxis del deseo y del consumo.

De nuevo aparece en este libro la palabra *deseo*, esa energía platónica y química que nos imanta a ciertos cuerpos y a ciertos objetos, vehículos hacia el conocimiento múltiple. En el mundo posterior a 1989, con el neoliberalismo reforzado por la caída de la Unión Soviética, cada vez más digital y más digitalizado, ese deseo se ha ido materializando en consumo de píxeles, esa unidad mínima de sentido para explicar nuestros escritos, nuestras fotografías, nuestras conversaciones, nuestros vídeos, los mapas que señalan las rutas por donde sudamos o conducimos o volamos o leemos. Por eso las librerías tienen páginas web: para vendernos libros pixelados y para que consumamos también imágenes, relatos, novedades, anzuelos. Todo eso es sustancial, no mero accidente: nuestros cerebros están mutando, nuestras formas de comunicación y de relación están cambiando, somos los mismos pero somos muy distintos. Como explica Baricco, en las últimas décadas ha cambiado lo que entendemos por experiencia e incluso el tejido de nuestra existencia. Las consecuencias de esa mutación son las siguientes: «la superficie en vez de la profundidad, la velocidad en vez de la reflexión, las secuencias en vez del análisis, el *surf* en vez de la profundización, la comunicación en vez de la expresión, el *multitasking* en vez de la especialización, el placer en vez del esfuerzo». Una desarticulación exhaustiva de la maquinaria del pensamiento burgués decimonónico, un agotamiento de los últimos restos del naufragio de la divinidad en la vida cotidiana. El triunfo político de la ironía sobre lo sagrado.

Es mucho más difícil que los escasos viejos dioses que sobrevivieron, en el papel, a las dos guerras mundiales, sigan atosigándonos en el delgado fulgor de la pantalla.

Las culturas no pueden existir sin memoria, pero tampoco sin olvido. Mientras que la Biblioteca se obstina en recordarlo todo, la Librería selecciona, desecha, se adapta al presente gracias al olvido necesario. El futuro se construye por obsolescencia, tenemos que desprendernos de las creencias del pasado que son falsas o han quedado obsoletas, de las ficciones y de los discursos que han dejado de arrojar una mínima cantidad de luz. Como ha escrito Peter Burke: «Descartar conocimientos de este modo puede ser deseable o incluso necesario, al menos hasta cierto punto, pero no deberíamos olvidar las pérdidas al igual que las ganancias.» Por eso, una vez se ha producido la serie de selecciones y de descartes que constituye un proceso inevitable, conviene «estudiar lo que se ha desechado a lo largo de los siglos, la basura intelectual», donde los hombres pudieron equivocarse, donde lo más valioso pudo ser arrojado a la desmemoria, entre otros muchos datos y creencias que sí merecían desaparecer. Después de tantos siglos de pervivencia a largo plazo, el libro ingresa con el soporte electrónico en la lógica de la obsolescencia calculada, de la fecha de caducidad. Eso va a cambiar aún más profundamente nuestra relación con los textos, que vamos a poder traducir, alterar, *personalizar* hasta límites todavía por imaginar. Se trata de la culminación provisional del camino que se inició en el humanismo, cuando la filología cuestionó autoridades consabidas e inútiles y las biblias comenzaron a verterse a nuestras lenguas mediante criterios racionales y no según el dictamen de la superstición.

Si somos tantos los que vamos acumulando sellos inútiles en el estúpido pasaporte de las librerías del mundo es porque en ellas percibimos restos de los dioses culturales que suplantaron a los religiosos, porque desde el Romanticismo hasta ahora las librerías, como los cementerios, como las ruinas arqueológicas, como ciertos cafés y tantas bibliotecas, como más tarde los cines y los museos de arte contemporáneo, han sido y siguen siendo espacios rituales, a menudo señalados como importantes por el turismo y por otras instituciones para entender la historia de la cultura moderna, topografías eróticas, ámbitos estimulantes en los que nutrirnos de materiales para construir nuestro lugar en el mundo. Si con la muerte de Jakob Mendel o con el hipertexto borgeano esos lugares físicos a los que agarrarse se fueron tornando más frágiles, menos trascendentes, con el desarrollo de Internet se han vuelto mucho más virtuales de lo que nos sugería la imaginación. Nos obligan a construir nuevas herramientas mentales, a leer más crítica y más políticamente que nunca, a imaginar y relacionar como nunca antes, analizando y surfeando, profundizando y acelerando, convirtiendo el privilegio de un acceso inaudito a la Información en nuevas formas de Conocimiento.

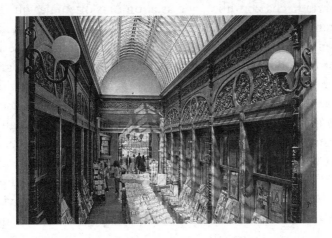

Muchas tardes de domingo me dedico a vagar por la red en busca de librerías que aún no existen del todo para mí pero que ahí están, esperándome. He sido durante años lectoespectador de locales emblemáticos que todavía no he visitado. Hace muy poco tiempo que el azar quiso que pudiera conocer dos de esos espacios: en Coral Gables, ese topónimo que para mí era solamente juanramoniano, veinticuatro inesperadas horas de conexión aérea me permitieron acercarme a Books & Books, la bellísima librería de Miami que se alberga en un edificio de los años veinte, de estilo mediterráneo; en Buenos Aires, un fin de semana sin actividades programadas, pude tomar el ferry y acercarme a Montevideo para descubrir, al fin, en persona, una librería incluso más bella e igual de bien surtida, Más Puro Verso, con su arquitectura de la misma época, *art déco,* la cristalera en lo alto de unas escaleras imperiales. Igual que deseé esos espacios, he pasado años coleccionando pistas sobre otros en libros, diarios, revistas, páginas web o vídeos; otros que también quiero poseer. Algunas de esas librerías son Tropismes, en unas galerías decimonónicas de Bruselas; Le Bal des Ardents, en Lyon, con esa gran puerta hecha con libros y esas alfombras orientales que invitan a leer en el suelo; Mollat, de Burdeos, que recientemente ha hecho realidad el sueño de todo amante de los libros, poder pasar la noche en la librería, y cuya página web perfecta siempre bulle de recomendaciones y actividades, pura tradición familiar convertida en dos mil quinientos metros cuadrados de cultura impresa que desbordan la misma casa donde vivió, escribió y leyó a principios del siglo XVIII ni más ni menos que Montesquieu, filósofo viajero; Candide, arquitectura leve como un bosque de bambú en Bangkok, regentada por la escritora, editora y activista Duangruethai Esanasatang; alguna de las tres sedes que tiene la cadena Kyobo Bookstore en Seúl, donde los fines de semana acuden miles de personas a comprar y a leer, convirtiendo la librería en una espectacular biblioteca; Athenaeum Boekhandel de Ámsterdam, que me recomendó enfáticamente Cees Nooteboom tanto por su estética clásica como, sobre todo, por su importancia como centro cultural y residencia de escritores; Pendleburys, casa de campo devorada por un bosque galés; Swipe Design, de Toronto, porque de su techo cuelga una antigua bicicleta y entre sus dos sillones de lectura hay un tablero de ajedrez; Ram Advani Booksellers, el mítico local de Lucknow (India), aunque ya no pueda conocer a Ram Advani, que murió a finales de 2015 a los 95 años y cuya memoria perpetúa su nuera, Anuradha Roy; y Atomic Books, la librería favorita del guionista y crítico de cómic Santiago García, quien en un e-mail me contó que es una de las mejores de los Estados Unidos para el lector de novela gráfica, aunque también tengan literatura, fanzines contraculturales y hasta juguetes y discos punk: «Además, te puedes encontrar a John Waters recogiendo su correo.» Sobre otras no tengo información acerca de su historia o su importancia, simplemente me han cautivado a través de fotografías, porque todos los datos disponibles sobre ellas están en idiomas que no entiendo, como el japonés: Orion Papyrus, de Tokio, con esos suelos de parqué, esas lámparas dignas de Mondrian y esa mezcla de madera y metal en los anaqueles llenos de libros de arte y diseño; o, en la misma ciudad, Shibuya Publishing & Booksellers, con esas estanterías que responden a todas las geometrías imaginables. En Ciudad de Guatemala, si algún día regreso, combatiré la nostalgia por la desaparecida Librería del Pensativo acudiendo religiosamente a Sophos. Seguramente tome notas sobre todas ellas, a medida que las vaya visitando como quien salda deudas, en un cuaderno parecido al que utilicé en aquel viaje remoto, porque ya he perdido la fugaz costumbre de hacerlo en la aplicación Moleskine de mi iPad y no me gusta usar el teléfono móvil, además de como cámara de fotos, como libreta. Ya se verá: lo que importa, en fin, es la voluntad de archivo.

En «Felicidad clandestina», un cuento de Clarice Lispector, encontramos a una niña «gorda, baja, pecosa y de pelo excesivamente crespo», pero que posee «lo que a cualquier niña devoradora de historias le hubiera gustado tener: un papá dueño de una librería». Hace muchos años que despego la etiqueta con el precio y el código de barras de cualquier libro que compro, y la pego en el interior de la contraportada, junto al chip antirrobo. Así conservo un vínculo acaso paterno. La última voluntad del escritor David Markson, que murió en Nueva York en junio de 2012, fue que su biblioteca fuera vendida íntegramente en Strand, esparcida entre tantísimas otras bibliotecas de innumerables y anónimos lectores. Por un dólar, por veinte, por cincuenta: sus libros estaban ahí, reintegrados en el mercado al que antaño pertenecieron, esperando su suerte, su destino. Markson podría haber legado su biblioteca a alguna universidad, donde hubiera acumulado polvo y habría sido visitada tan sólo por los escasos estudiosos de su obra; pero optó por un gesto antitético: repartirla, disgregarla, someterla al riesgo de las lecturas futuras totalmente inesperadas. Cuando se corrió la voz, decenas de seguidores del autor de *This is Not a Novel* acudieron a la librería de Manhattan en busca de aquellos volúmenes subrayados y anotados. Se formó un grupo virtual. Se empezaron a publicar en la red las páginas escaneadas. En el ejemplar de *Bartleby el escribiente* Markson subrayó cada una de las apariciones de la frase «*I would prefer not to*»; en el de *Rui-*

do de fondo, alternó los «asombroso, asombroso, asombroso» con los «aburrido, aburrido, aburrido»; en una biografía de Pasternak escribe al margen: «Es un hecho que Isaak Bábel fue ejecutado en el sótano de una prisión de Moscú. La poderosa posibilidad de que el manuscrito de una novela publicada en su arresto todavía exista en los archivos de Stalin.» Con todas las anotaciones de su biblioteca podría escribirse una de las novelas fragmentarias de Markson, en que los apuntes de lectura, las impresiones poéticas y las reflexiones se van sucediendo como en una sesión de zaping. Sería una novela imposible, porque nunca van a ser localizados todos los libros que un día conformaron su biblioteca: muchos de ellos fueron comprados o están siendo comprados ahora mismo en Strand por personas que no saben quién fue Markson. Ese gesto forma parte de su legado. Un gesto final y definitivo que conjugó la muerte, la herencia, la paternidad y una sola de las infinitas librerías, que resume, no obstante, al resto como un único cuento a la literatura universal.

No hay ideas salvo en las cosas.

DAVID MARKSON, *La soledad del lector*

SOBRE LAS CITAS

He tratado de no entorpecer en ningún caso la lectura de este ensayo con referencias bibliográficas, pero he sido escrupuloso en la documentación, de modo que todas las citas y los datos reproducidos en *Librerías* se pueden rastrear fácilmente en la Webgrafía, la Filmografía y la Bibliografía que enumero a continuación. Las traducciones son mías (también me parecía que citar en lenguas distintas dificultaría la lectura).

WEBGRAFÍA

American Booksellers Association: http://www.bookweb.org
Bloc de Llibreries: http://delibrerias.blogspot.com.es
Book Forum: http://www.bookforum.com
Book Mania: http://www.bookmania.me
Bookseller and Publisher: http://www.booksellerandpublisher.com.au/
Bookshop Blog: http://bookshopblog.com/
Books Live: http://bookslive.co.za/
Bookstore Guide: http://www.bookstoreguide.org
Book Patrol: http://www.bookpatrol.net
Courrier du Maroc: http://courrierdumaroc.com/

Día del Libro: http://www.diadellibro.eu

Diari d'un llibre vell: http://www.llibrevell.cat

El Bibliómano: hhtp//www.bibliographos.net

El Llibreter: http://llibreter.blogspot.com.es/

El Pececillo de Plata: http://elpececillodeplata.wordpress.com/

Gapers Block: http://www.gapersblock.com

José Luis Checa Cremades. Bibliofilia y encuadernación: http://checacremades.blogspot.com.es

Histoire du Livre: http://histoire-du-livre.blogspot.com.es

Kipling: http://www.kipling.org.uk

Le Bibliomane Moderne: http://le-bibliomane.blogspot.com.es

Library Thing: http://www.librarything.com

Libreriamo: http://www.libreriamo.it

Paul Bowles Official Site: http://www.paulbowles.org

Rafael Ramón Castellanos Villegas: http://rrcastellanos.blogspot.com.es

Reading David Markson: http://readingmarksonreading.tumblr.com

Rare Books Collection de Princeton: http://blogs.princeton.edu/rarebooks/

Reality Studio. A Williams S. Burroughs Community. http://www.realitystudio.org

Rue des Livres: http://www.rue-des-livres.com

The Bookshop Guide: http://www.inprint.co.uk/thebookguide/shops/index.php

The Bookseller: http://www.thebookseller.com

The China Beat: http://www.thechinabeat.org

The Haunted Library: http://www.teensleuth.com/hauntedlibrary/

The Ticknor Society Blog: www.ticknor.org/blog/

[Y las páginas web y blogs de todas las librerías citadas.]

FILMOGRAFÍA

Before Sunrise (Antes del amanecer, 1995), de Richard Linklater.
Before Sunset (Antes del atardecer, 2004), de Richard Linklater.
Californication (Showtime, 2007-).
Chelsea Girls (1966), de Andy Warhol y Paul Morrisey.
Das Leben der Anderen (La vida de los otros, 2006), de Florian Henckel von Donnersmarck.
Fantômes de Tanger (Fantasmas de Tánger, 2007), de Edgardo Cozarinsky.
Fun in Acapulco (El ídolo de Acapulco, 1963), de Richard Thorpe.
Funny Face (Una cara con ángel, 1957), de Stanley Donen.
Hugo (La invención de Hugo, 2011), de Martin Scorsese.
Julie & Julia (2009), de Nora Ephron.
Lord Jim (1965), de Richard Brooks.
Nine ½ Weeks (Nueve semanas y media, 1986), de Adrian Lyne.
Notting Hill (1999), de Roger Mitchell.
Portrait of a Bookstore as an Old Man (2003), de Benjamin Sutherland y Gonzague Pichelin.
Remember Me (Recuérdame, 2010), de Allen Coulter.
Short Circuit (Cortocircuito, 1986), de John Badham.
Short Circuit 2 (Cortocircuito 2, 1988), de Kenneth Johnson.
The West Wing (El ala oeste de la Casa Blanca, NBC, 1999-2006).
Vertigo (Vértigo, 1958), de Alfred Hitchcock.
You've Got Mail (Tienes un e-mail, 1998), de Nora Ephron.

BIBLIOGRAFÍA

AÍNSA, Fernando, *Del canon a la periferia. Encuentros y transgresiones en la literatura uruguaya.* Montevideo, Trilce, 2002.
BÁEZ, Fernando, *Historia universal de la destrucción de libros. De las tablillas sumerias a la guerra de Irak.* Barcelona, Destino, 2004.

BANERJEE, Anjali, *La librería de las nuevas oportunidades*. Trad. de Rita da Costa García. Barcelona, Lumen, 2012.

BARBIER, Frédéric, *Historia del libro*. Trad. de Patricia Quesada Ramírez. Madrid, Alianza, 2005.

BARICCO, Alessandro, *Los bárbaros. Ensayo sobre la mutación*. Trad. de Xavier González Rovira. Barcelona, Anagrama, 2008.

BATTLES, Matthew, *Library: An Unquiet History*. Nueva York, W. W. Norton and Company, 2003.

BAUSILI, Mercè, y Emili GASCH, *Llibreries de Barcelona. Una guia per a lectors curiosos*. Barcelona, Columna, 2008.

BEACH, Sylvia, *Shakespeare & Company*. Trad. de Roser Infiesta Valls. Barcelona, Ariel, 2008.

BECERRA, Juan José, *La interpretación de un libro*. Avinyonet del Penedés, Candaya, 2012.

BECHDEL, Alison, *¿Eres mi madre? Un drama cómico*. Trad. de Rocío de la Maya. Barcelona, Mondadori, 2012.

BENJAMIN, Walter, *Libro de los Pasajes*. Ed. de Rolf Tiedemann. Trad. de Luis Fernández Castañeda, Isidro Herrera y Fernando Guerrero. Madrid, Akal, 2005.

BOLAÑO, Roberto, *Los detectives salvajes*. Barcelona, Anagrama, 1998.

—, *Putas asesinas*. Barcelona, Anagrama, 2001.

—, *El gaucho insufrible*. Barcelona, Anagrama, 2003.

—, *2666*. Barcelona, Anagrama, 2004.

—, *Entre paréntesis. Ensayos, artículos y discursos (1998-2003)*. Ed. de Ignacio Echevarría. Barcelona, Anagrama, 2004.

BORGES, Jorge Luis, *Obras completas*. Barcelona, Círculo de Lectores, 1992.

BOURDIEU, Pierre, *La distinción. Criterio y bases sociales del gusto*. Trad. de María del Carmen Ruiz de Elvira. Madrid, Taurus, 2012.

BOWLES, Jane, *Cartas*. Ed. de Millicent Dillon. Trad. de José Manuel Pomares. Barcelona, Grijalbo, 1991.

BOWLES, Paul, *Memorias de un nómada*. Trad. de Ángela Pérez. Barcelona, Grijalbo, 1990.

—, *En contacto.* Ed. de Jeffrey Miller. Trad. de Pilar Giralt Gorina. Barcelona, Seix Barral, 1994.

—, *Desafío a la identidad. Viajes 1950-1993.* Trad. de Rodrigo Rey Rosa. Barcelona, Galaxia Gutenberg, 2013.

BRIDGES, Lucas E., *El último confín de la tierra.* Trad. de María Magdalena Briano. Buenos Aires, Sudamericana, 2000.

BURKE, Peter, *Historia social del conocimiento. Vol. II. De la Enciclopedia a la Wikipedia.* Trad. de Carme Font y Francisco Martín Arribas. Barcelona, Paidós, 2012.

CAMPAÑA, Mario, *Baudelaire. Juego sin triunfos.* Barcelona, Debate, 2006.

CAMPBELL, James, *Loca sabiduría. Así fue la Generación Beat.* Trad. de Breixo Viejo. Barcelona, Alba, 2001.

CANETTI, Elias, *Auto de fe.* Trad. de Juan José del Solar. Barcelona, Muchnik, 1981.

CARPENTIER, Alejo, *Los pasos recobrados. Ensayos de teoría y crítica literaria.* Caracas, Biblioteca Ayacucho, 2003.

CASALEGNO, Giovanni (ed.), *Storie di Libri. Amati, misteriosi, maledetti.* Turín, Eunadi, 2011.

CASANOVA, Pascale, *La República mundial de las Letras.* Trad. de Jaime Zulaika. Barcelona, Anagrama, 2001.

CAVAFIS, C. P., *Poemas.* Trad. y prólogo de Ramón Irigoyen. Barcelona, Círculo de Lectores, 1999.

CAVALLO, Guglielmo, y Roger CHARTIER, *Historia de la lectura en el mundo occidental.* Varios traductores. Madrid, Taurus, 1997.

CERTEAU, Michel de, *El lugar del otro. Historia religiosa y mística.* Buenos Aires, Katz, 2007.

CHARTIER, Roger, *Inscribir y borrar. Cultura escrita y literatura (siglos XI-XVIII).* Trad. de Víctor Goldstein. Buenos Aires, Katz, 2006.

CHATWIN, Bruce, *En la Patagonia.* Trad. de Eduardo Goligorsky. Barcelona, Muchnik, 1994.

CHATWIN, Elizabeth, y Nicholas SHAKESPEARE (eds.), *Bajo el sol. Las cartas de Bruce Chatwin.* Trad. de Ismael Attrache y Carlos Mayor. México D. F., Sexto Piso, 2012.

CHIH CHENG, Lo, *Bookstore in a Dream*. Hong Kong, The Chinese University Press, 2011.

CHUKRI, Mohamed, *Paul Bowles. El recluso de Tánger*. Trad. de Rajae Boumediane El Metni. Madrid, Cabaret Voltaire, 2012.

CLEMENTE SAN ROMÁN, Yolanda, «Los catálogos de librería de las sociedades Anisson-Posuel y Arnaud-Borde conservados en la Biblioteca Histórica de la Universidad Complutense», *Revista General de Información y Documentación*, vol. 20, 2010, pp. 353-389.

COBO BORDA, Juan Gustavo, «Libreros colombianos, desde el constitucionalista don Miguel Antonio Caro hasta Karl Buchholz»: http://www.ciudadviva.gov.co/portal/node/32.

COETZEE, J. M., *Desgracia*. Trad. de Miguel Martínez-Lage. Barcelona, Mondadori, 2000.

—, *Tierras de poniente*. Trad. de Javier Calvo. Barcelona, Mondadori, 2009.

COLE, Teju, *Ciudad abierta*. Trad. de Marcelo Cohen. Barcelona, Acantilado, 2012.

CORTÁZAR, Julio, *Cartas. 1937-1963*. Ed. de Aurora Bernárdez. Madrid, Alfaguara, 2000.

CUADROS, Ricardo, «Lo siniestro en el aire»: http://www.ricardo-cuadros.com/html/lo_siniestro.htm.

CUNNELL, Howard, et al., *Kerouac en la carretera. Sobre el rollo mecanografiado original y la generación beat*. Trad. de Antonio-Prometeo Moya. Barcelona, Anagrama, 2010.

DAHL, Svend, *Historia del libro*. Trad. de Alberto Adell. Madrid, Alianza, 1972.

DEBORD, Guy, *Comentarios sobre la sociedad del espectáculo*. Trad. de Luis A. Bredlow. Barcelona, Anagrama, 1990.

DEMARCO, Eileen S., *Reading and Riding: Hachette's Railroad Bookstore Network in Nineteenth Century France*. Cranbury, Lehigh University Press, 2006.

DIDEROT, Denis, *Carta sobre el comercio de libros*. Trad. de Alejandro García Schnetzer, Buenos Aires, Fondo de Cultura Económica, 2003.

DIDI-HUBERMAN, Georges, *Ante el tiempo. Historia del arte y anacronismo de las imágenes*. Trad. de Antonio Oviedo. Buenos Aires, Adriana Hidalgo, 2008.

—, *Atlas. ¿Cómo llevar el mundo a cuestas?* Trad. de María Dolores Aguilera. Madrid, Museo Nacional Reina Sofía, 2010.

DOMINGOS, Manuela D., *Bertrand. Uma livraria antes do Terramoto*. Lisboa, Biblioteca Nacional, 2002.

DONOSO, José, *Diarios, ensayos, crónicas. La cocina de la escritura*. Ed. de Patricia Rubio. Santiago de Chile, Ril, 2008.

EDWARDS, Jorge, *Persona non grata*. Madrid, Alfaguara, 2006.

ELIOT, Simon, Andrew NASH e Ian WILSON, *Literary Cultures and the Material Book*. Londres, The British Library, 2007.

ÉNARD, Mathias, *Calle de los ladrones*. Trad. de Robert Juan-Cantavella. Barcelona, Mondadori, 2013.

FERNÁNDEZ, Benito J., *Eduardo Haro Ibars: los pasos del caído*. Barcelona, Anagrama, 2005.

FERNÁNDEZ, Eduardo, *Soldados de cerca de un tal Salamina. Grandezas y miserias en la galaxia librería*. Barcelona, Comanegra, 2008.

FERNÁNDEZ DEL CASTILLO, Francisco (ed.), *Libros y libreros en el siglo XVI*. Ciudad de México, Fondo de Cultura Económica, 1982.

FOUCAULT, Michel, *Las palabras y las cosas: una arqueología de las ciencias humanas*. Trad. de E. C. Frost. Madrid, Siglo XXI, 2006.

GARCÍA MÁRQUEZ, Gabriel, *Vivir para contarla*. Barcelona, Mondadori, 2002.

GIL, Manuel, y Joaquín RODRÍGUEZ, *El paradigma digital y sostenible del libro*. Madrid, Trama, 2011.

GOETHE, J. W. von, *Viaje a Italia*. Trad. de Fanny G. Garrido. Madrid, Viuda de Hernando y Cía., 1891.

GOFFMAN, Ken, *La contracultura a través de los tiempos. De Abraham al acid-house*. Trad. de Fernando González Corugedo. Barcelona, Anagrama, 2005.

GOYTISOLO, Juan, *Novelas (1988-2003). Obras Completas IV*. Barcelona, Galaxia Gutenberg, 2007.

—, *Autobiografía y viajes al mundo islámico. Obras Completas V*. Barcelona, Galaxia Gutenberg, 2007.

GUERRERO MARTHINEITZ, Hugo, «La vuelta a Julio Cortázar en 80 preguntas», *Julio Cortázar. Confieso que he vivido y otras entrevistas*. Ed. de Antonio Crespo. Buenos Aires, LC Editor, 1995.

HANFF, Helene, *84, Charing Cross Road*. Trad. de Javier Calzada. Barcelona, Anagrama, 2002.

HEMINGWAY, Ernest, *París era una fiesta*. Trad. de Gabriel Ferrater. Barcelona, Seix Barral, 1985.

HOFFMAN, Jan, «Her Life Is a Real Page-Turner», *The New York Times*, 12 de octubre de 2011.

JENKINS, Henry, *Convergence Culture. La cultura de la convergencia de los medios de comunicación*. Trad. de Pablo Hermida. Barcelona, Paidós, 2008.

JOHNS, Adrian, *The Nature of the Book. Print and Knowledge in the Making*. Chicago, The Chicago University Press, 1998.

KEROUAC, Jack, y Allen GINSBERG, *Cartas*. Trad. de Antonio-Prometeo Moya. Barcelona, Anagrama, 2012.

KIŠ, Danilo, *Una tumba para Boris Davidovich*. Trad. de Nevenka Vasiljević. Barcelona, Acantilado, 2006.

—, *Enciclopedia de los muertos*. Trad. de Nevenka Vasiljević. Barcelona, Acantilado, 2008.

KRISHNAN, Shekar, «Wheels within wheels», *The Indian Express*, 17 de junio de 1997.

KUBIZEK, August, *El joven Hitler que conocí*. Trad. de Raquel Herrera. Barcelona, Tempus, 2010.

LABARRE, Albert, *Historia del libro*. Trad. de Omar Álvarez Salas. Buenos Aires, Fondo de Cultura Económica, 2002.

LADDAGA, Reinaldo, *Estética de laboratorio*. Buenos Aires, Adriana Hidalgo, 2010.

LERNOUT, Geert, y Wim VAN MIERLO, *The Reception of James*

Joyce in Europe. Vol. 1. Germany, Northern and East Central Europe. Londres, Thoemmes Continuum, 2004.

LINK, Daniel, «Flaubert & Baudelaire», *Perfil*, Buenos Aires, 28 de agosto de 2011.

LISPECTOR, Clarice, *Cuentos reunidos*. Varios traductores. Madrid, Siruela, 2008.

LLANAS, Manuel, *El libro y la edición en Cataluña: apuntes y esbozos*. Barcelona, Gremi d'Editors de Catalunya, 2004.

LOEB SCHLOSS, Carol, *Lucia Joyce. To Dance in the Wake*. Nueva York, Farrar, Straus and Giroux, 2004.

LOVECRAFT, H. P., *La casa maldita. Relatos de terror IV*. Trad. de José Ángel Álvaro Garrido y José María Nebreda. Madrid, Edaf, 2003.

LYONS, Martyn, *Libros. Dos mil años de historia ilustrada*. Trad. de Carmen García Gómez. Madrid, Lunwerg, 2011.

MACCANNELL, Dean, *El turista. Una nueva teoría de la clase ociosa*. Trad. de Elizabeth Casals. Barcelona, Melusina, 2003.

MACNIVEN, Ian S. (ed.), *Cartas Durrell-Miller. 1935-1980*. Trad. de María Faidella Martí. Barcelona, Edhasa, 1991.

MALLARMÉ, Stéphane, *Fragmentos sobre el libro*. Trad. de Juan Gregorio. Murcia, Colegio Oficial de Aparejadores y Arquitectos Técnicos, 2002.

MANGUEL, Alberto, *Una historia de la lectura*. Trad. de José Luis López Muñoz. Madrid, Alianza, 2001.

—, *La biblioteca de noche*. Trad. de Carmen Criado. Madrid, Alianza, 2007.

MANZONI, Cecilia, «Ficción de futuro y lucha por el canon en la narrativa de Roberto Bolaño», en GONZÁLEZ FÉRRIZ, Ramón (ed.), *Jornadas Homenaje Roberto Bolaño (1953-2003). Simposio internacional*. Barcelona, ICCI Casa América Catalunya, 2005.

MARCHAMALO, Jesús, *Cortázar y los libros*. Madrid, Fórcola, 2011.

MARKSON, David, *La soledad del lector*. Trad. de Laura Wittner. Buenos Aires, La Bestia Equilátera, 2012.

MARTÍ MONTERDE, Antoni, *Poética del Café. Un espacio de la modernidad literaria europea*. Barcelona, Anagrama, 2007.

MARTIN, Gerald, *Gabriel García Márquez. Una vida*. Trad. de Eugenia Vázquez. Barcelona, Debate, 2009.

MARTÍNEZ LÓPEZ, María Esther, *Jane Bowles y su obra narrativa: ambigüedad moral y búsqueda de una respuesta existencial*. Cuenca, Servicio de Publicaciones de la Universidad de Castilla-La Mancha, 1998.

MARTÍNEZ RUS, Ana, *«San León Librero»: las empresas culturales de Sánchez Cuesta*. Gijón, Trea, 2007.

MASON, David, *The Pope's Bookbinder: A Memoir*, Windsor, Biblioasis, 2013.

MELO, Adrián, *El amor de los muchachos: homosexualidad y literatura*. Buenos Aires, Lea, 2005.

MERCER, Jeremy, *La librería más famosa del mundo*. Trad. de Rubén Martín Giráldez. Barcelona, Malpaso, 2014.

MICHAUD, Joseph A., *Booking in Iowa: The Book Trade In and Around Iowa City. A Look Back*. Iowa City, The Bookery y The Press of the Camp Pope Bookshop, 2009.

MOGEL, Leonard, *Making It in Book Publishing*. Nueva York, Arco, 1996.

MONNIER, Adrienne, *Rue de l'Odéon*. Trad. de Julia Osuna. Madrid, Gallo Nero, 2011.

MONTAIGNE, Michel de, *Los ensayos (según la edición de 1595 de Marie de Gournay)*. Trad. de J. Bayod Brau. Barcelona, Acantilado, 2007.

MONTRONI, Romano, *Vender el alma. El oficio de librero*. Trad. de Gabriela Romanone. Ciudad de México, Fondo de Cultura Económica, 2007.

MORAND, Paul, *Venecias*. Trad. de Monique Planas. Barcelona, Península, 2010.

MORETTI, Franco, *Atlas de la novela europea. 1800-1900*. Trad. de Mario Merlino. Madrid, Trama, 2001.

MORGAN, Bill, *Beat Generation in New York: A Walking Tour*

of Jack Kerouac's City. San Francisco, City Lights Books, 1997.

MUYAL, Rachel, *Mis años en la Librairie des Colonnes*. Tánger, Khbar Bladna, 2012.

NANCY, Jean Luc, *On the Commerce of Thinking: of Books and Bookstores*. Trad. de David Mills. Nueva York, Fordham University Press, 2008.

ORDÓÑEZ, Marcos, *Un jardín abandonado por los pájaros*. Barcelona, El Aleph, 2013.

ORSOGUÍN, Mijáil, Alexéi RÉMIZOV y Marina TSVIETÁIEVA, *La Librería de los Escritores*. Trad. de Selma Ancira. Barcelona-Ciudad de México, Edicions de La Central / Sexto Piso, 2007.

ORTIZ, Renato, *Modernidad y espacio. Benjamin en París*. Trad. de María Eugenia Contursi y Fabiola Ferro. Buenos Aires, Norma, 2000.

OTLET, Paul, *El tratado de documentación. El libro sobre el libro*. Ed. de María Dolores Ayuso García. Murcia, Universidad de Murcia, 2008.

PALMQUIST, Peter E., y Thomas R. KAILBOURN, *Pioneer Photographers of the Far West: A Biographical Dictionary, 1840-1865*. Stanford, Stanford University Press, 2006.

PARISH, Nina, *Henri Michaux. Experimentation with Signs*. Ámsterdam, Rodopi, 2007.

PASCUAL, Carlos, Paco PUCHE y Antonio RIVERO, *Memoria de la Librería*. Madrid, Trama, 2012.

PESSOA, Fernando, *Libro del desasosiego*. Trad. de Ángel Crespo. Barcelona, Seix Barral, 2008.

PETROSKI, Henry, *Mundolibro*. Trad. de Miguel Izquierdo. Barcelona, Edhasa, 2002.

PIRANDELLO, Luigi, *Cuentos para un año*. Trad. de Marilena de Chiara. Madrid, Nórdica, 2011.

PONTE, Antonio José, *Un seguidor de Montaigne mira La Habana / Las comidas profundas*. Matanzas, Verbum, 1985.

PRIMERA, Maye, «La librería del exilio cubano cierra sus puertas», *El País*, 26 de abril de 2013.

RAMÍREZ, Antonio, «Imaginar la librería futura», *The Huffing-tong Post*, 18 de septiembre de 2012.

REYES, Alfonso, y Pedro HENRÍQUEZ UREÑA, *Correspondencia 1907-1914*. Ed. de José Luis Martínez. Ciudad de México, Fondo de Cultura Económica, 1986.

RICE, Ronald, y BOOKSELLERS ACROSS AMERICA (eds.), *My Bookstore. Writers Celebrate Their Favorite Places to Browse, Read, and Shop*. Nueva York, Black Dog & Leventhal Publishers, 2012.

ROY, Claude, *El amante de las librerías*. Trad. de Esteve Serra. Palma, Olañeta, 2011.

RUIZ ZAFÓN, Carlos, *La sombra del viento*. Barcelona, Planeta, 2011.

RUSHDIE, Salman, *Joseph Anton. Memorias*. Trad. de Carlos Milla Soler. Barcelona, Mondadori, 2012.

SAINT PHALLE, Nathalie de, *Hoteles literarios. Viaje alrededor de la Tierra*. Trad. de Esther Benítez. Madrid, Alfaguara, 1993.

SANSEVIERO, Chachi, «La librería limeña El Virrey», *Cuadernos Hispanoamericanos*, n.º 691, diciembre de 2008.

SCHIFFRIN, André, *El dinero y las palabras / La edición sin editores*. Trad. de Jordi Terré y Eduard Gonzalo. Barcelona, Península, 2011.

SCOTT, Anne, *18 Bookshops,* Dingwall, Sandstone Press, 2011.

SEBALD, W. G., *Los anillos de Saturno. Una peregrinación inglesa*. Trad. de Carmen Gómez García y Georg Pichler. Barcelona, Anagrama, 2008.

—, *Austerlitz*. Trad. de Miguel Sáenz. Barcelona, Anagrama, 2002.

SENNETT, Richard, *El artesano*. Trad. de Marco Aurelio Galmarini. Barcelona, Anagrama, 2009.

SERRA, Cristóbal (ed.), *Apocalipsis*. Madrid, Siruela, 2003.

SERVICE, Robert, *Lenin. Una biografía*. Trad. de José Manuel Álvarez. Madrid, Siglo XXI, 2001.

—, *Stalin. Una biografía*. Trad. de Susana Beatriz Cella. Madrid, Siglo XXI, 2006.

SHAKESPEARE, Nicholas, *Bruce Chatwin*. Trad. de José Manuel de Prada. Barcelona, Muchnik, 2000.

SISMAN, Adam, *Presuntuoso afán. Así escribió James Boswell «Vida de Samuel Johnson»*. Trad. de Miguel Martínez-Lage. Barcelona, Belacqva, 2008.

SMITH, Gibbs M., *The Art of the Bookstore. The Bookstore Paintings of Gibbs M. Smith*. Layton, Gibbs Smith, 2009.

SONTAG, Susan, *Yo, etcétera*. Trad. de Eduardo Goligorsky. Barcelona, DeBolsillo, 2006.

SOREL, Patricia, y Frédérique LEBLANC, *Histoire de la librairie française*, París, Éditions du Cercle de la librairie, 2008.

STEINER, George, *Extraterritorial. Ensayos sobre literatura y la revolución lingüística*. Trad. de Edgardo Russo. Madrid, Siruela, 2002.

STELOFF, Frances, *En compañía de genios. Memorias de una librera de Nueva York*. Trad. de José Manuel de Prada. Barcelona, La Rosa Cúbica, 1996.

STERNE, Laurence, *Viaje sentimental por Francia e Italia*. Trad. de Alfonso Reyes. Ciudad de México, Fondo de Cultura Económica, 1987.

TALESE, Gay, *Vida de un escritor*. Trad. de Patricia Torres Londoño. Madrid, Alfaguara, 2006.

THORPE NICHOLSON, Joyce, y Daniel WRIXON THORPE, *A Life of Books. The Story of DW Thorpe Pty. Ltd. 1921-1987*. Middle Park, Courtyard Press, 2000.

UNWIN, Sir Stanley, *La verdad sobre el negocio editorial*. Trad. de José Zendrera Fecha. Barcelona, Juventud, 1964 (1.ª ed. 1928).

VERNE, Julio, *El Faro del Fin del Mundo*. Trad. de Julio Prado. Buenos Aires, Biblos, 2005.

VILA-MATAS, Enrique, *París no se acaba nunca*. Barcelona, Anagrama, 2003.

VITKINE, Antoine, *«Mein Kampf». Historia de un libro*. Trad. de Marco Aurelio Galmarini. Barcelona, Anagrama, 2012.

VOLLMANN, William T., *La familia real*. Trad. de José Luis Amores. Málaga, Pálido Fuego, 2016.

—, *Europa Central*. Trad. de Gabriel Dols y Roberto Falcó. Barcelona, Mondadori, 2007.

V.V.A.A., *El libro de los libros. Guía de librerías de la ciudad de Buenos Aires*. Buenos Aires, Asunto Impreso, 2009.

V.V.A.A., *El origen del narrador. Actas completas de los juicios a Baudelaire y Flaubert*. Buenos Aires, Mardulce, 2011.

WALSER, Robert, *El paseo*. Trad. de Carlos Fortea. Madrid, Siruela, 1996.

WEISS, Jason, *The Lights of Home. A Century of Latin American Writers in Paris*. Nueva York, Routledge, 2003.

WHITMAN, George, *The Rag and Bone Shop of the Heart*. París, Shakespeare & Co., 2000.

WILLIAMSON, Edwin, *Borges. Una vida*. Trad. de Elvio E. Gandolfo. Barcelona, Seix Barral, 2006.

YÁNOVER, Héctor, *Memorias de un librero*. Buenos Aires, Anaya & Mario Muchnik, 1994.

—, *El regreso del Librero Establecido*. Madrid, Taller de Mario Muchnik, 2003.

ZWEIG, Stefan, *El món d'ahir. Memòries d'un europeu*. Trad. de Joan Fontcuberta. Barcelona, Quaderns Crema, 2001.

—, *Mendel el de los libros*. Trad. de Berta Vias Mahou. Barcelona, Acantilado, 2009.

ÍNDICE ONOMÁSTICO